Max von Boehn · Die Mode

Band I

Max von Boehn

DIE MODE

Eine Kulturgeschichte vom Mittelalter
bis zum Barock

bearbeitet von Ingrid Loschek

Bruckmann München

Schutzumschlag Vorderseite:
Lucas Cranach der Jüngere, Bildnis einer Dame, möglicherweise Markgräfin Elisabeth von Ansbach-Bayreuth, um 1565.
München, Alte Pinakothek.

Schutzumschlag Rückseite:
Anthonis van Dyck, Männerbildnis, um 1630.
München, Alte Pinakothek.

Bildnachweis

Bibliothèque de L'Arsénal, Paris 58. – Otto Glombinski, München 20. – Kgl. Museum für Schöne Künste, Antwerpen 57. – Kunstsammlungen Veste Coburg 59. – Museo Correr, Venedig 110. – Bildarchiv Rheinisches Museum, Köln 1. – Staatsbibliothek Bern 111. – Uffizien, Florenz 107.

Die Abbildungen 125 und 144 wurden mit freundlicher Genehmigung des Verlags Hachette, Paris, entnommen aus: Jacques Wilhelm, Histoire de la Mode, 1955.

Alle übrigen Abbildungen stammen aus dem Bildarchiv des Bruckmann Verlags, München.

CIP-Titelaufnahme der Deutschen Bibliothek
Boehn, Max von:
Die Mode / Max von Boehn, Bearb. von Ingrid Loschek.
München: Bruckmann.
ISBN 3-7654-2254-1
NE: Loschek, Ingrid [Bearb.]
Bd. 1. Eine Kulturgeschichte vom Mittelalter bis zum Barock. –
4., überarb. Aufl. – 1989

4., überarbeitete Auflage 1989

Herstellung: Bruckmann, München
Printed in Germany
ISBN 3-7654-2254-1

Inhaltsverzeichnis

Vom Untergang der Antike bis zur Renaissance

ERSTES KAPITEL

ZWEITES KAPITEL

DRITTES KAPITEL

VIERTES KAPITEL

16. Jahrhundert

ERSTES KAPITEL

ZWEITES KAPITEL

DRITTES KAPITEL

VIERTES KAPITEL

17. Jahrhundert

ERSTES KAPITEL

ZWEITES KAPITEL

DRITTES KAPITEL

VIERTES KAPITEL

VORWORT

»Die Mode« von Max Boehn, dem bekannten Kulturhistoriker und -kritiker, handelt nicht nur von historischen Kleidermoden, sondern ist darüber hinaus eine umfassende europäische Kultur- und Sittengeschichte vom Mittelalter bis zum Ersten Weltkrieg.

Mit souveräner Sachkenntnis schildert der Verfasser politische Ereignisse und wirtschaftliche Verhältnisse, erörtert kirchliche Fragen und Rechtsauffassungen, befaßt sich mit Kunst und Wissenschaft, mit Stadtkultur und Wohnbau, mit Geselligkeit und Brauchtum, kurz, gibt einen weitgespannten Überblick über die gesellschaftlichen Zustände der einzelnen Epochen und ihre Wandlungen im Lauf der Jahrhunderte.

Die Art, sich zu kleiden, ist dabei charakteristischer Ausdruck des jeweiligen Lebensstils der herrschenden Gesellschaftsschicht. Der Wille einzelner tonangebender Persönlichkeiten zu Extravaganz zusammen mit dem Drang der Mitmenschen, die Besonderheiten zu übernehmen, bewirken unter anderem die Mode und ihren ständigen Wechsel. Boehn versteht es, mit authentischen Berichten und einer Fülle von Anekdoten den wechselvollen Ablauf in erzählerischer Leichtigkeit zu schildern. Auch das Modefachbuch kommt dabei nicht zu kurz. Mit Genauigkeit und Sachkenntnis werden die historischen Kostüme von Herr und Dame chronologisch geschildert.

Die vorliegende Zusammenfassung und Neubearbeitung des achtbändigen Werkes in zwei Bänden bewahrt weitgehend die ursprüngliche Fassung. Streichungen sind durch (kursiv gesetzte) Zwischentexte überbrückt. Stichworte am Rand des Textes erleichtern die Inhaltsübersicht und machen das Buch zu einem nützlichen Nachschlagewerk. Rund 180 neu ausgewählte Abbildungen in jedem Band veranschaulichen in szenischen Darstellungen und Modebildern das Verhalten der Menschen und den Wechsel der Moden in zwölf Jahrhunderten der europäischen Geschichte. Text und Bild erweisen sich als Fundgrube für den kulturhistorisch und sittengeschichtlich interressierten Leser.

Ingrid Loschek

Vom Untergang der Antike bis zur Renaissance

ERSTES KAPITEL

Verfall des Römischen Reiches

Weder das Christentum von innen noch die Völkerwanderung von außen bereiteten der antiken Welt den Untergang, sie ging an sich selbst zugrunde. Der römische Staat war schon lange an der Wurzel faul. Rom war ein reiner Militärstaat gewesen, auf Expansion angelegt. Der Sklave war die Voraussetzung und unentbehrliche Vorbedingung der römischen Kultur.

Wirtschaft

Als im Laufe des 1. und 2. Jahrhunderts n. Chr. die Eroberungskriege aufhörten, begann ein Arbeitermangel, der allmählich die gesamte Wirtschaft brachlegte. Die Bedarfsdeckung geschah nur aus eigenen Mitteln, von Arbeitsteilung, freier Produktion, allgemeinem Güterverkehr war nicht die Rede. Jeder Markt genügte sich selbst, an eine Produktion über das nächste Bedürfnis hinaus wurde nicht gedacht; sie wurde unmöglich, als die schaffenden Hände zu fehlen anfingen. Mit diesen Zuständen hing es auch zusammen, daß Handwerk und Ackerbau technisch rückständig blieben. Wundervolle Straßen durchzogen das Reich in seiner ganzen Ausdehnung, aber sie dienten nur den Zwecken der Heere und waren für den Handel durch hohe Binnenzölle gesperrt. Die römische Kaiserzeit war eine Epoche, in der die Welt immer ärmer und mutloser wurde. Mißbrauch der Amtsgewalt war und blieb herkömmlich. Jeder römische Beamte sah seine Stellung nur als Mittel an, sich persönlich zu bereichern. Unaufhörlich mußten die Abgaben erhöht werden, und doch warfen die Steuern immer weniger ab. Man wußte sich am Ende nicht mehr anders zu helfen, als daß man in den Städten hervorragende Persönlichkeiten, die im Ruf besonderen Reichtums standen, für die Gemeinde haften ließ. Ebenso verhängnisvoll war die Maßregel, die Steuereintreibung Generalpächtern zu übertragen, die sich für das Risiko, das sie liefen, durch erbarmungslose Aussaugung schadlos zu halten wußten. Auch das letzte verzweifelte Mittel finanzieller Beängstigung blieb nicht unversucht: die Münzverschlechterung. Sie bewirkte ein starkes Ansteigen aller Preise. Das Publikum schrieb diese Erscheinung der Gewinnsucht der Händler zu, und da man wirtschaftlichen Problemen gegenüber völlig ahnungslos war, glaubte man durch ein gesetzliches Festlegen der Preise eine Änderung herbeiführen zu können. Das war soviel wie ein Schlag ins Wasser. Der Zinsfuß stieg zu einer nie gekannten Höhe.

Heer Der unaufhaltsame Prozeß des Verfalls, der sich des ganzen Staatswesens bemächtigte, kam dann auch zuerst da zur Geltung, wo der Lebensnerv des Staates lag, beim Heer. Unter den Kaisern wurden keine Eroberungskriege mehr geführt. Aber die weit ausgedehnten Reichsgrenzen erforderten nur zum nötigsten Schutz bereits Armeen, die man nicht mehr aufstellen konnte, weil weder Mittel für die Löhnung vorhanden waren, noch um Rekruten anzuwerben. Die Marine verfiel vollständig. Der Seeraub nahm so überhand, daß die Küsten verödeten, die Einwohner die Seestädte verließen und sich weiter im Innern ansiedelten. Ostia wurde zerstört, Puteoli lag in Ruinen, Brindisi versandete, Ravennas Hafen versumpfte.

Aber als es den Römern schon lange an Kraft gebrach, sich zu wehren, behaupteten sie sich noch immer durch List. Die Kaiser spielten die Eindringlinge gegenseitig aus, um, durch den Streit der Fremdlinge geschützt, die eigene Existenz kümmerlich fortzufristen. Aber all die kleinen Künste von Lug und Trug und Doppelzüngigkeit konnten den Untergang nur hinausschieben, nicht aufhalten. Und dabei waren die Römer den Barbaren außer in der Körperkraft in allen Dingen weit überlegen.

Germanen *Die germanische Welt hatte in Politik, Wirtschaft und Kultur der römischen nichts Gleichwertiges entgegenzusetzen. Es war eine bäuerlich-kriegerische Welt, die beherrscht war von der Furcht vor überirdischen Mächten und dem Glauben an ein vorherbestimmtes Schicksal. Ihr Ausdehnungsbestreben nach dem Süden brachte das römische Reich mit zu Fall. Aber ihre nationalen Eigenprägungen wurden vom Charakter des Reiches, dessen Landes sie sich bemächtigten, ausgelöscht. So kam es, daß das Lateinertum als Kulturfaktor sich allen äußeren Niederlagen zum Trotz siegreich behauptete.*

Lateinertum »Es war ein ungeheures geschichtliches Phänomen«, schreibt Paul von Winterfeld, »wie die christliche Welt und mit ihr in immer erneuten Stößen das unermeßliche Erbe des Altertums über die jungen widerstandsschwachen Barbarenvölker des Abendlandes hereinflutete. Dem gewaltigen Druck erliegt alles Eigene, Mensch und Volk. Dieser Druck der Tradition lastet schwer auf dem ganzen Mittelalter und gibt ihm etwas Unfreies und Unsicheres.« Dieser gewaltige Einfluß machte sich auf dreierlei Weise geltend, durch die Sprache, die Kirche und das Recht. Der äußere Glanz der römischen Herrlichkeit blendete die Nordländer und beschäftigte ihre Phantasie. Seit Odoaker den letzten römischen Kaiser gestürzt hatte, waren Jahrhunderte vergangen, und dennoch machten sich deutsche Könige die Fiktion von der Fortdauer des römischen Imperiums zu eigen und schwelgten in dem Glauben, die direkten Nachfolger römischer Imperatoren zu sein. Man klammerte sich an den Vorstellungsinhalt der lateinischen Kultur, weil man in ihm etwas Besseres und Höheres zu besitzen glaubte als in dem Gedankenkreis des Eigenen. Die germanischen Sprachen, die noch keine Literatur besaßen, verschwanden vor dem Anprall einer so ausgebildeten und ideenreichen Sprache, wie es das Lateinische war. Außerdem genoß das Lateinische den ungeheuren Vorzug, von den zahllosen Millionen verstanden zu werden, welche die Provinzen des Weltreiches um das Mittelmeer bevölkerten, während die germanischen Dialekte jeweils nur wenigen Tausend verständlich waren. Kein Wunder, daß alle, die sich um geistige Dinge bemühten, sich der lateinischen Sprache bemächtigen mußten. Alle Elemente der Bildung, soweit Schule und Unterricht sie im 1. Jahrtausend n. Chr. vermitteln konnten, wurden lateinisch mitgeteilt. Die Sprache der alten Welt blieb noch jahrhundertelang auch die der neuen. Das 2. Jahrtausend sollte anbrechen, ehe eine abermalige babylonische Sprachverwirrung die Nationen wieder trennte.

Lateinische Sprache

Auch in der Dichtung mußten sich die Germanen wohl oder übel der lateinischen Sprache bedienen.

Was hätte Ekkeharts »Walthari-Lied« uns sein können, hätte der Dichter vermocht, seine Empfindung deutsch auszudrücken?

Latein wurde auch die Sprache der Kirche. Dadurch erhielt die lateinische Sprache selbst den Charakter von etwas Heiligem, um so mehr auch, als sie von einem großen Teil der neuen Christen gar nicht verstanden wurde. Wenn Karl der Große mit Strenge darauf hielt, daß die vielfach durch Zwang Neubekehrten das Glaubensbekenntnis lateinisch lernen mußten, so wußte er sehr wohl, was er tat. Hinter den unverständlichen Worten der fremden Sprache suchten sie einen magischen, geheimnisvollen Sinn, sie handhabten sie wie Formeln der Beschwörung und waren um so stärker in ihrem Bann, je weniger sie sie begriffen. So blieb das halb oder gar nicht verstandene Latein ein Mysterium, während die Muttersprache, die jeder verstand, profan und alltäglich wirkte. Die lateinische Sprache als wichtigster Überrest des zerbröckelnden Weltreiches diente der Kirche als eines der wesentlichsten Hilfsmittel zur Aufrichtung ihrer Weltmonarchie.

Christentum

Auch das Christentum war eines der Elemente, das die römische Gesellschaft zersetzte. Aber man darf die Rolle, die es in dieser Be-

1 Sitzender König, Fresko um 1150. Schwarzrheindorf

ziehung spielte, nicht überschätzen. Der römische Götterhimmel hatte schon lange seine überzeugende Kraft eingebüßt. Die antike Religion war tot. Sie ging wie das römische Reich an ihrer Überfülle zugrunde. Der römische Götterglaube war eine staatliche Einrichtung, von vornherein auf Ziele und Zwecke des Staates zugeschnitten. Er veränderte sich wie dieser. Durch die fortschreitenden Eroberungen wurden nach und nach soviel neue Kulte genehmigt, daß sich schließlich die Idee des einen göttlichen Wesens rein abstrahierte.

Die Römer verachteten die Christen wegen ihrer niedrigen Gesinnung, verfolgten sie als Majestätsverbrecher und ließen sie endlich gewähren, weil man gegen ihre Überzeugung ohnmächtig war. 313 wurde das christliche Bekenntnis der römischen Staatsreligion gleichgestellt, 380 hatte die Kirche schon erreicht, daß im römischen Staat das Christentum allein erlaubt war und alle übrigen Kulte verboten wurden. Das Christentum hatte ein leichtes Spiel gegenüber einer Religion, die gegenstandslos geworden war. Auch die Tatsache, daß es sich gegen den Staat als solchen erklärte, verlor an Bedeutung, seit dieser Staat in jedem Jahr mehr an Ideen und Kräften einbüßte. Der ökonomische Verfall war nicht aufzuhalten, ein Umstand, der der christlichen Auffassung recht zu geben schien, die sich gegen den Staat und seine wirtschaftlichen Interessen völlig gleichgültig verhielt. Aber es ist interessant zu beobachten, wie das Christentum dem Staat, den es doch umbringen half, seine besten Einrichtungen absah. Die Kirche, ohne die der christliche Glaube doch nicht sein konnte, ruhte auf dem Grunde römischer Organisationsgabe. Die Hierarchie, der Kultus, die Sprache, die Bauten, alle Äußerlichkeiten waren römisches Eigentum. So wurden Christentum und Kirche zu Gegensätzen, deren Prinzip sich gegenseitig aufhob. Das Christentum betrachtete den Besitz als Unrecht, die Kirche wurde reich; das Christentum war eine Religion der Liebe, die Kirche war höchst unduldsam. Je mehr sich die Christen ihres Eigentums entäußerten, um so mehr wuchsen Ansehen und Macht der Kirche, denn um die Gunst des Himmels zu erreichen, sahen sie sich gezwungen, alles Eigentum der Kirche zu überlassen.

Kirche

In der verhängnisvollen Zeit der Völkerwanderung war es der Kirche möglich, zu großem Ansehen zu gelangen und ihren eigenen Ausbau zu vollenden. Während der politischen Wirren haben die großen Konzilien der römischen Kirche die Hierarchie derselben begründet und den Klerus geschaffen, der diese Kirche so widerstandsfähig machte. Von seinem Gutdünken hing der Erwerb der himmlischen Gnade ab. Die erste Pflicht des Christen war der Gehorsam gegen den Bischof. Anfangs galt dieser nur als »primus inter pares«, aber als die Konzilien sein Ansehen als Schiedsrichter in allen strittigen Fragen der

Glaubenslehre betonten, erkannte Kaiser Valentinian III. ihn im Jahre 445 als Oberhaupt der sichtbaren Kirche an. Die Kirche nahm alles in sich auf, was von dem absterbenden und dahinwelkenden Römertum noch lebenskräftig war. Es kam ihr zugute, daß sie in der überaus gefahrvollen Zeit, in der nichts mehr Bestand zu haben schien, ihre fest abgeschlossene Weltanschauung dem primitiven Heidentum der germanischen Völker gegenüberstellen konnte. Dadurch gewann sie ein Ansehen, ein Vertrauen, eine Verehrung, einen Glauben an ihren göttlichen Ursprung und ihre Unfehlbarkeit, die man sich gewiß nicht groß genug vorstellen kann. Diese ganze Summe scheuer Ehrerbietung allein erklärt die Rolle, die der Kirche so lange zufiel, eine Rolle, die erst nach Jahrhunderten und erst nach Häufung unwahrscheinlicher Mißbräuche angefochten werden sollte. Auf den Trümmern der alten Welt war allein die römische Kirche stehen geblieben. Die Verwirklichung von Gottes Staat auf Erden, der sich die Kirche im Mittelalter schon sehr nahe sah, scheiterte jedoch nur allzu bald an der menschlichen Unzulänglichkeit. Darum gleicht die Kulturgeschichte des Mittelalters einem großen Trauerspiel.

Die christliche Glaubenslehre wurde Grundlage der mittelalterlichen Kultur und die Kirche ihr Motor.

Alles was nicht direkt auf Gott abzielte, betrachtete die Kirche als Sünde und Unrecht. Ehe und Besitz waren verwerflich, weil sie den Menschen von Gott entfernten.

Die Kirche bemächtigte sich des Diesseits, weil sie behauptete, die Pforten des Jenseits öffnen oder verschließen zu können. Sie zog Recht, Sitte, Ehe, Familie, Besitz, Kunst, Wissenschaft vor ihr Forum. Die Kirche wies jeden Eingriff des Staates in ihre Sphäre zurück, scheute sich aber nicht, die Machtmittel des Staates in ihren Dienst zu stellen. Als die Kirche mit der immer üppiger aufblühenden Ketzerei nicht fertig werden konnte, mußte der Staat die Aufgabe übernehmen, Priszillianisten, Donatisten, Pelagianer und andere Sektierer auszurotten, also eine Angelegenheit regeln, die eine rein kirchliche war.

Kirche und Staat

Dies konnte nur geschehen, weil der Geltungsbereich der kirchlichen und staatlichen Gesetze noch nirgends feste Grenzen aufwies. Ihre Wirkungskreise fielen zusammen. Seit die Kirche durchgesetzt hatte, daß Bann und Interdikt, welche die davon Betroffenen aus der christlichen Gemeinschaft ausschlossen, auch ihre Ausstoßung aus der bürgerlichen Gesellschaft nach sich zogen, war sie in der Tat die oberste und letzte Instanz auf Erden. Die Kirche fuhr fort, den Staat lediglich als das ausführende Organ der kirchlichen Verwaltung anzusehen; als den Arm, der das tun mußte, was sie selbst nicht direkt tun

2 Gentile Bellini, Prozession auf dem Marktplatz in Venedig, 1496. Venedig, Accademia di Belle Arti

konnte oder wollte. Alle Pflichten fielen dem Staat zu, alle Rechte der Kirche. Um diesen Anspruch zu begründen und sich mit dem Schein des Rechts zu umgeben, scheute der Klerus vor keinem Betrug und vor keiner Fälschung zurück.

Die noch heidnischen Franken befanden sich mit den arianischen Westgoten im Kampf auf einem Gebiet, das von einer römisch-katholischen Bevölkerung besiedelt war. Es war ein geradezu genialer Schachzug des Frankenkönigs Chlodowech, mit den Seinen zur katholischen Kirche überzutreten. Dadurch zog er seinem westgotischen Gegner den Boden unter den Füßen fort und gewann in der römischen Kirche einen Bundesgenossen, der das fränkische Reich sofort in den beherrschenden Mittelpunkt der germanischen Staatengründungen stellte. Für die Kirche aber bot diese Verbindung den Vorteil, in der germanischen Welt Fuß zu fassen, um sie allmählich unter ihr Joch zu zwingen.

Unter den Merowingern und noch unter der Regierung Karls des Großen mußte sich die Kirche damit begnügen, die Machtzwecke der Krone zu fördern. Es war ein weltliches Regiment auf geistlicher Grundlage. Als aber Karl der Große die Augen geschlossen hatte, verschob sich das Verhältnis zugunsten der Kirche. Die bigotten Schwachköpfe, die dem großen Herrscher auf dem Thron folgten, gaben von vornherein die Macht aus der Hand, indem sie zugaben, daß die Kirche die Quelle der königlichen Gewalt sei. Auch Kaiser Karl war zwar auf dem Boden der Ideen vom christlichen Gottesstaat gestanden, die Leitung desselben hatte er jedoch in der eigenen festen Hand behalten. Nun aber wurde die Kirche der eigentliche Inhalt und Zweck der Staatsverwaltung. Der Kaiser durfte sich nur aus dem Grund den höchsten Herrn der Christenheit nennen, weil die Kirche ihn zu ihrem Vogt ernannt hatte. Doch blieb ihr das letzte Wort, denn sie berief sich auf die göttliche Autorität, die ihr zur Seite stünde und sie inspiriere.

Der Papst betrachtete sich als obersten Lehnsherrn der Welt, und die heute nicht mehr ganz verständliche Schwäche der Fürsten gab ihm recht. Die Könige von England, Aragonien, Sizilien und andere nahmen ihre Reiche von ihm zum Lehen. Friedrich II. stand unter der Vormundschaft von Innozenz III. und nannte sich »erwählter römischer Kaiser von Gottes und des Papstes Gnaden«.

Deutsches Kaisertum

Niemals hätten die päpstlichen Ansprüche einen solchen Umfang erreichen und so alles Maß überschreiten können, hätten sie nicht an den Deutschen ihren stärksten Rückhalt gefunden. »In dem allen staatlichen Zwecken widerstrebenden und für nationale Ehrenfragen so empfindungslosen individualistischen Grundtrieb der deutschen Völkerschaften fand der Papst Verbündete«, schreibt H. von Eicken. Die deutschen Fürsten, die ohne das leiseste Gefühl für Scham und Ehre die Kaiserwürde an den Meistbietenden verhandelten, gleichgültig, welcher Nation er angehörte, erkannten ausdrücklich den Papst als höchste Instanz an. Sie waren es, die bei jeder Gelegenheit der Kurie in die Hände arbeiteten, glücklich über die Einmischung des Auslandes, die ihnen erlaubte, ihre Privatvorteile zu verfolgen. War der Kaiser abwesend, fielen die Fürsten ihm in den Rücken. Sie betrachteten es stets als ihre Aufgabe, die Ausbildung einer einheitlichen nationalen Staatsgewalt zu hemmen. Sie drängten Heinrich IV. zu der Schmach in Canossa. Die drei Tage, die der unselige Kaiser im Jahr 1097 im Schnee stand, bedeuteten das Ende der deutschen Kaiserherrlichkeit. Die römische Kirche im Bund mit den deutschen Fürsten betrog die deutsche Nation um Ehre, Ansehen und Macht, wie sie alle Staaten auseinander regierte, in denen man ihr freie Hand ließ. Allerdings besaßen andere Nationen nicht jenen heillosen, blinden Gehorsam wie die Deutschen. Die französische Aristokratie ließ Exkommunikationen, die der Papst aussprach, erst auf ihre Rechtmäßigkeit hin prüfen. Die englischen Stände waren die ersten, die sich gegen die Erpressungen der päpstlichen Legaten zur Wehr setzten.

Westgoten

Nur einmal konnte die katholische Kirche die Oberherrschaft über den Staat restlos gewinnen, nämlich im spanischen Königreich der Westgoten. Hier regierte der Klerus mit absoluter, unumschränkter Machtvollkommenheit und unterwarf den Staat der Kirche nicht nur in allen geistlichen, sondern auch in allen weltlichen Angelegenheiten. Die Staatskonzile regelten die Fragen, die die Regierung betrafen, und griffen in alle Verhältnisse des bürgerlichen Lebens tief ein. Der Klerus erreichte in den letzten 120 Jahren des spanischen Westgotenreichs eine Machtfülle, wie sie ihm niemals wieder in irgendeinem Staat zuteil geworden ist. Das Resultat blieb nicht aus. Das Übermaß der Habgier, der Unvernunft, der Intoleranz und der Herrschsucht der Geistlichkeit bereiteten diesem Königreich ein vorzeitiges Ende. Wie ein Kartenhaus stürzte es ein, als der erste auswärtige Feind sich dagegen erhob. Muza eroberte Spanien bei einem einfachen Plünderungszug.

Kampf zwischen Kirche und Staat

Die Überspannung der Begriffe und Ansprüche der Kirche schuf Reibungsflächen zwischen Kirche und Staat, an denen sich ein Konflikt nach dem andern entzündete. Der Prinzipienstreit zwischen Kaiser und Papst führte zu einem Kampf der Parteien, der mit Leidenschaftlichkeit und Erbitterung geführt wurde und bei dem gewalttätigen Charakter, der den mittelalterlichen Menschen zu eigen war, meist mit Waffen ausgetragen wurde. Daß bei diesem Aufeinanderprallen der Gegensätze Deutschland vollkommen zerrüttet wurde, war offenkundig. Otto von Freising und Ekkehart von Aura beklagten, daß ganze Landschaften durch die Verwüstung zu Einöden würden, aber diese Einsicht hatte weder auf die Prinzipien noch auf die Methoden der Streitenden Einfluß. Es geschah ja alles zur höheren Ehre Gottes.

Mit raffinierter Geschicklichkeit wußte die Kirche ihre politischen

Gegner zu Gottesfeinden zu stempeln. Die Kirche war im Besitz der Wahrheit. Wer von ihr abwich, war ein Ketzer, den zu morden ein Verdienst blieb. Im Krieg gegen die Albingenser stellten sich die Zisterzienser an die Spitze der blutgierigen Scharen und legten die Provence in Asche. Der Abt Arnold schrieb 1204 an Papst Innozenz III. nach der Eroberung von Béziers: »Keinen Stand, kein Geschlecht haben die unserigen verschont, bei 20 000 Menschen haben sie mit der Schärfe des Schwertes getötet. Ein ungeheures Gemetzel wurde unter den Feinden angerichtet, die ganze Stadt ist ausgeplündert und verbrannt. Wunderbar hat Gottes Strafgericht gegen die Ketzer gewütet.«

Als der Streit um die Investitur auf seiner Höhe war, erlebte die Welt das groteske, aber traurige Schauspiel: der Kaiser nannte den Papst den Antichrist und der Papst rief gegen den Kaiser zum Glaubenskrieg auf. Als die Staufer den Schwerpunkt ihrer Macht nach Italien zu verlegen suchten, erschienen sie der Kurie als Feinde, denn sie wollte sich auf der Halbinsel ein weltliches Reich sichern. Der Staat selbst hatte alles getan, um seinen Rivalen mächtig, ja übermächtig werden zu lassen.

Reichtum der Orden

Die Laien schenkten sich der Kirche zulieb arm. Die Klöster wurden so reich, daß das Ansehen der Kirche darunter litt. Aber diese Häufung des Besitzes in der toten Hand war nicht zu steuern. Im Handumdrehen waren die Klöster der Bettelorden ebenso reich wie die der älteren Genossenschaften. Der Klerus geriet durch seine Habsucht in Mißkredit. Arnold von Brescia trug der öffentlichen Meinung Rechnung, als er vorschlug, die Kirche zur apostolischen Armut zurückzuführen. Kaiser Friedrich II. klagte beredt über die Habsucht der Kirche. Und wer alles sammeln wollte, was die zeitgenössischen Schriftsteller Walther von der Vogelweide, Hugo von Trimberg, Freidank, Dante, Peire Cardenal und andere an Hohn und Spott über den besitzhungrigen Klerus ausschütteten, der könnte einen ganzen Band füllen. Dabei mißgönnten sich Weltgeistliche und Ordensleute noch gegenseitig ihre Beute und stimmten von sich aus in die Klagen der Laien lebhaft ein. Schließlich mußte Papst Johannes XXII., der selbst 250 Tonnen Goldes hinterließ, dem Lärm durch die Erklärung ein Ende machen, daß die Ansicht, Christus und die Apostel seien arm gewesen, ketzerisch wäre. Je mehr die Kirche an Besitz zunahm – und Besitz war im Mittelalter Grundbesitz –, desto ausgedehnter wurde ihre Beziehung zu all den weltlichen Angelegenheiten, die damit zusammenhingen.

Klerus

Die sichtbare Kirche war der Klerus, und dieser bestand aus Menschen, die den Reichtum der Kirche voll genossen. Sie kümmerten sich oft

3/4 Ecclesia und Synagoge, um 1220/30. Straßburg, Münster

wenig um die damalige Geistesbildung. Auf dem Konzil von Chalcedon waren vierzig Bischöfe anwesend, die weder lesen noch schreiben konnten. Im Kloster von St. Gallen – eine der bedeutendsten mönchischen Bildungsstätten – gab es im Jahr 1291 niemanden, der schreiben konnte. Der Klerus war kein Vorbild. Mit Skrupellosigkeit setzte er sich über das Sittengesetz hinweg. Arnold von Brescia erklärte ganz ungescheut: der Klerus ist unwürdig, die Sakramente zu erteilen. Schließlich hatte die römisch-katholische Lehre dahin geführt, daß die

Kirche die schweren Bußübungen nachlassen und sie durch eine Geldbuße ersetzen konnte. Es entstand ein Handel mit Gnadenmitteln. Diese Sitte der Geldbuße stammte aus dem germanischen Recht, das dem Missetäter erlaubte, Verbrechen durch ein Wehrgeld zu sühnen. Aber die römische Kirche führte diesen Grundsatz ad absurdum.

Heidentum und Christentum

Die Christianisierung im frühen Mittelalter war nur an der Oberfläche erfolgt. Die Grenze zwischen dem alten Heidentum und dem neuen Christentum war schwer zu ziehen. Den Germanen konnte der christliche Mythos nur auf eine ihnen verständliche und geläufige Weise beigebracht werden. So faßte der Dichter des »Heliand« Christus als sächsischen Stammesherzog auf, seine Jünger als sein Gefolge und die Juden als Mannen. Es dauerte auch lange, ehe die neuen Christen auf die ihnen vertrauten Menschenopfer verzichten lernten. Als die christlichen Franken nach der Lombardei zogen, um den Gotenkönig Witigis zu bekriegen, opferten sie am Po Weiber und Kinder der Goten, die sie gefangen hatten. Die sterbende Brunhild verordnete, daß fünf Mägde und acht edle Knechte sie ins Jenseits geleiten müssen. Frauen und Mädchen mußten sich oft nach dem Tod des Gatten zum freiwilligen Opfertod drängen. Als die Isländer sich entschlossen, das Christentum anzunehmen, machten sie zur Bedingung, daß sie fortfahren dürften, die Kinder, die ihnen unbequem wären, auszusetzen. Die Kirche kümmerte sich wenig darum, was ihre Schutzbefohlenen glaubten, um so mehr aber darum, was sie zahlten.

Mosaismus

Starke Reste der mosaischen Religiosität waren im Christentum des Mittelalters noch deutlich erkennbar. Die Idee des Vertrages mit Gott, der für die ihm dargebrachte Verehrung die Verpflichtung übernahm, den Gläubigen zu schützen und ihm zu irdischer Wohlfahrt zu verhelfen, spukte noch in den Köpfen. König Philipp August von Frankreich geriet auf seiner Fahrt in das Heilige Land in einen schweren Sturm, so daß dem Schiff sicherer Untergang drohte. Nachdem die Gefahr schon einige Stunden gedauert hatte, und das Gefolge am Leben verzagte, verlangte der König zu wissen, wieviel Uhr es sei. »Mitternacht«, wurde ihm geantwortet. »Da sind wir gerettet«, rief er fröhlich aus, »nun kann uns nichts mehr passieren, denn von diesem Augenblick an werden in Frankreich so viele Messen für uns gelesen und so viele Gebete zum Himmel gesandt, daß uns kein Übel mehr erreichen kann.« Als die Krankheit Ludwigs XI. zunahm, ließ er Schreiben in die ganze Welt entsenden, um besonders fromme Männer aufzutreiben, die für die Verlängerung seines Lebens beten sollten. Außerdem beschenkte er die berühmtesten Gnadenorte Rom, Aquila, Utrecht, Köln, Aachen und andere mit kostbaren Weihgeschenken.

Trotz all dieser Irrungen der Kirche fehlte es nicht an Geistlichen, die das Übel erkannten und ihm abzuhelfen suchten. Sie kamen meist aus den Kreisen des Mönchtums.

Klosterreform

Die Einrichtung des Mönchtums hatte die Kirche aus dem Orient mitgebracht. Am Ende des 4. Jahrhunderts wurde es nach dem Westen verpflanzt und erhielt durch den hl. Benedikt seine ersten Regeln. Er verpflichtete diejenigen, die sich dem geistlichen Leben widmen wollten, auf die drei bindenden Gelübde des Gehorsams, der Keuschheit und der Armut. Damit zeichnete er ihnen den Weg vor, auf dem sie hoffen konnten, das ideale Lebensziel des mittelalterlichen Christentums zu verwirklichen. Mit großer Schnelligkeit breitete sich die Benediktiner-Regel über das Abendland aus, wobei sie allerdings im Laufe der Zeit bedeutend an Strenge einbüßte. Für die Verrichtung der niederen Dienste wurden Laien angenommen, und der bereits erwähnte, zunehmende Reichtum hatte schon im 10. Jahrhundert zu Ausartung und Verfall geführt. Unmittelbar nacheinander erhoben sich Kluniazenser, Karthäuser, Zisterzienser, Prämonstratenser, Karmeliter, um in den Klöstern mit der alten Strenge und dem alten Ernst eine Vertiefung des sittlichen und religiösen Lebens herbeizuführen. Meist konnten sie ihre Reformen nur mit Gewalt durchsetzen. Viele Christen, die diesen Unternehmen Beifall zollten, dankten den Klöstern mit Gaben und Vermächtnissen. So hat es oft nicht einmal zwei bis drei Menschenalter gedauert, bis die reformeifrigen Kongregationen in den Fehler der Bereicherung verfallen waren, den zu bekämpfen eben erst der Zweck ihrer Gründung gewesen war.

Im System der römischen Kirche stellte theoretisch das Mönchtum, das sich dem rein beschaulichen Leben widmete, den Stand der Vollkommenheit vor. Ihm ist es zuzuschreiben, daß die Weltherrschaft des Papstes so lange bestehen konnte. Immer wieder gingen aus dem Mönchtum die Kräfte hervor, die der römischen Kirche neue Ideen zuführten und ihr neue Wege wiesen. Immer wußten sie sich den wechselnden Bedürfnissen der Zeit anzupassen und widmeten sich je nachdem der Askese, der Bildung, der Propaganda. Als in der beginnenden Periode städtischer Kultur sich in diesen Gemeinwesen eine Emanzipation von der kirchlichen Herrschaft anbahnte, sprangen Dominikaner und Franziskaner helfend ein und siedelten in die Städte über.

Das gemeine Volk belegte die Mönche mit Hohn und Spott und stellte den Klosterbruder schon im frühen Mittelalter als komische Figur dar, aber die meisten Bürger wagten es aus Dummheit, Gewohnheit und Feigheit doch nicht, sich von ihnen loszusagen. Eine innere Erneuerung der Kirche konnte das Mönchtum nicht hervorbringen. Die verzweifelte, geradezu selbstmörderische Askese eines hl. Bernhard von Clairvaux, eines hl. Franz von Assisi, einer hl. Elisabeth, einer hl. Katharina von Siena bereicherte das Christentum nicht um wesentlich ethische Momente. Erst die Reformation rettete das Christentum, das dem Untergang nahe war, indem sie vor allem mit der These vom sakramentalen Charakter des Priestertums aufräumte. Sie gab unumwunden zu, daß es für Menschen nicht möglich sei, den Gottesstaat auf Erden zu verwirklichen, daß es dagegen für die in die Welt Gestellten Pflicht sei, sich mit dem Leben abzufinden und es nicht zu fliehen.

Wissenschaft Die alte Kirche verachtete die Wissenschaft, die ihr in heidnischem Gewande entgegentrat. Sie befürchtete in ihr eine Gefährdung von Tugend und Glauben, und sie begünstigte die Unwissenheit als eine notwendige Vorbedingung der Frömmigkeit. Petrus Damiani, der Kanzler Papst Gregors VII., nannte die weltliche Wissenschaft »Torheit und Possen«, und der hl. Thomas von Aquin, der größte Kirchenlehrer des Mittelalters, äußerte sich: »Das Streben nach Erkenntnis der Dinge ist Sünde, wenn sie auf anderes abzweckt als die Erkenntnis Gottes.« Das Objekt des Erkennens bildete also nicht die sinnliche Welt, sondern die übersinnliche. Damit blieb die Vernunft dem Glauben untergeordnet, dessen Lehre sie nicht antasten durfte. Da man die Wahrheit in der christlichen Offenbarung zu besitzen glaubte, war es im Grunde ein müßiges Spiel der Dialektik, sie mit Gründen der Vernunft als notwendig zu erweisen. Wich sie in ihren Resultaten vom Dogma ab, so galt der Denkprozeß von vornherein als falsch. Da der christliche Glaube die Grundlage der Erkenntnis war, so fiel der mittelalterlichen Philosophie eigentlich nur die Rolle einer Apologetin der christlichen Dogmatik zu. Mit dieser Aufgabe setzte sie sich in der Scholastik auseinander.

Scholastik Unter Scholastik versteht man jene mittelalterliche Schulweisheit, die auf den Gebrauch der Vernunft verzichtet, um lediglich den Verstand zu schärfen. Man gefiel sich in einem sehr merkwürdigen und ganz unfruchtbaren Formelwesen, das in einer höchst verzwickten Terminologie die Kategorien des Denkens kombinierte und klassifizierte. Hohle Probleme in endlosen Distinktionen wurden hin und her gerollt, ohne doch, da diesem ganzen Wesen jede ernsthafte Aufgabe fehlte, etwas anderes zu erzielen als inhaltleere Grübeleien.

Als im Anfang des 13. Jahrhunderts die metaphysischen Schriften des Aristoteles bekannt wurden, übrigens nicht in den griechischen Originalen, sondern entweder in den von Boethius übersetzten logischen Schriften oder in lateinischen Übersetzungen, begann für die Scholastik eine neue Epoche. Die aristotelische Metaphysik trat nun als gleichberechtigter Faktor der Scholastik neben die kirchliche Dogmatik. Thomas von Aquin gelang es mit Hilfe der realistischen Aussagen der aristotelischen Lehre, die Philosophie in volle Übereinstimmung mit der christlichen Glaubenslehre zu setzen.

Daraus resultierte aber ein neuer Streitpunkt, wobei die Parteien einerseits Nominalisten, andererseits Realisten genannt wurden. Erstere sahen die allgemeinen Begriffe nur als Produkt des Nachdenkens an, letztere setzten sie mit den wirklichen Dingen gleich. So gaben die Realisten schließlich den Anstoß zu einem wissenschaftlichen Studium der sinnlichen Welt.

Die Scholastik konstruierte ein Weltbild nach Maßgabe vorgefaßter Meinungen; sie sah die Natur, wie Eicken sagt, nur als großes Bilderbuch an. Demgegenüber war der englische Franziskanermönch Roger Bacon nach heutiger Anschauung der erste wissenschaftliche Gelehrte. Er war der Begründer der wissenschaftlichen Empirie, denn er bekannte, »ohne Erfahrung kann man nichts genügend wissen«. Erst als die Forschung sich von der Bevormundung der Kirche befreite, begann man die Geheimnisse der Welt zu entschleiern. Am Anfang stand die Naturforschung, die als erste die Erkenntnisse der Dinge brachte.

Für die Kirche aber war die Theologie die einzige Wissenschaft, die anerkannt und gefördert wurde.

Medizin

Die Medizin blieb in den Händen christlicher Ärzte laienhaft, da Sektionen verpönt waren, weil sie die »Auferstehung des Fleisches gefährdeten«. Man vertraute im Heilungsprozeß auf ein Wunder Gottes. Erst arabische und jüdische Ärzte brachten die medizinische Forschung weiter. Auch die Arzneimittellehre tappte mehr oder weniger im dunkeln. Man verließ sich auf seltsame Kräuter und Drogen, von denen eine wundersame Heilkraft angenommen wurde.

Astrologie

Im Gegensatz zur Astronomie, die man vernachlässigte, blühte die Scheinwissenschaft der Astrologie, die die Gestirne in die innigste Wechselbeziehung mit den Schicksalen der Menschen brachte.

Erdkunde

Auch die Erdkunde blieb merkwürdig zurück, obwohl es nicht an Reisenden fehlte. Das Ptolemäische Weltbild behielt noch immer sein großes Ansehen, obwohl sich schon seit der zweiten Hälfte des 12. Jahrhunderts allmählich die Ansicht durchgesetzt hatte, daß die Erde keine Scheibe, sondern eine Kugel sei. Thomas von Aquin und Albertus Magnus waren von der Kugelgestalt der Erde überzeugt.

Die Entdeckung Amerikas Ende des 15. Jahrhunderts war nicht das Werk eines Zufalls, sondern das Resultat von Denken und Forschen. Diese geistigen Tätigkeiten mußten allerdings außerhalb der von der Kirche dem Wissen angewiesenen Bahnen stattfinden. Es ist bekannt, wie übel Kolumbus bei den Professoren von Salamanca ankam, als er ihnen auf Wunsch der spanischen Monarchen seine Ideen entwickeln mußte. Sie überschütteten die Pläne des großen Forschers mit Hohn; und dennoch hatte er Erfolg.

Schule Da die Theologie den Inbegriff aller Erkenntnis darstellte und alles Wissen, auf das man Wert legte, in sich schloß, so waren auch die gesamten Forschungsstätten auf die Kirche übergegangen. Mit der römischen Gesellschaft waren auch ihre Literatur und Bildung im Laufe der Zeit zugrunde gegangen. Anfangs hielten sich noch einige Schulen alten Stils, wie in Trier, Narbonne, Bordeaux, Autun und anderswo. Die Lehrer brachten den Knaben die Elemente der Bildung durch die Lektüre der klassischen Autoren bei, ließen sie brav auswendig lernen und leiteten sie an, Gedichte und kultivierte Briefe zu schreiben.

In der Mitte des 5. Jahrhunderts gingen diese Rhetorenschulen allmählich ein, und die römische Kirche bemächtigte sich der Elementarschule. Sie nahm das gesamte Unterrichtswesen in die Hand, das ihr von niemandem streitig gemacht wurde. Den Germanen galt der Erwerb von Bildung für alle, die sich nicht dem geistlichen Stand widmeten, geradezu als Schimpf. Als die Gotenkönigin Amalaswintha, eine Tochter Theoderichs des Großen, ihren Sohn Athalarich unterrichten lassen wollte, entstanden Unruhen unter dem Volk. Gebieterisch wurde eine Änderung des Lehrplanes gefordert, denn gelehrtes Wissen mache furchtsam und weibisch. Dieses Vorurteil blieb noch lange erhalten. Kaiser Otto I., von dem man weiß, daß er zwar deutsch, sächsisch, wendisch und französisch sprechen konnte, lernte erst im höheren Alter lesen. Auch zwei so berühmte deutsche Dichter des Mittelalters wie Wolfram von Eschenbach und Ulrich von Liechtenstein konnten weder lesen noch schreiben. Karl der Große, der sich auch um diese Frage kümmerte und seine Untertanen gern auf eine höhere Stufe der Gesittung gehoben hätte, erreichte nichts. Er hatte umsonst im Jahr 802 verordnet, daß jeder Laie gehalten sein sollte, seine Söhne in die Schule zu schicken. Die Deutschen – auch die der gehobenen Schicht – blickten auf wissenschaftliche Bildung mit Verachtung herab.

So wurde der Klerus ganz von selbst, durch die zwingende Gewalt der Umstände, zum Hüter der wissenschaftlichen Studien. Jahrhunderte hindurch war die Schule ein Annex des Klosters, wobei freilich die Glaubenslehre den Kernpunkt des Unterrichts bildete. Des weiteren umfaßte der Lehrstoff die sieben freien Künste, im Trivium: Grammatik, Rhetorik, Dialektik, im Quadrivium: Arithmetik, Geometrie, Musik, Astronomie. Die Schulzucht war von barbarischer Härte. Manch sadistisch veranlagter Klosterlehrer mag an seinen unglücklichen Zöglingen seine Lust ausgelassen haben. In St. Gallen hielt man mit dem Prügeln so wenig Maß, daß die auf das äußerste gepeinigten Schüler das Kloster in Brand steckten. Zu den berühmtesten niederen Schulen in Deutschland gehörten Corvei, Hirsau, Reichenau und Hersfeld. Auch die Hochschulen waren in den Händen des Klerus. Die Universitäten in Paris, Salamanca, Oxford, Prag waren wesentlich kirchliche Institute. Die Professuren lagen in den Händen von Geistlichen, und nur künftige Geistliche waren die Hörer. Unter den Hochschulen nahm Paris den ersten Rang ein. Soweit die Scholastik in ihren theologischen und philosophischen Spekulationen von Einfluß auf die geistige Entwicklung des Mittelalters war, kamen ihre Resultate in Paris zustande, wo auch unter anderen Thomas von Aquin lehrte. Die Hochschulen der übrigen Länder, auch diejenigen Italiens, standen an Bedeutung weit hinter Paris zurück. Dagegen behauptete Italien einen Vorrang in den Lateinschulen. Ihren Besuchern wurde ein Wissen vermittelt, das profanen Zwecken galt. – Vielleicht waren die italienischen Kaufleute die ersten Nichtgeistlichen, die lateinische Briefe schreiben konnten.

Frauenbildung

Bei der starken Abneigung der Männer gegen alle geistige Arbeit ist es nicht weiter bemerkenswert, daß die Künste des Lesens und Schreibens von den Frauen um so williger aufgenommen wurden. In Gallien lernten die Mädchen im Anfang des 6. Jahrhunderts lesen und schreiben. Die Königin Radegunde, Gattin Chlotars I., gründete in Poitiers ein Frauenkloster, in dem die Zöglinge auch im Theaterspielen ausgebildet wurden. Der spätere hl. Bonifaz stiftete das Nonnenkloster Bischofsheim an der Tauber als Musterbildungsanstalt deutscher Mädchen und ließ die Vorsteherin des Klosters aus England kommen. Die Königin Mathilde lernte nach dem Tode König Heinrichs I. lesen und schreiben und hielt darauf, daß ihrer Dienerschaft Gelegenheit gegeben wurde, sich diese Kenntnis ebenfalls anzueignen. Deutschland besaß im frühen Mittelalter mehr als eine gelehrte Frau. Ihr verdankt es sein erstes »Conversationslexikon«. Der »Hortus deliciarum« der Herrad von Landsperg, Äbtissin am St.-Odilien-Kloster, war eine vorzügliche Enzyklopädie des gesamten Wissens des frühen 12. Jahrhunderts, und war mit höchst instruktiven Bildern ausgestattet. *Abb. 9*

Erst die Frauenverachtung der Kirche, die durch die geringe Wertschätzung des Weibes zu verstehen ist, bewirkte später die Vernachlässigung der Ausbildung der Mädchen. Franciscus Barberinus, ein Zeitgenosse Dante Alighieris, warf in einem seiner Werke die Frage auf, ob es wohl geraten sei, die Töchter lesen und schreiben lernen zu lassen, und er beantwortete sie mit einem runden »Nein«.

5 Erntearbeit im August, Fresko um 1420. Adlerturm im Schloß Trient

Staats-verfassung

Die Germanen, die sich auf dem Gebiet des römischen Reichs neue Wohnsitze suchten, waren freie Männer, jeder Einzelne. Sie gehörten keinem festen gemeinsamen Staatsverband an, sie wußten von nationaler Zusammengehörigkeit so wenig wie von Unterordnung unter einen Fürsten. Für den Kriegsfall wählten sie sich Anführer, denen sie nur eine bestimmte Zeit gehorchten. Dieser Zustand der Ungebundenheit war ein schweres Hemmnis für ihre politische Entwicklung. Es hinderte sie an jedem einheitlichen und folgerechten Zusammenwirken und ließ dem römischen Element einen ausschlaggebenden Einfluß. Das Band zwischen dem germanischen Volkskönig und den Männern, die ihm folgten, war ein sehr lockeres, und man muß sich hüten, dabei an ein Untertanenverhältnis zu denken. Es war eine Verpflichtung zu gegenseitigen Leistungen und zu wechselseitiger Treue. Die Mannen, welche die Gefolgschaft eines Fürsten bildeten, waren und blieben auch ihm gegenüber frei. Es war daher immer zweifelhaft, ob er in allen Lagen auf sie werde zählen können.

Lehnswesen

Erst unter Karl dem Großen vollzog sich der Übergang von der altgermanischen Ungebundenheit in die Lehnsverfassung mit ihrer nach oben und unten gleich schwer verklausulierten Verpflichtung. Das Lehnswesen beruhte auf dem Rechtsvorgang, daß der Besitzer eines Gutes die Nutznießung desselben einem Dritten übertrug. Dieser wurde dadurch nicht Eigentümer, sondern hatte die Pflicht übernommen, dem Lehnsherrn entweder gewisse Dienste zu leisten oder gewisse Abgaben zu liefern. Die Übernahme eines Lehens begründete ein Verhältnis des Vertrauens zwischen Lehnsherrn und Belehnten, gegen das zu verstoßen als ein schwerer Frevel betrachtet wurde. Das System wurde immer weiter ausgebildet und förderte die Schwächung einer einheitlichen Staatsgewalt stark, denn immer neue Zwischenglieder schoben sich zwischen König und Freie. Im Jahr 1037 wurde gesetzlich anerkannt, daß die Vasallen geistiger und weltlicher Großer ihre Lehen erblich besitzen konnten, das heißt, sie durften mit ihnen schalten wie mit ihrem Eigentum; nur blieben die Lehen unverkäuflich und fielen dem Lehnsherrn wieder zu, wenn kein männlicher Erbe mehr da war. Seit dieser Zeit wurde es auch üblich, nicht nur Landgüter, sondern auch Ämter als erbliche Lehen zu vergeben, so daß die obrigkeitliche Macht der Krone immer mehr zersplittert wurde. Die Lehnsverfassung war die eigentliche Staatsform des Mittelalters und wurde als solche erst durch den Absolutismus abgelöst.

Bis zu Karl dem Großen bildeten die Gemeinfreien, das heißt ein grundbesitzender Mittelstand, den besten Teil der Bevölkerung. So sehr sich dieser weitblickende Herrscher auch Mühe gab, diesen Stand zu erhalten, so vergeblich waren seine Anstrengungen. Die Gemeinfreien erlagen den Lasten des Kriegsdienstes, den sie zu leisten schuldig waren. Unaufhaltsam war der Übergang der kleinen Güter an die Kirche und den Großgrundbesitz. Um seine Existenz zu fristen, mußte sich der Kleinbesitzer in die Abhängigkeit von Klerus und Adel flüchten. Er gab sein Eigentum auf, um es aus zweiter Hand als Lehen wieder zu empfangen. Die Notlage machte die ehemals Freien zu Hörigen und in kurzer Zeit zu Leibeigenen. Über ihnen aber stieg bei immer mehr schwindendem Ansehen der monarchischen Gewalt ein Herrenstand auf, der aus dem Dienstgefolge und den hohen Beamten hervorging. Aus Verwaltungsbeamten wurden erbliche Grafen und Markgrafen. Während Karl der Große die Volksherzöge aus ihren führenden Stellungen beseitigt hatte, wurden unter seinen schwachen Nachfolgern die Hohenstaufen, Welfen, Wittelsbacher und Zähringer zu erblichen Herzögen, die Kaiser Friedrich II. dann bereits als Landesherren anerkannte. Aus den Ministerialen der Großgrundbesitzer bildete sich der niedere Adel, der mächtig genug wurde, um der Krone entgegentreten zu können.

Königtum Das Reich Karls des Großen hatte von den Pyrenäen bis zur Elbe, von Rom bis zur Eider gereicht; als seine Söhne es teilten, fügten sie nicht nur der Idee vom Gottesstaat, worin der Herrscher die priesterliche und die weltliche Macht ausübte, schweren Schaden zu, sie brachen dem deutschen Königtum selbst das Rückgrat. Noch einmal hatte Otto I. den Versuch unternommen, durch die Wiederherstellung des römischen Kaisertums das christliche Abendland einheitlich zusammenzufassen und die Menschheit durch die Macht einer großen Idee zu einem Ganzen zu verschmelzen. Aber während er die Heiden bekämpfte und Italien mit Deutschland verband, schwand die nationale Macht des deutschen Königtums dahin, das doch die alleinige Grundlage des weltumspannenden Kaisertums bildete. Die Fürsten errangen die Erblichkeit, das königliche Haus dagegen mußte darauf verzichten, die Krone erblich zu besitzen. Aus den Versammlungen der Fürsten wurden Reichstage, die rasch genug dazu übergingen, statt bloße Beratungen zu pflegen, Gesetze zu erlassen. Die Einherrschaft des Königs erstickte unter der Vielherrschaft der Fürsten. Die auswärtige Eroberungspolitik vereitelte die deutschen Einigungsbestrebungen, wodurch sich die nationalen Gegensätze zwischen den Völkern außerordentlich verschärften. Nationalen Besonderheiten trug erstmals die Reichsteilung unter den Söhnen Ludwigs des Frommen Rechnung, bei der die Rücksichtnahme auf die Verschiedenheiten der Völker ausschlaggebend wurde. Die Verbindung der romanisierten Westfranken und der germanisierten Ostfranken wurde für immer gelöst. Es bahnte sich die Bildung der französischen Monarchie an. Damit sonderten sich die Sprachen, die Geister schieden sich. Jedes Volk zog sich auf sich selbst zurück und bildete die ihm eigentümlichen guten und schlechten Eigenschaften zu nationalen Ehrenpunkten aus.

Nationalismus Nichts leistete dem Völkerhaß größeren Vorschub als die Kreuzzüge, die als ein gemeinsames Unternehmen der gesamten Christenheit vor sich gingen. Die Gegensätze traten mit solcher Schärfe hervor, daß schon auf dem ersten Kreuzzug Gottfried von Bouillon ständig zwischen Deutschen und Franzosen vermitteln mußte, die lieber aufeinander losgegangen wären als gegen die Ungläubigen. Diese Antipathie wuchs ständig und nahm bei den späteren Kreuzzügen unter Deutschen, Engländern und Franzosen so unleidliche Formen an, daß der

6 *Graf Jörg von Waldburg, Grabmal, nach 1467. Bad Waldsee, Pfarrkirche*

7 Meister Johans Hadlob, Miniatur in der Manesse Liederhandschrift, um 1320. Heidelberg, Universitätsbibliothek

Erfolg in Frage gestellt wurde. Die einmütig ausgezogenen Heere kehrten als bittere Feinde heim. Die Fürsten waren um ein Mittel reicher, ihre Diplomatie in Zukunft, wenn es passend schien, »patriotisch« aufzuziehen.

Frankreich

Die nationalen Gegensätze, die ihre treibenden Motive aus den schlechtesten Eigenschaften der Völker, aus Eitelkeit, Dünkel, Neid und Unwissenheit ziehen, sind nicht wieder zum Schweigen gebracht worden. Die französische Kultur war bereits im Mittelalter sehr angesehen und tonangebend. Dazu half ihr schon der glückliche Umstand, daß die »langue d'oc«, die man in der Provence sprach, auch im übrigen Frankreich, in Italien und Spanien verstanden wurde und damit einen Faktor der Bildung und der Gesittung darstellte, dem es leicht werden mußte, sich überall Eingang zu verschaffen. In England wurden noch bis 1360 alle offiziellen Schriftstücke französisch abgefaßt. Der Florentiner Brunetto Latini schrieb seinen »Tesoro« französisch, weil diese Sprache die gebräuchlichste und auch die gefälligste sei.

Französische Lyrik und französische Epik begannen schon im 12. Jahrhundert ihren großen Siegeszug. Die Verherrlichung weltlicher Liebe, in einer Zeit, da ihr noch die Kirche strenge Fesseln auferlegte, ging von den Troubadours aus. Wolfram von Eschenbach, von dem eben erst gesagt wurde, daß ihm die elementaren Kenntnisse im Lesen und Schreiben fehlten, sprach französisch. An den deutschen Höfen, die etwas auf sich hielten, war der französische Hauslehrer im 12. und 13. Jahrhundert nichts Außergewöhnliches. Die Formen eines verfeinerten Lebens in Manieren, Umgang, Sitte, Kleidung und Sprache entstanden in Frankreich. Dazu trug die Zentralisierung der Kultur in Paris wesentlich bei. Keine der übrigen Nationen des Abendlandes, weder Deutsche, Engländer, Italiener oder Spanier, besaßen einen kulturellen Mittelpunkt, geschweige denn eine Hauptstadt von der geistigen Bedeutung, die Paris für sich in Anspruch nehmen konnte. Man wird sich vor Augen halten müssen, daß eine derartige Beeinflussung fremder Nationen damals nicht einfach war. So zum Beispiel nannte Otto von Freising die Engländer, Franzosen, ja selbst die Flamen und Lothringer »ganz unbekannte Völker«.

Rittertum

Die Erscheinung, die dem Mittelalter ein hervorstechend charakteristisches Gepräge verlieh, war das Rittertum. Es ist schwer, ihm mit wenig Worten gerecht zu werden. Es war eine besondere Art geistiger und körperlicher Verfassung, ein Seelenzustand und zugleich sportliches Training, eine Weltanschauung und eine sozial gehobene Stellung, sowie, als es lange vorüber war, ein idealer Traum. Ein Ritter konnte adelig sein, aber er mußte es nicht.

Verfall Als der allmähliche Aufstieg des Bürgertums begann, mußten die Ritter diesem notgedrungen weichen. Andere Ideen hatten an Vorrang gewonnen. Und es waren gerade die Kreuzzüge, die so viele verschiedene Völker miteinander in Berührung brachten, die den geistigen Horizont der Zeitgenossen erweiterten und deren Vorurteile erschütterten. Das Rittertum unterlag im Wettbewerb mit der städtischen Kultur. Es verlor im geistigen Leben seine führende Stellung und paßte sich mehr schlecht als recht den neuen Daseinsformen an, die mit seinem Charakter eigentlich unvereinbar waren. Verfolgt man die Erscheinung bis in das 15. Jahrhundert, wo sie verebbt, so bemerkt man mit einem gewissen traurigen Erstaunen, wie sie entartete. Schließlich war aus dem nach Abenteuern ausziehenden Ritter, den es zwar noch immer gab, ein »Commis voyageur« geworden, der, ohne die entfernteste Spur von Romantik, mit Hauen und Stechen unterwegs war, um Profite einzuheimsen. Jörg von Ehingen führte in seinen »Reisen nach der Ritterschaft« so ordnungsmäßig Buch über Gewinn und Verlust, wie der beste Geschäftsmann es nicht gewissenhafter tun könnte. Der Vater schenkte ihm 400 Gulden »in die Ritterschaft«, das heißt, er stattete den Sohn mit dem nötigen Kapital aus. Eine große Rundreise an die Höfe der Könige von Frankreich, Sizilien, Portugal, Kastilien, England und Schottland brachte Rüstungen, Pferde, Samt und Brokatstoffe und so viel bares Geld, daß er bei seiner Heimkehr im Jahre 1458 einen Überschuß von rund 1000 Gulden verbuchen konnte, eine Summe, die damals hinreichte, um sich in Süddeutschland eine Standesherrschaft zu kaufen. Ehingen scheint ein Glückspilz gewesen zu sein; dem böhmischen Ritter Leo von Rozmital, der 1465 mit 40 Begleitern und 52 Pferden Prag verließ, um das Glück zu fangen, war es nicht so gut ergangen. Er wurde zwar überall sehr liebenswürdig aufgenommen, aber etwas Positives sprang nicht heraus. Neu war, daß man ihm nirgendwo Geld oder

Ritterorden Geldeswert gab, aber Orden im Überfluß. König Eduard IV. von England, König René von Sizilien, König Heinrich von Kastilien nahmen ihn nicht nur in ihren Orden auf, sondern gaben immer gleich noch einige Exemplare dazu, die er für Geld weitergeben durfte. Dahin war es in so verhältnismäßig kurzer Zeit mit den Orden gekommen! Die Auszeichnung wurde zum Handelsartikel, ja, der 1443 gestiftete Schwanenorden war auf Subskription jedem adeligen Herrn für 15 Gulden, jeder Edelfrau für 5 Gulden zugänglich. Nur der Vliesorden behauptete sich in seinem Ansehen, weil der Stifter und seine Nachfolger äußerst sparsam mit ihm umgingen.

Pulver und Blei Man schrieb den Rückgang und Verfall des ritterlichen Wesens der Einführung der Feuerwaffen zu, denen die Rüstung nicht standge-

8 Kaiser Karl V. als Ordensritter vom Goldenen Vlies, um 1550. Wien, Staatsarchiv

halten hätte. Das war aber nicht der Fall. Man kannte Geschütze schon im Anfang des 14. Jahrhunderts, und in der Mitte desselben besaßen die deutschen Reichsstädte bereits eine ganz stattliche Artillerie, die nur bei Belagerungen befestigter Schlösser und Städte zur Anwendung kam. Da die Zusammensetzung des Pulvers mangelhaft war, blieb die Wirkung immer fraglich und schädigte die Freunde oft mehr als die Feinde. 1360 zum Beispiel flog das Rathaus in Lübeck in die Luft, weil man das Pulver ohne die gebotene Vorsicht aufbewahrt hatte. Für die Benützung in offener Feldschlacht waren die Geschütze zu schwerfällig und zu unbeweglich. Handfeuerwaffen für den Kriegsgebrauch führte erst das 16. Jahrhundert ein, als es schon längst keine Ritter mehr gab. Die Ritter waren bereits den langen Spießen und den Knütteln des Fußvolks erlegen. Der Fußsoldat war dem schwergepanzerten Ritter weit überlegen. Von da an ging die Kriegsführung aus den Händen einer Kaste in die geworbener Söldner über. Der Feudalismus der ritterlichen Gesellschaft wich den stehenden Heeren der absoluten Monarchie.
Nicht nur die äußere Gewalt der Umstände führte das Sinken des Rittertums herbei, sondern es ging auch zugrunde, weil der Unterbau, über den es sich erhob, ins Wanken geraten war. Die selbstverständliche Unterordnung der anderen war die notwendige Voraussetzung seiner Existenz. Man unterschied in einer späteren Zeit das Sozialgefüge jener Jahrhunderte in Wehrstand, Lehrstand und Notstand, die in enger Verbindung miteinander standen, und traf damit so ziemlich den Kern. Die ganze Gesellschaft war korporativ gegliedert und räumte der Einzelpersönlichkeit keinen Spielraum, kein Betätigungsfeld ein.

Verkehr

Wallfahrten

Das römische Reich hatte ein ganz vorzügliches Straßennetz besessen, das aber während der Verheerungen der Völkerwanderungen völlig in Verfall geraten war; und niemand fühlte sich gedrungen, Wege und Brücken wieder herzustellen. Reisen über Land waren selten und gefährlich. Die häufigste Form des Reisens, soweit nicht Handelsreisen in Frage kamen, waren die Wallfahrten. Am Ende des 4. Jahrhunderts hatten sie bereits einen solchen Umfang und so merkwürdige Begleiterscheinungen angenommen, daß manche Kirchenväter eine sehr heftige Sprache gegen diese Mißstände führten. Indessen nahmen sie immer nur zu, weil sie auch vielfach als Bußübung für das grobe Vergehen den Sündern strafweise auferlegt wurden. Im Jahre 1064 zum Beispiel fand ein großer Pilgerzug statt, an dem sich 7000 Personen beteiligten, von denen jedoch nur 2000 den Heimweg fanden.

Kreuzzüge

Von derartigen Massenaufgeboten bis zu den Wallfahrten mit bewaffneter Hand, die wir Kreuzzüge nennen, war in der Tat nur noch

9 Herrad von Landsperg, Hortus deliciarum, Eroberung einer Stadt, 2. Hälfte 12. Jh.

ein Schritt. Als Palästina im Jahre 1076 in die Hände der Seldschuken gefallen war, wurden den Pilgerzügen ernsthafte Schwierigkeiten bereitet. Dadurch betrachtete es der Papst als seine Aufgabe, in diesen Verhältnissen durch die christlichen Monarchen eine Änderung zu erzielen. Auf dem Konzil zu Clermont, das im November 1095 stattfand, entfesselte Papst Urban II. die Bewegung der Kreuzzüge. Sie hielten das Abendland zwei Jahrhunderte in Atem. Mit Feuereifer setzte sich die französische Ritterschaft für diese Sache ein, zögernd – mehr getrieben als treibend – folgten die Deutschen.

Beim Zustandekommen der sieben Kreuzzüge, die man insgesamt

zählt, wirkten so viele verschiedene Motive mit, daß es schwer zu entscheiden ist, welches davon schließlich den Ausschlag gab. Anstifterin war die Kirche, die der Tatbestand, daß sie es war, die eine Bewegung auslösen konnte, die beinahe das gesamte Abendland ergriff, mit dem Hochgefühl der Weltgebieterin erfüllen durfte. In der Tat befand sich die römisch-katholische Kirche zur Zeit der ersten Kreuzzüge auf dem Gipfelpunkt ihrer Machtstellung. Sie hielt das Geschick der Welt in den Händen, indem sie ihr Idee und Richtung gab. Man wird den asketischen Gedanken, der diesen Heerzügen zugrunde lag, nicht gering schätzen dürfen. Doch verknüpfte sich dieser mit den verschiedenartigsten profanen Beweggründen, die mit den mächtigen Impuls zur Tat gaben. Man nahm Mühen, Leiden und Entbehrungen auf sich, aber man entzog sich doch auch wirtschaftlichen Notständen, drückender Dienstpflicht, Schulden, unglücklichen Ehen, drohenden Strafen und vertauschte die Langeweile des heimischen Alltags mit den lockenden Abenteuern einer unbekannten Ferne. Sie lockte um so stärker, als bereits im Mittelalter der doch nur sehr oberflächlich unterrichtete Westen den Orient für die Quelle märchenhafter Reichtümer und Schätze hielt. Jeder Teilnehmer hoffte auf den Himmel als sicheren Lohn seiner Anstrengung, aber Beute war mit ausschlaggebend. An diesem Punkt setzte denn auch die große Enttäuschung ein, denn nur zu bald überzeugten sich alle Kreuzfahrer, wie wenig konkrete Werte aus Palästina und Kleinasien zu holen waren. Als dann in notwendiger Folge der gegenseitigen Eifersucht und Mißgunst der Fürsten und Heerführer die politischen Erfolge ebenfalls ausblieben, entstand die Meinung: der liebe Gott hält es mit den Türken. Läge ihm wirklich soviel daran, das Heilige Land aus den Händen der Ungläubigen zu befreien, so müßte es seiner Allmacht doch ein leichtes sein, das auch ohne so gewaltige Opfer an Menschenleben zu bewerkstelligen.

Die Kreuzzüge begannen mit blindem Glauben an die Verheißungen der Kirche und führten, wenn nicht zu vollem Unglauben, so doch zu ausgesprochener Skepsis. Der Zweifel saß fest, und es gelang der Kirche nicht, ihn wieder zu beseitigen. Sie hatte mit den Kreuzzügen den Gipfel ihrer Macht erreicht, von da an führte ihr Weg bergab.

Schiffahrt Italien, die Heimat der Kurie, nahm den geringsten Anteil an den Kreuzzügen und zog den größten Vorteil daraus. Die Flotten der Genueser, Pisaner und Venezianer beförderten die Heere, und die Eigentümer ließen sich mit gutem Geld bezahlen. Die Wallfahrten und Kreuzzüge machten die italienischen Seestädte reich. Sie hätten noch mehr erreicht, hätten sie nicht ihre Kräfte in gegenseitiger Eifersucht aufgerieben. Den Reigen hatte Amalfi begonnen, von dessen

Größe, Einwohnerzahl und Schiffahrt die alten Chronisten Wunder berichten. Pisa vernichtete die Seemacht dieser kleinen Republik, um selbst anderthalb Jahrhunderte später durch Genua seiner Flotte beraubt zu werden. Genua schließlich unterlag der Rivalität von Venedig, das sich am längsten behauptete. Es besaß den ungeheuren Vorzug einer despotischen, aber stabilen Regierung und gehörte zu den Mächten, welche der Kurie jede politische Einflußnahme unmöglich machten. Der Grundsatz »Siamo Veneziani poi Christiani« ersparte Venedig jeden Zwiespalt zwischen Vernunft und Gewissen und befähigte es zu unbeirrter Verfolgung seiner materiellen Interessen.

Verglichen mit heute waren die mittelalterlichen Flotten bescheidene Zurüstungen, ein einziger moderner großer Überseedampfer würde wohl die gesamte Tonnage aller damaligen italienischen Seemächte miteinander aufnehmen können. Noch immer überwogen Ruderboote, deren Umfang nur selten den Gehalt von zehn bis hundert Tonnen überschritt. Schiffe, die zweihundert oder gar fünfhundert bis siebenhundert Tonnen groß waren, galten schon für sehr groß. Die Manövrierfähigkeit entsprach der unentwickelten Schiffsbaukunst. Noch im 15. Jahrhundert war eine venezianische Flotte vom Heimathafen nach Konstantinopel etwa 77 Tage unterwegs.

Seeraub

Der Seeraub stand in üppigster Blüte und war für die Türken das Mittel, sich weit und breit gefürchtet zu machen. Sie hielten das ganze Mittelmeer in Furcht und Schrecken und beherrschten es ebenso wie die heidnischen Seeräuber aus dem Norden die Ostsee vor dem Aufkommen der Hanse.

Folgen der Kreuzzüge

Die Folgen der Kreuzzüge in Deutschland sind besonders in einer politischen und sozialen Umwälzung zu suchen. Den größten Schaden trugen Adel und Rittertum davon, die der Sache Gut und Blut widmeten.

Die Mehrzahl derjenigen, die das Kreuz nahmen und meist jahrelang der Heimat fern blieben, fand bei ihrer Rückkehr ihre Verhältnisse in Unordnung. Ihre Besitzungen waren vernachlässigt, ihre Autorität in Frage gestellt. Unendlich viele wurden eine Beute von Seuchen und Strapazen oder erlagen dem Feinde. Die Familie erhielt keine Nachricht; die Erbfolge wurde angefochten oder blieb zweifelhaft. Eine Zerrüttung war unausbleiblich. Die Kreuzzüge hatten eine Umstellung des ganzen Wirtschaftsmechanismus zur Folge. Die bis dahin allein herrschende Naturalwirtschaft wurde zugunsten der Geldwirtschaft beiseite geschoben. Der Kaufmann rivalisierte mit dem Grundbesitzer. Die wichtige Rolle der Städte begann. Der Adel verarmte, der Bürger wurde reich.

Städte

Die ersten deutschen Städte wurden von den Römern gegründet. So entstanden am Rhein: Straßburg, Speyer, Mainz, Koblenz, Utrecht; an der Donau: Augsburg, Passau, Wien; an der Mosel: Trier, das jahrelang Residenz der Kaiser war. Sie alle wurden mit den römischen Prachtbauten von Palästen, Theatern, Villen und Bädern bebaut. Wenn heute von all dem einstigen Glanz nur noch so bescheidene Spuren übrig sind, so trifft die unmittelbare Schuld daran die Hunnen, deren Verwüstungszüge die rheinischen Städte in Asche legten. Oft mit so gründlichem und nachhaltigem Erfolg, daß Straßburg etwa im 6. und 7. Jahrhundert eine Einöde geworden war, die nur von wilden Tieren bewohnt wurde. Die Merowinger und Karolinger waren den Städten nicht hold. Sie zogen den Aufenthalt auf ihren ländlichen Pfalzen bei weitem vor. Wenn Aachen sich der Gunst Karls des Großen zu erfreuen hatte, so verdankte es dies seinen heißen Quellen.

Die ersten Stadtgründungen, die auf deutsche Initiative zurückzuführen sind, hingen mit dem Ausdehnungsbedürfnis zusammen. Um den Eroberungen, die Heinrich I. auf slawischem Gebiet gemacht hatte, einen gewissen Rückhalt zu geben, legte er in Quedlinburg, Merseburg, Goslar feste Burgen an, die alsbald die Kerne neuer Städte wurden. Die allgemeine Unsicherheit um Leben und Eigentum förderte das Wachstum befestigter Orte, in denen die Bürger vor räuberischen Überfällen Fremder ebenso sicher waren wie vor den Bedrükkungen der eigenen Herren. Es konnte gar nicht lange dauern, bis die in einem freien Gemeinwesen verbundenen Einwohner einer Stadt sich als Einheit fühlen lernten. Sie wurden sich ihrer Macht bewußt und traten immer häufiger gegen ihre Herren, seien es nun kaiserliche Burggrafen oder Bischöfe, auf. Bei den königlichen Pfalzstädten ging die Entwicklung zu völliger Unabhängigkeit am schnellsten vor sich. Sie wurden allmählich freie Reichsstädte. Am frühesten begann der Aufschwung des Städtewesens in Italien, wo die Bürgerschaften von einem Hochgefühl beseelt waren, wodurch sie unbedenklich den Kampf mit Kaiser und Reich wagten. Sie ließen nie zu, daß Italien anders als nur ganz vorübergehend dem deutschen Kaiser gehörte, doch lagen die italienischen Städte aus Konkurrenzdenken sehr oft in Streit mit den Waffen.

Hanse Die deutschen Städte, die wie Ulm, Augsburg, Nürnberg durch die Handelsverbindung mit Venedig aufblühten, oder wie Wien, Passau, Regensburg durch die Donau als Hauptverkehrsstraße den Handel mit der Levante vermittelten, lernten zeitig, ihren Reichtum in politische Macht umzusetzen. Sie erlangten im innerpolitischen Leben des Reiches starken Einfluß, dem sie durch die Bündnisse untereinander Nachdruck und Dauer zu geben wußten. Der rheinische und der schwäbische Städtebund sind Zeugen für die energische Selbsthilfe, mit der die deutschen Städte sich in einer Periode wüster Gesetzlosigkeit schützten. Vor allem ist es die Hanse, die aus einem Bund der zunächst gegen den Seeraub interessierten Hafenstädte der Ostsee allmählich zu einer umfassenden Konföderation von Handelsorten wurde und zur Zeit ihrer Blüte etwa neunzig Städte zwischen Reval und Amsterdam, Köln und Krakau umfaßte. Durch die gegenseitige Förderung gewannen Handel und Gewerbe in den Städten eine Ausdehnung, die der wirtschaftlichen Kultur ein verändertes Gesicht gab. So gewann der Handelsmann an Ansehen, während das Bauerntum in die zweite Reihe rückte.

Geld

Das Geld kehrte das Unterste zuoberst. In der Finanzwirtschaft erlitt die Kirche im Mittelalter einen der ärgsten Fehlschläge. Sie sah als einzig berechtigte Unterlage der Volkswirtschaft den Grundbesitz an, der den Maßstab für alle Werte abgab. Der Steuerpflichtige hatte seine Leistungen an die Kirche, den Staat, den Lehnsherrn, die Gemeinde in Naturprodukten abzuführen. Vieh, Hühner, Getreide, Eier, Käse hatte er zu liefern, jedoch kein Geld. Da alle privaten und öffentlichen Verhältnisse mit dem Besitz von Grund und Boden zusammenhingen, so glaubte man, dem objektiven Naturalwert der Güter eine Preisregulierung als Unterlage geben zu können, die es unternahm, die Preise ein für allemal festzusetzen ohne Rücksicht auf den Ausfall der Ernten und ohne Berücksichtigung von Angebot und Nachfrage. Solche Verordnungen erließen zum Beispiel Karl der Große und Friedrich I., ohne ihre Absicht erreichen zu können. Im Gegensatz dazu stand das kaufmännische Gewerbe in Mißachtung. Die Kirche sah reine Geldgeschäfte als einen Frevel gegen Gott an und verbot das Zinsennehmen von ausgeliehenen Kapitalien. Karl der Große bezeichnete es schon als Wucher, wenn der Verkäufer für eine Ware mehr forderte, als er selbst gegeben hatte. So rigorose Anschauungen ließen sich im bürgerlichen Leben selbstverständlich nicht aufrechterhalten. Die Kreuzzüge, die Handel und Verkehr steigerten, zeigten, daß die Naturalwirtschaft überlebt war. Das Wechslergeschäft der italienischen Kaufleute entstand unter dem Druck der Verhältnisse, welche die Kreuzzüge geschaffen hatten. Der vermehrte Geldverkehr führte ein Sinken des Geldwertes herbei. In dieser Zeit entstanden in Italien die ersten großen Bankinstitute. Sie wurden notwendig zur Bewirtschaftung der Zwangsanleihen, welche die italienischen Kommunen gezwungen gewesen waren, ihren Bürgern aufzuerlegen.

Löhne

Nach den Feststellungen, die G. von Buchwald gemacht hat, betrug der Tagelohn im 15. Jahrhundert in Holstein so viel, daß ein Arbeiter in drei bis vier Tagen ein Lamm, in sechs bis sieben Tagen ein Schaf, in drei Wochen eine Kuh verdienen konnte. Im Fürstentum Bayreuth brachte damals ein Arbeitstag neun Pfund bestes Rindfleisch, in Österreich sieben Pfund Ochsenfleisch. In Aachen konnte der in Tagelohn Stehende in sechs Tagen einen Hammel verdienen. Das Geld half die Städte zum Zentrum des wirtschaftlichen Lebens zu machen. Nur hier konnten Kapitalien verdient, angelegt und vermehrt werden. Die Territorialherren sahen das mit Neid und bemühten sich, den von ihnen gehaßten Bürgern das Handwerk zu erschweren. Sie erreichten das durch die hohen Zölle, mit denen sie die Warentransporte belegten. Jede kleine Dynastie erhob nach Belieben. Vor den Toren Nürnbergs zum Beispiel lagen innerhalb eines Umkreises von drei Meilen 24 Zollstätten. Ein Elbschiffer hatte zwischen Magdeburg und Tangermünde an drei, zwischen Magdeburg und Hamburg an 17 Stellen Gebühren für freie Fahrt zu entrichten. Auf dem Rhein wurden die Zollplackereien der Anlieger so unerträglich, daß die Stadt Straßburg als Repressalie 1351 den Verkehr auf dem Strome einfach sperrte und zwei Jahre lang kein Schiff, weder aufwärts noch abwärts, passieren ließ.

Eigentum ist Diebstahl

Jedes städtische Gemeinwesen war damals ein völlig selbständiges Wirtschaftsgebiet, dessen Zusammenhang mit den Nachbarn als lästig und drückend empfunden wurde. Dazu kam, daß das städtische Bürgertum sich schon theoretisch im stärksten Gegensatz zu den herrschenden Mächten der Kirche und der Feudalaristokratie befand. Nach der Auffassung der Kirche – und dabei übersah sie sich selbst – war jeder Besitz ein Unrecht an sich, denn mit der Entdeckung des Eigentums hatte alles Übel auf Erden begonnen. »Fremdes Gut besitzt derjenige, der Überschüssiges besitzt«, erklärte der hl. Augustin, und Thomas von Aquin pflichtet ihm bei, wenn er schreibt: »Nach dem Naturrecht sind alle Dinge gemeinsam.« Cäsarius von Heisterbach versteigt sich zu der Behauptung: »Jeder Reiche ist ein Dieb oder Diebes Erbe.«

Recht

Die allgemeine Mißgunst bewirkte die Einführung einer höheren Gerichtsbarkeit. Zur Erforschung der Wahrheit galten in strittigen Rechtsfällen der gerichtliche Zweikampf und das Gottesurteil. Bei der geringen Achtung vor der Heiligkeit des Eides wählte man sie zu Auskunftsmitteln, wenn Eid gegen Eid stand. Man nahm an, Gott werde doch einen Schuldigen nicht retten wollen, sondern natürlich demjenigen den Sieg verleihen, der Recht habe. Der gerichtliche Zweikampf galt als eine Anrufung der göttlichen Gerechtigkeit und war zulässig, um sich von Anklage zu reinigen, um seine Ansprüche zu begründen oder sonst sein Recht zu behaupten. Wie sehr sich die

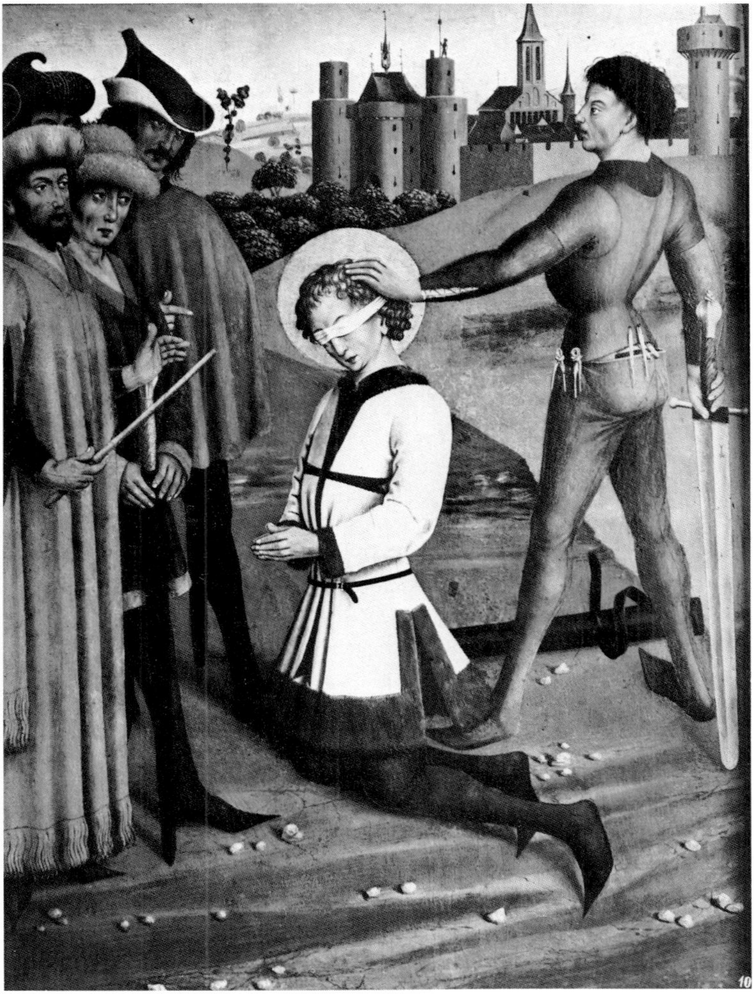

10 Friedrich Herlin, Enthauptung des hl. Georg, um 1462. Nördlingen, Museum

Kirche auch gegen diese Anschauung sträubte, in der sie eine vermessene Herausforderung Gottes sah, blieben Zweikampf und Gottesurteil doch jahrhundertelang die vornehmsten Entscheidungsmittel, wenn Rechtsprechung und Urteilsfindung in Schwierigkeiten gerieten.

Der Zweikampf war nur unter den Freien erlaubt. Die Aufforderung eines geringer Geborenen brauchte der Höherstehende nicht anzunehmen. Auch war es den Streitenden überlassen, ob sie gedungene Kämpfer ihre Sache ausfechten lassen wollten. Dies mußten die Frauen tun, wenn sie nicht vorzogen, in Person einzutreten. Kam es zum Beispiel zu einem derartigen Zweikampf zwischen Mann und Frau, so stellte man ihn in eine Grube, die ihm bis zu den Hüften reichte, band ihm die linke Hand auf den Rücken und gab ihm in die rechte einen festen Stecken, die Frau durfte einen Stein von einem Pfund Gewicht in ihren Ärmel binden und damit kämpfen. Blieb der Mann Sieger, so stand ihm das Recht zu, die Frau lebendig begraben zu lassen.

Gottesurteil

Das Gottesurteil beruhte auf dem gleichen Prinzip der Anschauung, daß Gottes Gerechtigkeit und Allmacht den Unschuldigen rette. Dem Gottesurteil wurden meist Frauen und häufig wegen sehr nichtiger Ursachen ausgesetzt. Die Feuerproben waren am gefährlichsten. Die Angeschuldigte mußte zum Beispiel ein glühendes Eisen neun Schritt weit tragen oder mit bloßen Füßen über neun bis zwölf glühend gemachte Pflugscharen gehen oder bis an den Ellenbogen in kochendes Wasser greifen und einen Stein herauslangen. Behielt sie Brandblasen, war ihre Schuld erwiesen. Gelegentlich zwang man die Angeklagte, durch brennendes Feuer hindurchzugehen, und zog ihr ein mit Wachs getränktes Hemd an, das angezündet wurde. Die Unschuldige mußte unverletzt bleiben.

Römisches Recht

Gegenüber den mannigfaltigen Landesrechten, verschieden geartet und ungleichmäßig ausgebildet, und dem vordringlichen Kirchenrecht erschien die Annahme des Römischen Rechtes ein gewaltiger Schritt nach vorwärts. Es gehört zu den Großtaten römischer Kultur, daß dieses Volk als erstes zu der Erkenntnis kam, daß die vom menschlichen Willen geschaffenen Verhältnisse und Einrichtungen in sich selbst das Gesetz unverbrüchlicher Zweckmäßigkeit tragen. Diese Anforderungen des praktischen Lebens fanden in den Formeln des Römischen Rechtes einen Niederschlag. Dieses legte dar, daß das erworbene Recht die unantastbare Grundlage gemeinsamen Lebens bilde. Unter Justinian wurde es kodifiziert und blieb für die Eingeborenen auch dann noch in Geltung, als die germanischen Volksstämme sich zwischen ihnen niederließen. Je unzulänglicher das heimische Recht der Germanen war – nach Stämmen und Städten ganz verschieden –, desto dringender mußte sich das Bedürfnis nach einem Recht geltend machen, das in seiner Formulierung über den Zufälligkeiten rein lokaler Bedingtheit stand. Das im späteren Mittelalter geltende Lehnsrecht komplizierte und verwirrte den Rechtszustand, denn es war eine ganz normale Erscheinung (die sogar vielfach bis in die erste Hälfte des 19. Jahrhunderts dauerte), daß ein und dasselbe Territorium verschiedenen Herren unter verschiedenen Rechtstiteln gehörte. Belehnung, Verpfändung taten das ihrige, um auftauchende Rechtsfragen unheilbar zu verfilzen. War das Römische Recht auch nie ganz außer Gebrauch gekommen, eine neue Belebung erfuhr es doch erst im Zeitalter der Kreuzzüge. Durch die Zunahme der Tätigkeitsbereiche und des Verkehrs wurden höhere Ansprüche an das Recht gestellt. Einer der äußeren Anstöße erfolgte durch Kaiser Friedrich II., der sein Königreich Sizilien in einen Beamtenstaat umwandelte zu einer Zeit, als überall anderwärts noch Feudalismus und Lehnsverhältnisse bestanden. Statt hoher Adliger und Prälaten berief er Juristen in seine Kanzlei und in seinen Rat. Sie wurden bald der führende Stand und erlangten im politischen, sozialen und intellektuellen Leben Übergewicht, das oft und laut genug beklagt wurde und der »verderbenbringenden Kaste der Landverderber« keine Freunde erwarb. Die wissenschaftliche Ausbildung empfingen sie in Bologna, dessen juristische Akademie im 12. Jahrhundert ein hohes Ansehen genoß und Angehörige aller Nationen lehrend und lernend in seinen Hörsälen versammelte.

Der um das Jahr 1270 verfaßte »Schwabenspiegel« trägt schon deutliche Spuren des Römischen Rechtes. Der Umstand, daß es wesentlich ein Recht zu Gunsten des Fürsten war, ebnete diesem die Wege. Als die studierten Juristen anfingen, das Römische Recht in Deutschland anwenden zu wollen, unter so wesentlich anderen Verhältnissen und Gewohnheiten und bei ganz anders gearteten wirtschaftlichen Bedingungen, stießen sie auf den heftigen Widerstand bei einem Volk, das nicht wie das römische von jeder Beteiligung an der Bildung des Rechts ausgeschlossen war.

Raubritter

Das Römische Recht konnte das germanische niemals ganz verdrängen; schon gar dann nicht, wenn das Faustrecht der Selbsthilfe größere Erfolge versprach. Dies war bei den gesetzlichen Zuständen, die in Deutschland herrschten, das ganze Mittelalter hindurch der Fall. Philippe de Commines schreibt in seinen »Denkwürdigkeiten«: »Deutschland wimmelt von festen Bergschlössern und Raubrittern, die aus dem unscheinbarsten Anlaß Fehde anfangen, vergewaltigen, Beute machen, rauben und stehlen. Wenn ein Mann nur sich und seinen Knappen hat, gleich sagt er einer großen Stadt oder einem Herzog Fehde an, um besser sein Räuber- und Stegreifleben führen zu können.« Kaiser Maximilian I. erreichte zwar auf dem Reichstage zu Worms 1495, daß die Reichsstände sich verpflichteten, bei dem Austrag ihrer Streitigkeiten auf den Gebrauch der Waffen zu verzichten, aber dieses Zugeständnis blieb auf dem Papier. Man braucht nur an Franz von Sickingen, Götz von Berlichingen und andere zu Nationalhelden gewordene Persönlichkeiten jenes Zeitalters zu erinnern, um zu wissen, daß das Faustrecht durch Beschlüsse am grünen Tisch nicht zu beseitigen war.

Folter Erst im 15. Jahrhundert drangen die gelehrten Juristen mit der Umwandlung des Römischen Rechtes durch. Aber dies sah einer Verrohung der Justiz ähnlich. Sie legten auf gerichtlichen Zweikampf und Gottesurteil keinen Wert mehr, aber da sie das Geständnis des Missetäters zu erhalten wünschten, griffen sie zur Folter. Die Folter ging vom Grundsatz der Wiedervergeltung aus und war dazu bestimmt, abschreckend zu wirken. Im Jahre 1413 wird die Anwendung der Folter zum ersten Mal in Frankfurt am Main erwähnt, und damit war der erfinderischen Phantasie der Henker und Richter freie Bahn geschaffen. In Frankfurt am Main fanden von 1366 bis 1400 im ganzen 155 Hinrichtungen statt, von 1401 bis 1500 bereits 317. Da man langfristige Gefangenschaft für gemeine Verbrecher nicht kannte, ließ man sie nach Erledigung ihres Prozesses frei, aber nicht ohne ihnen vorher Hände, Füße, Nase, Ohren oder Zunge abgeschnitten zu haben. Einschlagen der Zähne, Ausstechen der Augen, Entmannen galten für milde Strafen, die leichteste war Brandmarken auf Stirn oder Wange. Hinrichtungen wurden bei vornehmen Personen durch Köpfen vollzogen. Geringere wurden gehängt, manchmal an den Beinen und dann so tief, daß sie von den frei herumlaufenden Tieren – Schweinen oder Hunden – lebendigen Leibes angefressen wurden. So verfuhr zum Beispiel König Philipp der Schöne mit dreihundert Pariser Bürgern, die er vor ihren Häusern aufknüpfen ließ. Beim Rädern wurden dem unseligen Opfer alle Knochen der Extremitäten gebrochen und der Körper auf ein Rad geflochten, auf dem er drei Tage mit dem Tode rang. Das Schicklichkeitsgefühl des Mittelalters verbot, eine Frau am Galgen sterben zu lassen, dafür konnte sie aber lebendig verbrannt, ersäuft, lebendig begraben oder gepfählt werden. Giftmischerinnen und Kindsmörderinnen wurden von vier Pferden zerrissen. Bei der Bestrafung politischer Verbrechen kannte die Rachsucht keinerlei menschliche Rücksichten. Kaiser Heinrich VI. ließ den rechtmäßigen Thronerben Siziliens blenden und entmannen und dann elend in den Kerkern deutscher Bergschlösser zugrunde gehen. Demjenigen, den er als Kronprätendenten fürchtete, wurde eine glühend gemachte Krone mit eisernen Nägeln auf das Haupt genagelt. Übrigens waren es keineswegs die Deutschen, die sich durch viehische Grausamkeit in der Bestrafung auszeichneten, die Italiener stellten sie tief in den Schatten.

Als Protest gegen das fremdländische Römische Recht mit seiner Neigung zu Exzessen bei der Untersuchung und der Strafe darf man die Feme betrachten. Sie bildete zwar ein heimliches Gericht, aber doch nicht in dem phantastischen Stil, in dem die Ritterromane und Ritterschauspiele sie dargestellt haben. Die Feme war ein Volksgericht, das bis auf karolingische Zeiten zurückzuführen ist. Jeder freigeborene Deutsche von gutem Ruf konnte ihr als Schöffe angehören. Die Gerichtsstätte – der sogenannte Freistuhl – befand sich an einem allgemein bekannten und jedem zugänglichen Ort. Den angesehensten beherbergte die Stadt Dortmund. Die Sitzungen fanden nur bei Tage statt, also nicht bei Nacht in unterirdischen Gewölben. Jedem, der bei der Feme angeklagt war, wurde eine Frist gewährt, binnen derer er sich reinigen konnte; leugnete er, so wurde ein Beweisverfahren eröffnet, über das alle Beteiligten strengste Verschwiegenheit wahren mußten. Es gab weder Folter noch besonders ausgeklügelte grausame Strafen; jedem, den die Feme schuldig fand, winkte der Strang. Wurde der Verurteilte von drei Schöffen betroffen, so hängten sie ihn kurzerhand auf und steckten in den Baumstamm, an den sie ihn aufgeknüpft hatten, einen Dolch. Die vier Buchstaben S S G G, die »Strick, Stein, Gras, Grün« bedeuteten, zeigten an, welchem Gericht der Tote anheimgefallen war. Dieses Rechtsinstitut befand sich ursprünglich nur in Westfalen, aber die Anarchie der deutschen Zustände, das dringende Bedürfnis nach einer Pflege der Gerechtigkeit, verschaffte ihm seit der Mitte des 14. Jahrhunderts eine weite Verbreitung. Es gab damals in Deutschland zahllose Schöffen des heimlichen Gerichts, die sich untereinander an gewissen geheimen Losungen erkannten. Kaiser Sigmund ließ sich im Jahre 1429 als Schöffe aufnehmen.

Feme

Der einzelne Mensch war sozusagen kein unabhängiges Wesen, das man hätte gelten lassen, sondern nur ein Teilkörper des Geschlechts, dem er entsprossen war. Er hatte sich dem Willen des Ältesten in der Familie zu fügen. Betrachtet man ihn unter dem Gesichtswinkel des sozialen Lebens, so erscheint seine Abhängigkeit noch größer: Der Mensch war nur ein kleiner Bruchteil einer Zunft oder Genossenschaft, eines nach allen Seiten hin fest abgegrenzten Kreises.

Auch die Kirche trug dieser Anschauung Rechnung. Sie sammelte ihre Gläubigen in Bruderschaften, die selbst die Ausübung der Religion zu der gemeinsamen Sache eines eng verbundenen Kreises machten. Diese Ordnung war gestört, seit die Kreuzzüge ein starkes Element der Unruhe in alle bürgerlichen Verhältnisse getragen hatten. Die Pflege der Angelegenheiten des Glaubens war von kühler Objektivität geprägt, das Gemüt des einzelnen wurde nicht in Rechnung gestellt.

Religiöse Bruderschaften

Hier setzte im 13. Jahrhundert eine große Bewegung subjektiv betonter Religiosität ein, eine Strömung, die von Frankreich ausging. Das Christentum sollte ein ethisches Prinzip werden, das den Menschen besser machte und dadurch glücklicher. Die Verkündung der Heilswahrheiten und die Spendung der Sakramente sollte aus den Banden des fremden Idioms gelöst und dem Volk in seiner Umgangssprache, und nicht mehr im Latein, zugänglich gemacht werden. Vielleicht hätte sich die Kirche mit dieser Forderung abgefunden; was ihr aber eine Umstellung erschwerte, war der antiklerikale Charakter der Reform. Es ging nicht um das Christentum, nicht einmal um die sichtbare Kirche, aber es ging sehr stark um die Mißbräuche des Klerus. Wenn man liest, was Rutebœuf zum Beispiel gegen die Listen und Ränke, die Betrügerei und Schlemmerei der Geistlichen vorbringt, und weiß, daß diese Angriffe in Italien ein starkes Echo fanden, begreift man, daß die Kirche der Bewegung feindlich gegenübertreten mußte. Sie untersuchte nicht, ob die Bewegungen an sich berechtigt waren, sondern sie unterdrückte die Angreifer. Mit den Albigensern gelang es der Kirche nur zu gründlich, weil sie geschickt genug war, diese als Ketzer hinzustellen und alle bösen Instinkte der Mordlust, der Habgier, der Rachsucht gegen sie zu entfesseln.

Mystik

Aber wenn die Kirche auch imstande war, Reformideen zu vereiteln, die sich zu weit vorgewagt hatten, der Seelenstimmung wurde sie nicht Herr. Immer mehr trat auch die Sehnsucht der Vereinigung mit Gott über die Mittlerin Kirche hinweg auf. Gegen die in leeren Verstandesspielereien erstarrte Scholastik trat die Mystik, eine Stimme des Herzens, auf, die nach Nahrung der Seele begehrte. Für die Mystiker handelte es sich nicht länger darum, scharfsinnige Debatten über die Dogmen zu führen, sondern Gott zu empfinden. Sie wollten eine Religion für das Gefühl, nicht für die Vernunft. Die Autorität der Kirche aber fußte auf dem Buchstaben. Sie wurde durch die Beobachtung erschüttert, daß sie rein seelischen Regungen nicht gerecht werden konnte.

Bibelübersetzungen

Da man in den Büchern der Heiligen Schrift Gottes Wort in seiner reinsten Offenbarung zu besitzen glaubte, so führte die Mystik notwendigerweise zu einer Beschäftigung mit der Bibel, die bis dahin (in der lateinischen Übersetzung) nur dem Gelehrten zugänglich gewesen war. Mit starkem Unbehagen sah der Klerus mit an, daß die Bibel nicht nur weit häufiger gelesen wurde als früher, sondern daß sie auch in die Vulgärsprachen übersetzt wurde. Seit Mitte des 14. Jahrhunderts gingen Bibelübertragungen in den Landessprachen von Hand zu Hand. 1466 erschien die erste deutsche Bibel im Druck.

In der Lektüre von »Gottes Wort« erstarkte die Kritik und die subjektive Auffassung des Christentums. Bald wimmelte es von »Gottesfreunden« im Land, die von der stumpfsinnigen Werkgerechtigkeit der Kirche weit abrückten. Es war ihr nicht gelungen, sich in ihren Positionen zu behaupten.

Individuation

Parallel zu dieser rein religiösen Bewegung, die zu einer Befreiung von der theologischen Methaphysik führte, ging auch noch eine andere, die wir mit Erwin Rosenthal die der Individuation nennen wollen. Es handelt sich dabei um eine Reaktion gegen die nivellierende Tendenz der mittelalterlichen sozialen Ordnung und um das bewußte Menschwerden der Persönlichkeit. Das geschah auf zwei Pfaden. Das verstandesmäßige Aufklärertum der Troubadours ist dabei von nicht minderem Gewicht als das auf den klassischen Autoren fußende Bildungsstreben der Humanisten Italiens. Beide zusammen gründeten eine neue sittliche Weltanschauung, eine neue Auffassung vom Leben und seinen Pflichten.

Es war die Zeit, in der die erblühende bürgerliche Kultur die Städte zu den eigentlichen Mittelpunkten sozialer Existenz machte. Aus der veränderten Lebensführung entwickelte sich ein neues Lebensgefühl. Das Bewußtsein erwachte, daß alle Möglichkeiten seelischer Entfaltung im Menschen selbst begründet seien und nicht von außen her an ihn herangebracht oder ihm vorenthalten werden könnten. Das Einzelwesen nahm seine Rechte wahr, die Persönlichkeiten differenzierten sich. Das konnte nur im Widerspruch mit der Kirche geschehen, und der Bruch mit den asketisch hierarchischen Grundsätzen, die sie vertrat und die schon im 14. Jahrhundert an Gehalt, Überzeugungskraft und Lebendigkeit einbüßten, ist denn auch in den Städten erfolgt. Die Professoren der Pariser Universität bezeichneten den Primat des Papstes als Ursache allen Übels, unter dem die damalige Welt litt.

Dante

Am Wendepunkt dieser beiden Epochen stand Dante Alighieri. Er faßte das Wesen der Generationen vieler Jahrhunderte zusammen, um das Mittelalter noch einmal wie in einem großartigen Sonnenuntergang aufleuchten zu lassen. Wenn das Hochmittelalter lebendige Züge bewahrte und in der Fülle seiner Erscheinungen an Interesse auch heute niemals einbüßen kann, so ist es Dantes Verdienst.

Petrarca

Die stärkere Wirkung in seiner Zeit aber übte Petrarca aus. Er war der erste moderne Mensch in dem Sinn, daß er nichts weiter sein wollte als ein Mensch. Darin bestand der Zauber, mit dem er seine Zeitgenossen gefangennahm. Er hatte sich in die klassische Literatur Roms mit einer Inbrust versenkt, daß sie ein Bestandteil seines Denkens geworden war. Dazu brachte er eine Naturempfindung mit, die ihm zum Lebensgefühl wurde in einer Zeit, die die Landschaft und ihre Schönheit noch nicht bewußt erlebte: Seine Natürlichkeit und Offenheit, die Unbedenklichkeit, mit der er immer der Vernunft die letzte Entscheidung vorbehielt, erstaunten und entzückten ganz Europa. Er war der erste, der es wagte, sich zur Individualität zu steigern. Seine Unvereinbarkeit von Glauben und Wissen gab seinen Gedanken einen pessimistischen Zug. Sein Vorbild stärkte zahlreichen Nachfolgern den Rücken. Sie wagten es ganz offen, sich ebenfalls als Menschen zu geben und dachten nicht mehr daran, aus ihrem Atheismus ein Hehl zu machen.

Emanzipation

Das Steigen der Kultur, bedingt durch die Fortschritte, die der Wohlstand der bürgerlichen Klasse machte, trug zu dieser geistigen Befreiung wesentlich bei. Die Erringung der wirtschaftlichen Unabhängigkeit mußte notwendigerweise auch die Emanzipation des Geistes fördern.

Dieser Emanzipation abhold blieben Rittertum und Adel. Der Adel entwickelte immer mehr eine Geringschätzung der Buchweisheit. Die Fürsten beschäftigten Adel und Ritter als Hofschranzen um ihre Person, aber die wichtigen Staatsämter, die Kanzlerposten und anderes vertrauten sie studierten Bürgerlichen an, von denen keine Unabhängigkeitsgelüste zu befürchten waren.

Kommunismus

Das Bürgertum holte die oberen Stände ein und übertraf sie bald an Besitz und sozialer Geltung, aber es hatte Handwerker und Bauern gegen sich. Das Patriziat, das sich in den Städten gebildet hatte und die Herrschaft behauptete, mußte mit den Zünften um sein Recht streiten. Es wurden in allen Reichsstädten während des 14. und 15. Jahrhunderts erbitterte und blutige Kämpfe um die Geltung im Rat ausgefochten. Nicht genug damit. Die Lektüre der Bibel, unstreitig eine der gefährlichsten, die es für unreife Köpfe gab, entflammte die Gemüter aller Unterdrückten. Mit gutem Grunde lasen sie aus der Heiligen Schrift, was wünschenswert und angenehm erschien, vor allem das gleiche Recht aller auf alles. Der Kommunismus des 15. Jahrhunderts, der in Schwaben, Franken und am Oberrhein viele Bauern zu den Waffen und zu Ausschreitungen trieb, bewies alle seine Forderungen mit Bibelstellen. Tiefgreifende Volksbewegungen erschütterten Europa im 14. und 15. Jahrhundert. Sie richteten Verwüstungen an, aber sie besserten und änderten nichts. Der Feudalismus wurde dieser Empörungen Herr, indem er sie unterdrückte. Er tat es zugunsten der absoluten Fürstenmacht, die ihn beerbte.

Buchdruck

Um sich die geistigen Umwälzungen gegen Ende des Mittelalters möglichst klar vergegenwärtigen zu können, darf man nicht eines der wichtigsten Hilfsmittel – die Erfindung des Buchdrucks – vergessen. Der Name des Deutschen Gutenberg wird mit dieser Erfindung ver-

11 Abraham de Weerdt, Inneres einer Druckerei, Holzschnitt um 1676.

bunden bleiben, obwohl es, und nicht nur in China, schon lange vor ihm, gedruckte Bücher gab. Aber seine Verbesserung des Gießinstruments, das eine mechanische Vervielfältigung der Buchstaben und eine gleiche Kegelhöhe erlaubte, war doch neben der Erfindung der Drukkerpresse die ausschlaggebende Tat, welche die Möglichkeit an die Hand gab, Bücher von großem Umfang und in beliebig großer Auflage zu drucken. Die Verbreitung der Buchdruckerkunst über ganz Europa war eine Tat der Stadt Mainz. Sie schickte Buchdruckergehilfen durch ganz Europa. Weder der Erfinder noch seine ersten Nachfolger waren sich darüber klar, was sie getan hatten und taten. Sie meinten anfangs sogar, das Druckwerk ließe sich als Surrogat der Handschrift verwenden. Sie versuchten, Büchersammler mit ihren Erzeugnissen hinter das Licht zu führen, indem sie diese ebenso teuer verkauften wie die Manuskripte. Die Erfindung war ungeheuer und von tiefgreifendstem Einfluß auf die Kultur.

ZWEITES KAPITEL

Kunst Spätantike

Die Kunst der welkenden Antike war auf der Stufe angelangt, auf die endende Kulturen die Kunst zu führen pflegen: *auf eine Stufe der Dekadenz.* Man gefiel sich in der Verwendung kostbarster Materialien, die in Rom von allen Enden der Welt zusammengeschleppt wurden. Für viele der köstlichen alten Buntmarmore gibt es heute keine andere Fundstätte mehr, als die Ruinen Roms und Italiens, ihre Bruchstellen sind vergessen. Die Anhäufung von Monumenten war eine andere Erscheinung des Verfalls. In den antiken Städten stand gegen Ende der römischen Periode zwischen den Gebäuden und Säulen ein Heer von Statuen. Nirgends belebte die Natur mit Bäumen und Sträuchern den Anblick. Die Bildhauerkunst war schon seit Jahrhunderten auf Kopieren eingestellt. Trotz der bedeutenden Verluste gibt es von manchen berühmten Werken des Altertums noch heute Dutzende von Wiederholungen. Die Ansprüche der Kunstfreunde scheinen immer weiter zurückgegangen zu sein. Man fing an, immer mehr den Bedarf aus vorhandenen Beständen zu decken. Wie einst Rom die klassischen Stätten Griechenlands ihrer Kunstwerke beraubt hatte, so sandte man Statuen jetzt in ganzen Schiffsladungen von Italien nach Karthago oder Byzanz. Besonders die Gründung des letzteren trug viel dazu bei, Rom zu plündern. Die Kunst verfiel der Auflösung. Inwieweit das Christentum an diesem Hinwelken Schuld trägt, ist schwer zu entscheiden. Zwar war es ausgesprochen sinnenfeindlich, schon weil es die körperliche Schönheit als Sünde verwarf, aber für den Kultus und seine mannigfachen Bedürfnisse konnte es Kunst doch nicht entbehren, und es war darauf angewiesen, ein Verhältnis zur Kunst des Heidentums zu finden.

Wie verschiedenartig auch die Einstellung des christlichen Empfindens gegenüber der Antike war, so kam es doch nicht so bald von deren Darstellungsweise los und paßte sich ihr in Ausdruck und Symbolen bestmöglich an. Das Interesse für die schöne Form als solche verlor sich, und eine starke und betonte Einstellung, die nur das Transzendentale und nicht das sinnlich Wahrnehmbare gelten lassen wollte, trat zu Tage. Ob mit der Verwirklichung dieser ästhetischen Absichten ein Aufhören künstlerischer Persönlichkeiten und ein Nachlassen technischen Vermögens Hand in Hand gingen? Alle Künste versagten, schon weil das Christentum in seiner Frühzeit eine Lehre der Verneinung war und ihm die schöpferischen Eigenschaften fehlten. Der Baumeister, der Bildhauer, der Maler gaben die Ausübung ihrer Kunst auf, weil das Bedürfnis für sie erloschen war. Man richtete sich so gut es ging in den vorhandenen Gebäuden ein. Die Gerichts- und Markthallen wurden zu christlichen Gotteshäusern, und wo sie nicht zur Verfügung standen, begnügte man sich damit, die Wohnungen der Laien den kirchlichen Zwecken anzupassen.

Römische Provinzen

Als die Völkerwanderung einsetzte, gab es keine Kunst mehr, und aus der Berührung mit den germanischen Völkern konnte eine neue sich nicht entwickeln, weil sie einer höheren Kunstübung völlig fremd waren. Die Kunst, soweit sie in die Barbarenländer vorgedrungen war, beschränkte sich auf Ableger der römischen. In Britannien, Gallien, Spanien, am Rhein und an der Donau hatten die Eingeborenen mit römischer Provinzkunst Bekanntschaft machen können: mit klassischen Ideen und klassischen Formen mit einem Hang ins Plumpe. Die Technik mußte mit minderem Material vorlieb nehmen und war auf weniger geschickte Hände in der Ausführung angewiesen. Von allen Einwanderern besaßen die Langobarden vielleicht den am stärksten entwickelten Kunstsinn. Sie brachten aus ihren früheren Wohnsitzen einen Schatz fremdartiger Ornamentik mit, der auf italienischem Boden Verbindungen mit dem Vorhandenen einging. Steinbaukunst und Malerei war den Germanen nicht vertraut. Die Plastik befand sich erst auf der Stufe der allerprimitivsten Anfänge.

Ravenna

Wieviel von dem, was um die Wende des 5. zum 6. Jahrhundert in Ravenna, damals Residenz Theoderichs des Großen, entstand, den Ostgoten gehörte, wieviel den Byzantinern, wird schwer zu entscheiden sein. Es war nicht mehr klassische Kunst und doch auch nur in einem sehr bedingten Sinne neu. Antike Formen in das Rohe zurückgesunken, in erstaunlicher Weise mit fremden Elementen versetzt. Das Grabmal Theoderichs mit seiner berühmten Kuppel, die aus einem einzigen Felsblock istrischen Gesteins besteht, ist in seiner Ausführung ein Wunder und ein Rätsel bis auf den heutigen Tag geblieben. Die Konstruktion ist ein monumentales Seitenstück zu den ebenfalls aus gigantischen Felsbrocken zusammengetürmten Hünengräbern des Nordens. Aber der Alluvialboden Ravennas kennt keine Findlinge! Woher nahmen die Bauleute den Stein, und mit welchen Hilfsmitteln brachten sie ihn an Ort und Stelle?

Byzanz Der Schauplatz der alten Welt verödete, Krieg und Pest trafen die Menschen; für den Zeitraum mehrerer Jahrhunderte schwand Rom völlig aus dem Gedächtnis der Geschichte. Was die mutwillige Zerstörungsfreude der Menschen, der Zelotismus oder die Vernachlässigung nicht zerstörten, vollendeten Überschwemmungen und Erdbeben. Ein solches hatte den Koloß von Rhodos zu Fall gebracht, und da niemand daran denken konnte, ihn wieder aufzurichten, so kaufte ihn ein Jude auf Abbruch und belud mit seiner Beute an edlem Metall fünfhundert Kamele. Die Kunst flüchtete nach Byzanz, um hier in Verbindung mit den Bauformen des Ostens einen anderen Charakter anzunehmen, mehr dem Orient sich zuneigend als dem Westen. Plastik und Malerei wurde der Bildersturm zum Verderben, der unter Kaiser Leo, dem Syrer, entfacht, ein Jahrhundert gegen alle Bildwerke wütete. Schließlich siegte sogar der Fetisch, was der Kunst aber nicht zugute kam. Sie erstarrte und verknöcherte in einem Schema, das nur noch Typen kannte und sich von jedem Abbild der Natur geradezu ängstlich fernhielt. So blieb die byzantinische Kunst für das Abendland eine Kuriosität, die man schätzte; eine modische Absonderlichkeit, die eine Zeitlang gefallen konnte, in deren Bahnen ein Fortschreiten aber nicht wohl möglich war. Sobald sich im Westen ein Bedürfnis nach Kunst meldete, wandte man sich notgedrungen immer nach Italien.

Karolinger Wie Karl der Große, um die Geistesbildung seines Volkes zu heben, die lateinische Literatur zu Hilfe rief, so wandte er sich an die italienische Kunst bei der Verschönerung seiner Umgebung. Man kann wohl nicht sagen, an die klassische Kunst, denn er schulte seine Anschauungen an den Bauten Ravennas, ja, er soll, um seine Pfalzen in Aachen, Ingelheim, Nimwegen zu errichten, sogar das Baumaterial aus der versumpfenden, ehemaligen Residenz der ostgotischen Könige bezogen haben. Wie weit die Anlehnung gegangen ist, entzieht sich dem Urteil, es ist aus den Tagen des großen Frankenherrschers kaum etwas in seiner ursprünglichen Gestalt erhalten. Nur in der Buchmalerei hinterließ die karolingische Renaissance Zeugen ihres künstlerischen Strebens und des Geschmacks, der in sehr glücklicher Weise den Nachweis einer gelungenen Verschmelzung antiker und germanischer Elemente erbringt.

Romanik Die karolingische Kunst lieferte diesen Beweis allerdings noch in einem anderen Sinn; sie wurde der Ausgangspunkt des frühesten originalen germanischen Stils. Man nennt ihn allgemein den romanischen, obwohl er mit weit größerem Recht den Namen des germanischen tragen müßte, denn die romanischen Völker hatten weder mit seiner Entstehung noch mit seiner Weiterbildung etwas zu tun. Der romanische Stil ist seinem Namen zum Trotz eine originale Kunstschöpfung deutschen Geistes, ein Stil, der vom Anfang des 11. bis in die 2. Hälfte des 13. Jahrhunderts dauerte und eine Großtat deutschen Sinnes darstellt. Diese Kunstschöpfung, wie auch die der Gotik, vollzog sich im Dienst der Kirche. Vom 11. bis zum 16. Jahrhundert war es der kirchliche Geist, der der Kunst ihr Gepräge gab. Es gab steinerne Kirchen, lange bevor es steinerne Paläste gab. Nur die Kirche steckte als Auftraggeber ihren Architekten die höchsten Ziele. Als das Christentum sich nach Versammlungsorten für seine Gläubigen umsah, mußte es vor den antiken Tempeln Halt machen. Sie waren niemals für eine Gemeinde bestimmt gewesen, sondern nur für den Gott, dem sie geweiht waren. So kam man notgedrungen dazu, sich der Basilika, eines antiken Profanbaus, zu bedienen, der in der Tat allen Anforderungen des Ritus entsprach und erlaubte, den Gottesdienst inmitten der Gemeinde zu feiern. Die dreischiffige Basilika errang eine Geltung, die das erste Jahrtausend noch weit überdauerte; sie blieb lange Träger der baukünstlerischen Entwicklung. Bei den altchristlich antiken Basiliken ruhten die Zwischenwände auf Säulen und trugen einen offenen Dachstuhl oder flache Balkendecken. Die Gestaltungskraft des deutschen Volkes war aber urwüchsig genug, um für den überlieferten Aufriß neue Möglichkeiten ausfindig zu machen. Man ersetzte die Decke durch Kreuzgewölbe, die den Eindruck größerer Festigkeit hervorbrachten, und ging zum Stützwechsel zwischen Säule und Pfeiler über, da dadurch der Seitenschub der Gewölbe besser getragen wurde. Die kanonische Form des Grundrisses wurde durch die Hinzufügung von Querschiff und Chor ungemein bereichert, denn die in der Vierung entstehende Kreuzung wurde durch eine sie krönende Turmgestaltung hervorgehoben. In stets wachsender Zahl begleiteten Türme das Kirchenschiff und gaben dem geistigen Streben seinen monumentalen Ausdruck.

Architektur

Der romanische Stil, dessen Blütezeit in die Regierungszeit der Ottonen und Hohenstaufen fiel, hinterließ in den Domen von Hildesheim, Ellwangen, Naumburg, Bamberg, Soest und anderen glänzende Beispiele von der Kraft des schöpferischen Genius der deutschen Nation. Die romanische Baukunst erreichte ihre Vollendung in einer verhältnismäßig kurzen Zeit. Die Schönheit der Raumbildung beruht auf dem abgestimmten Wohlklang aller Verhältnisse und auf dem Geist solider Festigkeit, der oft genug der nächste Nachbar düsterer Strenge ist.

Plastik

Der plastische und malerische Schmuck dieser Kirchen war ursprünglich reich und originell. Er muß sich der Gesamtwirkung um so harmonischer eingegliedert haben, als beide Künste keine Eigenständig-

12 Hl. Theodor und hl. Magdalena, 1240–1250. Münster, Dom

keit wollten, sondern sich der Architektur völlig unterordneten. Die romanische Plastik hat einen feierlichen Zug, etwas hoheitsvoll Sakrales selbst dann, wenn sie Laien darstellt. Sie typisiert, aber sie kann die neuen Empfindungen, das warm überquellende Leben, nicht immer bändigen. So sind zum Beispiel die Statuen der Stifter und Patrone im Westchor des Naumburger Domes zu künstlerischen Offenbarungen wahrhaft überwältigender Schönheit geworden. Sie überraschen durch die Kraft der Beobachtung und die Feinheit der Schilderung. Sie erreichen bei aller Zurückhaltung einen Reichtum des Ausdrucks, der mit vollendeter Sicherheit vorgeht, obwohl er sich auf die einfachsten Mittel beschränkt.

Die Skulpturen des romanischen Stils in Deutschland behaupten einen hohen Rang. Zu dem Vollendetsten, das die Kunst des Mittelalters überhaupt hervorbrachte, gehören die der Dome von Naumburg und Bamberg. Sie sind aus dem Eigensten heraus geschaffen. Sobald der Sinn für die Kunst geweckt war, trieb er auf deutschem Boden die herrlichsten Blüten. Die Entwicklung setzte ganz spontan ein, und es bedurfte keiner Befruchtung von außen. Die Bronzekunst, der Bronzeguß wurde eifrig gepflegt, aus den Werkstätten des Klosters Tegernsee gingen unter anderem die Türflügel der Dome in Mainz und Augsburg hervor. Da die Kunst alles für die Kirche tat, so tat sie es auch durch die Kirche; solange der romanische Stil herrschte, waren die Klöster tonangebend. Die Bauschule des Benediktinerstifts Hirsau hielt den Süden Deutschlands im Bann. Die klösterlichen Ateliers versorgten das ganze Land mit Elfenbeinschnitzereien, Emaillen, Treib- und Gußarbeiten in edlen Metallen. Vor allem hielten die geistlichen Stifte die Buchmalerei hoch. Zur karolingischen Zeit blühte sie in den Klöstern des westlichen Franken. Zur Zeit der Ottonen waren Reichenau, Trier, Köln, Regensburg die Vororte dieser Kunstübung, die eine Vorschule der mittelalterlichen Wandmalerei bildete.

Malerei

Die Wandflächen der romanischen Kirchengebäude boten der Malerei weitgehend Raum, um sich auszubreiten, und sie hat sie zu nutzen gewußt. Wie die Plastik trat auch die Schwesterkunst nicht mit dem Anspruch auf, selbständige Leistungen zu bieten. Auch sie ordnete sich unter und gab den Zusammenhang mit Baukunst und Bildhauerei nicht auf. Auch sie beruhte auf Stilisierung und besaß kein Verhältnis zur Natur. Da ihr ein wichtiges Problem, die Darstellung der Raumtiefe, nicht zu lösen gelang, begnügte sie sich anfangs mit einem Goldhintergrund, wie in der byzantinischen Kunst. Die Thematik ihrer Darstellungen blieb stets das Erlösungswerk, und die durch die Scholastik geschaffene Vorstellungswelt sorgte dafür, daß es an Mannigfaltigkeit und Abwechslung nicht fehlte. Eine fest geordnete Typologie brachte das alte und das neue Testament in enge und jedem Betrachter vertraute Beziehungen. Soweit die vorhandenen Reste zu urteilen gestatten, waren die Kompositionen eindrucksvoll und mehr feierlich als lebendig. Der gedankliche Tiefsinn lähmte die Gestaltungsfähigkeit. Die Klöster in Benediktbeuren, Wessobrunn, Altomünster, Tegernsee und andere stellten die Künstler, welche die kirchliche Wandmalerei zur Blüte brachten.

Aussage Wenn man sich einen Augenblick einen dieser romanischen Dome vergegenwärtigt, im vollen Schmuck seiner bunten Glasfenster, seiner Fresken und seiner Plastik, und sich dabei vor Augen hält, wie alle Darstellungen gedankenhaft untereinander verbunden waren, wie sie alle im Opfertod Christi ihren Mittelpunkt fanden, so begreift man erst die ganze, zwingende volle Gewalt der mittelalterlichen Kunst. Sie bildete und belehrte durch die Anschaulichkeit dessen, was sie zeigte. Niemand brauchte lesen oder schreiben zu können, um Inhalt und Bedeutung des Dargestellten zu erfassen. Die Kunst sprach direkt zum Gefühl, indem sie sich an die Phantasie wandte. Die Innigkeit dieser Wechselwirkung förderte den Schönheitssinn und half der Kunst dazu, jene Höhe zu ersteigen, auf der sie zwar unnahbar blieb, aber doch immer Aug' in Aug' mit denen, für die sie geschaffen war. Sie erhielt sich lebendig, frisch und naiv, Eigenschaften, die ihr erst verloren gingen, als die Erfindung Gutenbergs das Buch an die Stelle des Bildes setzte. Es wirkte als Mittel der Bildung einseitig auf den Verstand unter Verzicht auf die Empfindung. Damals wurde die Kunst zum Luxusartikel ohne Bedeutung für das praktische Leben.

Während die Einflüsse von Byzanz sich in Deutschland niemals nachhaltig durchsetzen konnten, stand die Kunst Italiens durch die enge Verbindung im Zeichen des nahen Ostens. Von Sizilien bis Pisa und Venedig erstreckte sich die Einflußsphäre Ostroms. Ihren Charakter bestimmte noch immer wie in Ravenna die bunte Phantastik der Mosaiken, die in verschwenderischer Fülle Decken und Wände überzogen; die Mosaiken der Markuskirche Venedigs bedecken einen Flächenraum von 12 000 Quadratmetern. Aber so reich die byzantinische Kunst auch sein mochte, ihr fehlte ein Bestes, die Wandlungsfähigkeit.

Gotik Das Abendland fand eine Weiterentwicklung. Der neue Stil gehörte mit zu den Folgeerscheinungen der Kreuzzüge, die es aller Wahrscheinlichkeit nach gewesen sind, welche die Baumeister mit der Form des Spitzbogens bekanntgemacht haben. Die Baukunst der Araber hat ja auch durch die Ineinanderschiebung von Rundbogen phantastische und in ihrer malerischen Wirkung äußerst bestechende Abarten des Halbkreisbogens zustande gebracht. Indessen ist der Spitzbogen doch nur eines der konstruktiven Elemente des neuen Stils. Dieser wird –

13 Baudarstellung, Miniatur im Roman »Girart von Roussillon«, um 1447. Wien, Österreichische Nationalbibliothek

seit Vasari ihn mit dieser Bezeichnung zu diskreditieren glaubte – der »gotische« genannt; er ist in Frankreich entstanden und sollte mit Recht nicht gotisch, sondern französisch genannt werden. In den Kathedralen von Paris, Chartres, Reims, Laon, Amiens wiesen die

Franzosen der Architektur neue Wege, und überall in Deutschland, England, Spanien, Italien wurden diese sofort nachgeahmt. Der gotische Stil hatte die Romanik sogleich verdrängt, mit solchem Erfolg, daß mancher romanisch begonnene Bau schließlich gotisch beendet wurde.

Architektur *Am kürzesten lassen sich Besonderheiten und Unterschiede mit der Bezeichnung des romanischen Baus als Massenbau, des gotischen als Gliederbau erklären. In der Romanik ist die Mauer, in der Gotik der Pfeiler das tragende Element.*

Das Kreuzgewölbe des romanischen Stils war an das Quadrat gebunden, das spitzbogige Rippengewölbe der Gotik erlaubte dagegen eine Konstruktion aus dem Achteck und Zwölfeck und führte damit zu mannigfaltiger Grundrißgestaltung und zu einer vielfältigen Raumdisposition. Statt der wuchtigen Säulen und plumpen Pfeiler verwendete die Gotik reichgegliederte Bündelpfeiler und der Seitenschub des Gewölbes wurde auf die Strebepfeiler der Außenmauer übertragen. Dadurch entlastete man die Umfassungsmauern, und sie konnten ihrer ganzen Fläche nach in Fenster aufgelöst werden. Alle Formen verjüngten sich, die gesamten Verhältnisse des Baus wurden schlanker und dieser zugleich leichter. Die romanischen Bauten behalten immer etwas Gedrücktes, schon durch die massigen Gewölbe, während gotische Kirchen, deren Entwicklung nach der Höhe theoretisch keine Grenzen kennt, den Charakter einer kühnen Erhabenheit tragen können. Der romanische Bau haftet am Boden, der gotische strebt in den Himmel, der eine entwickelt sich in der Horizontale, der andere in der Vertikale. Die Konstruktion der gotischen Architektur setzte dem erfindenden Schöpfergeist keine Schranken.

Bauhütte Bei den großen Kathedralen entstanden die Bauhütten. Sie waren nicht nur für den jeweiligen Bau bestimmt, sondern zugleich Werkstätten, in denen heranwachsende Baumeister, Steinmetze, Bildhauer oder Maurer und so fort ihre Ausbildung empfingen. Die einzelnen Bauhütten standen miteinander in Verbindung. Sie hielten die Kunst hoch und sorgten dafür, daß die Überlieferung der handwerklichen Technik nicht verlorenging. Wo immer man Kathedralen aus dieser Zeit findet, ob in England, Deutschland, Spanien, Italien, Frankreich, begeistern sie durch das hohe Maß des Intellekts, der dem Bau zugrunde liegt. In viel höherem Maß als der romanische Stil hängt der gotische mit der Persönlichkeit des schaffenden Künstlers zusammen; ist er dort gebunden, so ist er hier frei und darf seiner Begabung, seiner Phantasie und seinem Talent folgen. Während die romanischen Kirchen sich in allen Ländern gleichen, sind die gotischen überall verschieden, so als ob ein anderer Boden und eine andere

Sonne Spitzbogen, Rippengewölbe und Strebewerk zu anderen »Gewächsen« werden ließen. Überall, wo man sie übte, hat die Gotik eigene und selbständige Formen angenommen, hier energisch, dort zurückhaltend, hier schwungvoller und dort mehr überlegend. Wenn man bedenkt, daß Notre-Dame in Paris und die Kathedralen in Sevilla und Canterbury, der Dom von Köln, Mailand, Orvieto und Siena Abwandlungen des gleichen Stils vorstellen, und wie sehr sie auch voneinander abweichen, doch noch lange nicht alle Möglichkeiten erschöpfen, die hier gegeben waren, so wird man erkennen, daß schon die Gotik die Befreiung der Kunst bedeutete, ein Tor aufstieß, das aus der Enge in die Weite führte.

Bürgerliche Baukunst

Die Gotik bemächtigte sich auch alsbald des Privatbaues, wie denn der ganze Baubetrieb aus den Händen des Klerus in die der Laien überging. Da die Gotik zu einer Zeit entstand, wo das Bürgertum immer mehr Einfluß gewann, wurde sie auch Ausdruck bürgerlicher Gesinnung, im Gegensatz zur Romanik, in der der Klerus seine Gesetze niederlegte. Die weltliche Kunst war bis zu einem solchen Grad verpönt gewesen, daß die Zisterzienser 1213 den Beschluß faßten, Malerei und Skulptur hätten auf alle anderen Darstellungen als die des Heilands ein für allemal zu verzichten. Seit der Gotik aber erhoben sich überall Privatbauten; Prachtpaläste für die großen Herren, Rathäuser für die Magistrate, staatliche Wohnhäuser für die Bürger und den Stadtadel. Das deutsche Bürgertum drückte selbst im spätgotischen Kirchenbau seine Ansprüche und sein Selbstgefühl aus.

In der Hallenkirche wurde dem Versammlungsraum der Gläubigen dieselbe Höhe gegeben wie dem Altarraum.

Plastik

In der Gotik wechselten die Hilfskünste der Architektur ihre Rollen. Die Malerei, der in der Kirche die Wände fehlten, beschränkte sich auf die Glasfenster und brachte es in diesem Zweig der Darstellung zu höchster Vollendung. Der Plastik jedoch fiel eine gegen früher geradezu ungeheure Aufgabe zu. Die gotischen Bauten lechzten förmlich nach Statuenschmuck. An manchen Kathedralen zählen sie weit über hundert. Dieser plötzlich einsetzende Massenbedarf beflügelte die Kunst des Bildhauers zwar, drückte sie andererseits aber auch wieder herab und nötigte ihr eine dienende Rolle auf. Die Statue wurde so abhängig von der Architektur, daß sie deren Formen und Linien annahm, um sich der Streckung der Pfeiler anzupassen. Die übermäßige Länge der Proportionen, die Zartheit der schlanken Glieder, das Fließende der Gewandung bekam etwas Architektonisches, um das gleiche Gefühl des Hochstrebens auszudrücken wie Pfeiler und Fialen. Dabei mußten diese dem Rhythmus des Gebäudes anheimgegebenen Figuren auf jede Einzelbewegung Verzicht leisten, ihre

Ruhe hatte jedoch die Feierlichkeit der romanischen Plastik aufgegeben. Sie gewannen ein inneres Leben, seelische Akzente, die der vorangegangenen Kunst fremd waren. Sie atmen jugendlichen Liebreiz und holdselige Anmut, ein süßes Lächeln überspielt die Züge mit sehnsüchtigem Schmachten. Noch finden sich keine Porträts, nur Typengestaltung. Es bleibt die Frage offen, ob man in der Grabskulptur dieser Epoche Bildnisse der Verstorbenen erkennen darf, oder nur ungefähre Erinnerungsbilder. Die Plastik idealisierte noch, aber doch schon unter Anlehnung an die Natur. Vielleicht würde das mehr hervortreten, hätte nicht die Massenproduktion die technische Arbeit in die Hand von Steinmetzen gelegt, die sich an ihre Vorbilder halten mußten.

Malerei Die Malerei flüchtete sich in das Privathaus, das sie mit Darstellungen froher Weltlichkeit verzierte. Mit Szenen des gesellschaftlichen Lebens, des Tages, die nur manchmal die Maske der Illustration von Romanen oder Heldengedichten annahmen; hell in der Farbe, heiter in der Auffassung, unbekümmert in der Zeichnung. Die meisten Bilder dürften verlorengegangen sein. Das Verschwinden der Kirchenwände zwang die Malerei zu einem großen technischen Fortschritt, sie widmete sich von nun ab dem Tafelbild. Das Staffeleibild gewann so sehr an Beliebtheit, daß die Geschichte der Malerei vielfach mit ihm beginnt und die Wand- und Buchmalerei völlig mißachtet. Anfangs bewahrte das Tafelbild noch den hieratisch byzantinischen Charakter der hergebrachten Kunstübung, wie es auch am Goldgrund festhielt, im Laufe der Zeit aber rang sich die Auffassung zu größerer Freiheit durch. Das Menschliche wurde betont, der Christenhimmel stieg auf die Erde herab. Der individuelle Ausdruck wurde stärker, die Figuren drückten unterschiedliche Gefühle aus. Die Madonna auf dem Wolkenthron wurde zur lieblichen jugendlichen Mutter, das Christuskind ein süßer Balg, der leidende Heiland opferte sich nicht freiwillig, sondern wurde von rohen Schergen zu Tode gemartert.

Die Entwicklung vollzog sich ungefähr parallel in den verschiedenen Ländern, und wenn Italien immer die stärkere Beachtung fand, so erklärt sich das durch die hervorragenden künstlerischen Kräfte, die hier am Werke waren. In Italien wurde nach Jakob Burckhardts Worten die Kunstgeschichte zuerst Künstlergeschichte. Frankreich gab die Führung in der Malerei an Italien und an Burgund ab.

Während sich in Italien bereits die Renaissance mit ihrem Prinzip der Ordnung, Klarheit und Ruhe anbahnte, war man um diese Zeit nördlich der Alpen noch um ein anderes Kunstideal bemüht.

In Burgund huldigten van Eyck, Memling und andere der Schönheit

14 Jan van Eyck, Die Vermählung des Giovanni Arnolfino, 1434. London, National Gallery

unter anderen Aspekten. Sie liebten den Glanz der Farben und den Reichtum des Daseins in Material und Stoffen, aber sie kamen von der Erde nicht los und blieben in der Fülle stecken. Die mittelalterliche Kunst hatte Größtes geleistet und Werke geschaffen, die schwer zu übertreffen waren. Als ihre Zeit zur Neige ging, hinterließ sie folgenden Geschlechtern ein Erbe von einem Umfang und einem Reichtum, der diese selbst zum Höchsten verpflichtete.

15 Hans Memling, Maria erscheint Jeanne de Bourbon, um 1480. Chantilly, Musée Condé

DRITTES KAPITEL

Kleidung

Von allem, was das Altertum dem Mittelalter als Erbe hinterließ, behauptete sich nichts so lange wie die Kleidung. Ihre Schnitte und Formen überdauerten das erste Jahrtausend unserer Zeitrechnung und erhielten sich in gewissen Amtstrachten bis heute.

Römer

Tunika

Die Kleidungsstücke der beiden Geschlechter waren so ziemlich die gleichen. Unterschiede traten nur in der Art hervor, wie man die einzelnen Teile anlegte. Das Hauptstück war die Tunika, ein ursprünglich ärmelloses Kleid, das aus Wolle angefertigt wurde. Erst seit im 3. Jahrhundert der Einfluß des Orients in Rom stark zunahm, kamen lange Ärmel auf, und das Leinen trat an Stelle der Wolle. Da dieses Hemd ziemlich weit war, mußte es gegürtet werden, und in der Art, wie dies geschah, machten sich sowohl Unterschiede der Geschlechter als auch des Standes geltend. Frauen gürteten niederer, Männer höher, am kürzesten Soldaten. Die Gürtung mußte über den Hüften erfolgen, weil die Tunika bis über das Knie herabreichen sollte. Sich gar nicht zu gürten, galt als grobe Nachlässigkeit und wurde einzig den niederen Ständen nachgesehen. Nur in Afrika ging man ohne Gürtung. Die Tunika wurde in und außer dem Hause getragen. Nach den Beobachtungen, die Joseph Wilpert an den Mosaiken und Fresken der frühchristlichen Kunstdenkmäler machte, war sie stets genäht. Erst seit dem 4. Jahrhundert bürgerte sich die talarartige Tunika ein, die bis auf die Füße reichte, weit, lose war und lange Ärmel hatte. Sie war schon lange bekannt, aber da sie für ein Merkmal weibischer Gesinnung galt, hatte Cicero sie als ein entehrendes Kennzeichen der Anhänger Katilinas brandmarken können. Auch die wenig geachtete Klasse der Kitharöden trug sie, und erst Augustinus schreibt, daß es einem anständigen Mann zur Schande gereiche, keine Talartunika mit Ärmeln zu besitzen. Als Kleidungsstück der Priester erhielt sie den Namen Alba, der im Lauf der Zeit den eigentlichen Namen Tunika verdrängte. Die Tunika war stets

16/17 Stilicho und seine Gemahlin, um 400. Diptychon, Monza, Domschatz

sichtbar, während die Unterkleidung nicht zu sehen war. Diese setzte sich zusammen aus einer zweiten Tunika, die nur enger geschnitten war. Sueton erzählt, daß Kaiser Augustus außer einem Mantel im Winter vier Tuniken übereinander legte und darunter noch ein Hemd, ein wollenes Leibchen, einen Schurz um die Hüften und Binden um die Beine. Seit dem 4. Jahrhundert bestand die Unterkleidung immer aus Leinen.

Toga *Abb. 18* Über der Tunika legte man als Straßenkleid die Toga an. Sie war aus einem ovalen Stück Wollstoff, das so um den Körper gewickelt wurde, daß die rechte Hand frei, die linke jedoch bedeckt war. Die präzise Art der Drapierung komplizierte sich im Laufe der Jahre. Die Tunika war das eigentliche Nationalkleid der Römer, und noch am Ende des 4. Jahrhunderts durfte kein Senator es wagen, ohne Toga im Senat oder vor Gericht zu erscheinen. Doch schon Juvenal schreibt, man habe die Toga nur noch den Toten angezogen. Sie wich Mänteln, die praktischer und bequemer waren. Dazu gehörte das Pallium, das man *Pallium* *Abb. 16/17* von den Griechen übernommen hatte. Das Pallium war ein Übergewand aus Wolle, später aus Seide, das etwa dreimal so lang wie breit war und um den Körper drapiert wurde. Da es die Tracht der Gelehrten bildete, stellten die Maler der frühchristlichen Zeit Christus und die Apostel mit dem Pallium dar. Wie die Tunika ging es auch in die liturgische Kleidung über.

Das Pallium seinerseits mußte Mantelformen weichen, die sich weni- *Sagum* ger durch Fremdartigkeit und Eleganz als durch Brauchbarkeit empfahlen, das waren das Sagum, die Paenula und die Lacerna. Sie stammten aus den Kreisen der Soldaten und Handwerker und gingen in der Spätphase in die bürgerliche Kleidung über. Das Sagum galt noch im Jahr 382 im Kleidergesetz Theodosius' des Großen als ein Uniformstück des Militärs. Es war nur knielang und war als Überwurf oder als auf der rechten Schulter gefibelter Umhang gearbeitet. Als kleidsames Gewand nahmen die Bürger es, und da es nur etwas verlängert in die Hoftracht des oströmischen Reiches überging, blieb es auch im Westen noch viele Jahrhunderte das Oberkleid der höheren Stände.

Die Paenula war ein Überwurf mit Kapuze aus schwerem Stoff, ge- *Paenula* legentlich aus Leder; eine Erfindung der Ureinwohner Italiens. Man begegnet ihr auf etruskischen Denkmälern schon im 4. Jahrhundert vor Christi Geburt. Sie galt vorwiegend als Reisemantel. Kaiser Trajan trägt sie auf den Reliefs der nach ihm benannten Säule. Die Paenula bürgerte sich so schnell ein, daß die Advokaten, die von Rechts wegen in der Toga vor Gericht auftreten sollten, nach Angabe von Tacitus in der Paenula erschienen. Die Paenula ging schließlich

18 Der Redner Aulus Metellus, um 95 v. Chr. Florenz, Museo Archeologico

unter dem Namen Casula in den geistlichen Ornat über, und ist als Kasel noch jetzt die Bekleidung des Messe lesenden Priesters. Die Lacerna stammte wie die Chlamys von den Soldaten. Sie kam aus Asien, von wo Lucullus sie mit nach Rom gebracht hatte.

Lacerna

Ein männliches Oberkleid war schließlich noch die Dalmatica. Sie

Dalmatica

glich im Schnitt der Tunika und unterschied sich von ihr nur durch die breiteren und kürzeren Ärmel sowie dadurch, daß man sie nicht gürtete. Sie kam in Rom zur Zeit von Marcus Antonius auf und wurde auf der Straße getragen.

Beinkleid Beinkleider waren in Rom etwas sehr Ungewöhnliches und wurden erst durch die nordischen Barbaren bekannt. Wenn sie ihres Ursprungs wegen anfänglich auch verachtet wurden, waren die Vorzüge, die sie besaßen, doch so einleuchtender Natur, daß sie nach dem 2./3. Jahrhundert allmählich aufgenommen wurden. Zunächst reichten die Beinkleider nur bis an die Knie. Sie müssen aber bald länger geworden sein, da Lampridius von Kaiser Alexander Severus berichtet: Er trug weiße Hosen, nicht scharlachrote wie sein Vorgänger. Man muß also annehmen, daß sie unter die Tunika hinabreichten.

Frauenkleidung *Abb. 17* Die Tunika als weibliches Hauskleid unterschied sich kaum von der Tunika der Männer. Die Frauen trugen dieses Gewand nur länger. Sie gürteten sie unter der Brust und ließen sie bis auf die Knöchel hängen. Auch im Schnitt der Ärmel folgte die weibliche Tunika der männlichen, erst seit dem 4. Jahrhundert wurde ihre Form sehr breit. Betrat die Frau die Straße, so nahm sie als Mantel die Palla um, die sie über den Kopf zog. Außerdem bediente sie sich zum Verhüllen des Haares entweder einer Haube oder eines Schleiers. Dieses Verbergen der Haare forderte die Sitte. Von den Christinnen wurde beim Gebet völlige Verhüllung verlangt.

Verzierungen Die Farbe der Kleidung war gelblich wie die Naturfarbe der Wolle, aus der die Stoffe hergestellt wurden, aber bei dem in Rom zusammenströmenden Reichtum blieb es bei dieser Einfachheit nicht. Die Tunika zeichneten nur die beiden Purpurstreifen aus, die vom Hals zum Saum verliefen. Diese Zier – Clavus genannt – war, wenn sie schmal war, eine Standesauszeichnung der Ritter, breit dagegen ein Vorrecht der Senatoren. Man mußte beim Anlegen der Tunika sorgfältig darauf achten, daß sie gerade und parallel verliefen. Im 4. Jahrhundert verkürzte sich der Clavus und reichte kaum unter die Brust. Dafür stellte sich als Ersatz eine reiche Verzierung ein. Seit dem 3. Jahrhundert begann man die Tunika am Saum, um den Halsausschnitt und an den Ärmeln mit bandartigen Streifen zu besetzen, und ein Jahrhundert später erschienen auf den Tuniken kreisrunde Purpurflecke als Musterung. Dieses Schmuckbedürfnis erstreckte sich auf alle Kleidungsstücke. Besonders hat der Luxus in der Bekleidung seit der Regierung Diokletians (284–305 n. Chr.) zugenommen. Man bestickte die Stoffe so dick mit Gold und besetzte sie so reich mit Edelsteinen, daß sie die Möglichkeit einbüßten, Falten werfen zu können. Die Triumphaltoga zwang den Träger, sich so steif zu halten wie ein

19 Kaiserin Eudoxia. Elfenbeinplatte, 1067.

Götzenbild. Diese Prunkgewänder wurden immer kostbarer, immer schwerer und immer steifer, seit die orientalischen Seidengewebe nach dem Westen kamen und sich sofort größter Beliebtheit erfreuten. Besonders wurde dieser Luxus in Byzanz am Hofe der oströmischen Kaiser gepflegt. Die Seidenstoffe waren gemustert, meist mit stilisierten Tierfiguren. Unter ihrer Einwirkung entstanden neue Formen von Prunkgewändern, zumal bei den Frauen. Sie trugen um die Schultern einen breiten Kragen, von dem vorn und hinten zwei Streifen hinabhingen, bis nahe an den Saum, die ungefähr in der Knie-

Byzanz
Abb. 19

20 Germanische Kleidung der Bronzezeit

gegend durch ebenso breite Horizontalstreifen miteinander verbunden waren. Dieses Streifengerüst war zur Aufnahme von Perlen und Edelsteinen bestimmt, die es, je dichter, desto besser, bedeckten.

Während die römische Kleidung der Kaiserzeit in Byzanz Schnitte annahm, die in ihrer Versteifung die Formen des Körpers bis zu völliger Unkenntlichkeit versteckten, ging sie im Westen durch die Berührung mit den eindringenden Germanen eine Verwandlung ein, aus welcher die allgemein nachrömische Tracht in Europa hervorging.

21/22 Germanen, 2. Jahrhundert. Rom, Markussäule

Germanen

Die Kleidung der germanischen Völker war bescheiden. In der Bronzezeit trugen die Männer einen engen, auf der Schulter geknöpften, kniekurzen Wickelrock, während die Frauen eine Schlupfbluse mit angeschnittenen Ärmeln und einen faltenreichen, knöchellangen Rock anhatten. Die römischen Denkmäler, zumal die Reliefs der Trajanssäule, geben die Kleidung der Eisenzeit wieder. Sie zeigen auch die Männer in wollenen und leinenen Ärmel-Röcken, nicht unähnlich der römischen Tunika, nur wesentlich kürzer, vor allem aber stellen sie alle Germa- *Abb. 21* nen mit Beinkleidern dar. Nach Völkern und Stämmen verschieden bis ins 10. Jahrhundert lange Hosen, Kniehosen und Bruch mit Beinlingen nebeneinander. Der Mantel der Männer erscheint auf den Reliefs wie ein viereckiges Tuch, das ganz ähnlich wie die Chlamys auf der rechten Schulter durch eine Fibel zusammengehalten wird. Auch Überziehmäntel mit Kapuze gab es, wie die Kotze und einige Formen der Paenula.

Abb. 22 Das Kleid der Germanin der Eisenzeit unterscheidet sich nicht von der römischen Tunika, und es drängt sich die Frage auf: war die Kleidung wirklich der römischen so ähnlich, oder haben die Bildhauer, welche die Reliefs der Trajans- und Markussäulen ausführten, sich damit begnügt, einfach das wiederzugeben, was sie an den Römerinnen vor Augen hatten?

So bekleidet erschienen die Germanen in Italien, wo der »zivilisatorische Beruf der Eitelkeit«, wie Jakob von Falke einmal so hübsch sagte, seine Wirkung geltend machte. Die mannigfaltige, bunte, reich verzierte Kleidung der Lateiner verfehlte ihren Eindruck auf die Eindringlinge nicht. Sie nahmen so viel Elemente von ihr an, daß sich die mitgebrachte Eigenart verwischte. Sidonius Apollinaris beschreibt um das Jahr 470 das Gefolge Sigismers in engen, buntbesetzten Kleidern mit grünen Mänteln, die einen breiten Purpursaum hatten. Auch Angelsachsen und Langobarden schildert Paulus Diaconus als sehr farbenfreudig. Auf Miniaturen sieht man ihren König Adebald, der von 616 bis 626 regierte, mit scharlachroten Hosen. Einen wesent-

Franken lichen Einfluß auf die Gestaltung der abendländischen Kleidung übte Gallien aus, das, seit der Eroberung durch Caesar völlig romanisiert, einen Vorposten der lateinischen Kultur bildete. Es vermittelte den Franken römische Sitte und römischen Geschmack und wurde darin von Byzanz unterstützt. Zur Zeit der Merowinger kann man bei den Franken schon drei Bekleidungsstücke bei den Männern feststellen: den Rock, die Hose und den Mantel. Wahrscheinlich werden nur die Wohlhabenden im Besitz einer vollständigen Kleidung gewesen sein. Auch nur in ihrem Kreise haben sich Veränderungen im Sinne der Mode geltend machen können. Der Schnitt der römischen Tunika wirkte auf den germanischen Rock. Dieser wurde weiter und länger, erhielt Ärmel, die bis zum Handgelenk reichten, und wurde über den Hüften mit einem Bausch gegürtet. Die Stoffe blieben noch lange die heimische Wolle oder Leinwand. Seidengewebe kamen nur als Geschenke des oströmischen Hofes oder als Beute ins Land, wie denn Karl der Große im Schatz des Langobardenkönigs Desiderius einen beträchtlichen Vorrat gold- und silbergewirkter Gewänder fand. Dieser größte Herrscher der Franken trug selbst Hemd und Hose von

1 Roma, Gallia, Germania und Sclavinia huldigen Kaiser Otto III., Miniatur Ende 10. Jh. München, Bayer. Staatsbibliothek

2 *Ekkehard und Uta. Naumburg, Dom, um 1260*

Leinen, einen wollenen Rock von mäßiger Weite, die er mit einem seidenen Gürtel zu schürzen pflegte, sowie einen Mantel aus Wolle beziehungsweise Pelz. *Abb. 23*

Zur vollständigen Bekleidung des Mannes, wenn es sich um einen Freien handelte, gehörte selbstverständlich das Schwert. Nie hätte ein Freier sich ohne Waffen in der Öffentlichkeit zeigen können. Das war ursprünglich eine Notwendigkeit, da niemand vor einem Angriff sicher war, und reiche oder vornehme Männer sich doppelt vorzusehen hatten. Es wurde schließlich eine Gewohnheit, die Jahrhunderte überdauerte und zur Sitte überging, so daß man noch am Ende des 18. Jahrhunderts, als jene Nötigung längst fortgefallen war, einen Herrn ohne Degen kaum für einen Gentleman ansehen wollte.

Stoffarten

Die Qualität der heimischen Stoffe muß schon in den karolingischen Zeiten ganz vorzüglich gewesen sein. Man verstand sich vortrefflich darauf, Wolle und Leinen zu weben. Karl der Große pflegte friesische Tuche als Geschenke zu verwenden und erfreute zum Beispiel den Sultan Harun al Raschid damit. Zu seiner Zeit muß es sogar schon eine Ausfuhr von nicht geringem Umfang ins Ausland gegeben haben. Auch das englische Tuch wurde hochgeschätzt. Baumwollerzeugnisse waren im Abendland eine Seltenheit. Ein Fremder, der im Jahr 580 Tours besuchte und einen baumwollenen Mantel trug, wurde ebenso angestaunt wie die Baumwollzelte, die Harun al Raschid im Jahre 807 Karl dem Großen schenkte.

Karl der Große

Der Kaiser bevorzugte die heimische Tracht und gab aus volkswirtschaftlichen Gründen ein gutes Beispiel. »Ausländische Tracht«, schreibt sein Biograph Einhard, »wies er zurück, mochte sie auch noch so prunkvoll sein, und ließ sich solche niemals anlegen, ausgenommen zweimal in Rom, wo er einmal auf Wunsch des Papstes Hadrian und ein anderes Mal auf die Bitte von dessen Nachfolger Leo die lange Tunika, die Chlamys und die römischen Schuhe anzog. Einzig bei festlichen Gelegenheiten erschien er in golddurchwirktem Kleide mit edelsteinbesetzten Schuhen, den Mantel durch eine goldene Spange zusammengehalten und auf dem Haupte ein Diadem von Gold.«

Indessen, selbst ein Mann wie Karl der Große war ohnmächtig gegen die Mode. Sie kam dazumal aus Byzanz. Bekannt ist ja die Geschichte, wie der Kaiser einmal, als sein Gefolge sich um ihn versammelt hatte und alle Herren in ausländischen Stoffen prunkten, die ganze Gesellschaft mit auf die Jagd nahm. Nachdem er sie bei schlechtem Wetter den ganzen Tag über durch dick und dünn geführt hatte, nahm er, zu Hause angekommen, einen Kleider-Appell vor und lachte die Teilnehmer seiner Partie gehörig aus, denn ihre seidenen Gewänder waren zu nassen Fetzen geworden, während sein ordinärer

23 Karl der Große. Bronzestatuette, 9. Jh. Paris, Louvre

Schafspelz sich den Strapazen gewachsen zeigte. Aber diese »demonstratio ad oculus« nützte wenig oder nichts. Besonders die Frauen gaben ein Beispiel der Verschwendung, das lieber befolgt wurde als die kaiserliche Einfachheit und Sparsamkeit. Schon Gregor von Tours schildert, wie die Frauen »überdeckt mit schimmerndem Golde, mit prächtigem Geschmeide und kostbaren Edelsteinen geziert« zum Gottesdienst ritten, und erzählt, daß die Äbtissin eines Frauenklosters in Poitiers einen schwerseidenen Altarumhang ihrer Kirche dazu benutzte, ihrer Nichte ein Kleid daraus machen zu lassen. Die massiv goldenen Blättchen wurden zu einer Kopfbedeckung verwendet. In einem Gedicht, welches Angilbert, der Kaplan des Kaisers, auf einem Jagdzug verfaßte, an dem die Frau und die Töchter Karls teilnahmen, konnte er nicht genug die Köstlichkeiten ihres Anzuges schildern. Sie müssen mit Goldschmuck überladen gewesen sein; die Mäntel und Schleier mit Goldfäden durchwirkt, die Haare mit Goldschnüren durchflochten, goldene Kronen und Diademe auf dem Haupt, an Hals und Brust Smaragde, Topase und andere funkelnde Steine. Auch der dem kaiserlichen Vater so unähnliche Sohn Ludwig der Fromme huldigte in seinem Auftreten dem Geschmack für das Glänzende.

Schnitt

Der Schnitt der Kleidung beider Geschlechter entwickelte sich um diese Zeit zu einer festen Norm. Die Männer trugen einen kittelartigen Rock mit eingefaßtem Brustschlitz, faltenreichem Schoß und engen Ärmeln, der gerade oberschenkellang war. Dazu hatten sie Beinkleider, die um die Unterschenkel mit Binden umwickelt waren – die Vorfahren der Wickelgamaschen –, und einen auf der rechten Schulter mit einer Spange geschlossenen Mantel. Die Frauen kleideten sich wie Römerinnen der letzten Kaiserzeit. Änderungen bahnten sich erst an, als die Nachfolger Karls des Großen in rege Beziehungen zum byzantinischen Hof traten und sich bemühten, die äußeren Formen desselben wenigstens in der Kleidung nachzunahmen.

Karl der Kahle

Karl der Kahle scheint damit den Anfang gemacht zu haben. Ihm war das oströmische Wesen in Italien nahegekommen, »und als er nach Gallien zurückgekehrt war«, berichten die Annalen des Klosters Fulda zum Jahre 876, »nahm er neumodische und ungewöhnliche Trachten an. Mit einem dalmatischen Talar bekleidet, nebst einem darüber geschlungenen Gürtel, welcher bis auf die Füße hing, den Kopf mit einer seidenen Haube, dem Diadem darüber, bedeckt, pflegte er an Sonn- und Festtagen auf seinem Kirchgange zu erscheinen. Mit Verachtung aller Sitte fränkischer Könige hielt derselbe griechischen Prunk für den annehmlichsten«. Auf Miniaturen erscheint der Kaiser in fränkischer Tracht mit dem kurzen Rock, Hosen und Wickelgamaschen, und es wird auch überliefert, daß er abzuwechseln liebte und die Synode von Pontion in fränkischer Kleidung eröffnete, aber in griechischer schloß.

Dieser Neigung zum Ausländischen, die sich mit dem sehr natürlichen Bedürfnis nach Abwechslung verschwisterte, verdankte die Mode ihr Erwachen. Die Kreuzzüge erteilten auch nach dieser Richtung äußerst fruchtbare Anstöße. Sie brachten verschiedene Völker zusammen, schärften den Blick für Besonderheiten der Art und Kleidung, brachten den Luxus in die Städte und schufen eine neue Gesellschaft mit neuen Ansprüchen.

Mi-parti Als erstes Element einer Erscheinung, die nur der Laune ihre Existenz verdankt, ist das sogenannte Mi-parti anzusehen. Darunter sind in zwei oder mehrere Farben geteilte Kleidungsstücke zu verstehen; zum Beispiel war ein Hosenbein rot, das andere blau gefärbt. Es hat sich bei den Männern zuerst geltend gemacht, was nicht Wunder nimmt, denn das ganze Mittelalter hindurch sind die Herren in der Geckenhaftigkeit ihres Anzuges stets den Damen vorausgewesen. Man kann diese Mode bis in die Zeit der Ottonen zurückverfolgen. Sie ist wahrscheinlich maurischer Herkunft und verbreitete sich in Süd- und Mitteleuropa aus dem Wunsch nach farbenfroher Kleidung, denn bunt gemusterte Stoffe waren noch selten und daher kostbar. Erst Ende des 16. Jahrhunderts verschwand das Mi-parti aus der Mode, erhielt sich aber bis heute im Narrenkostüm.

Ärmel Ein anderer Faktor der Mode war der Wechsel im Schnitt, der sich um die Jahrtausendwende ankündigte, um sich im 15. Jahrhundert als maßgebend durchzusetzen. Er begann schüchtern mit einer Änderung des Ärmels und griff erst in der Folge auf die anderen Teile des Anzugs über. Der Ärmel hatte bis dahin den Arm eng umschlossen, glatt oder in kleine Falten gelegt, die das Armglied quer teilten; jetzt schnitt man ihn trichterförmig, am weitesten um das Handgelenk. Diese Mode kam aus Byzanz. Bischof Luitprand von Cremona, den Otto I. als Gesandten nach Ostrom geschickt hatte, hält sich in seinem Bericht über die »weitgeöffneten Hängeärmel« auf, welche die »weibischen Männer« am byzantinischen Hofe trügen. Jedenfalls kopierten die Damen die Ärmel sofort und wurden nicht müde, ihre Form in immer neuen und oft absonderlich anmutenden Gestalten abzuwandeln. Das 11. Jahrhundert bevorzugte einen Ärmel, der bis zum Handgelenk eng anschloß und sich hier plötzlich ganz unvermittelt und unlogisch so erweiterte, daß die Fülle des Stoffes bis auf den Boden hing. Dieser sonderbare Ärmel geht ebenfalls in die Zeit der Ottonen zurück. Diese Ärmelform war es, die mit einem hineingebundenen Stein den Frauen bei dem gerichtlichen Zweikampf als Waffe dienen konnte.

Eine weitere Modeerscheinung nach dem 10. Jahrhundert war die Verlängerung der Tunika beider Geschlechter, wenn man noch für diese Zeit an der alten Bezeichnung des Hauptkleidungsstückes festhalten will. Der Leibrock des Mannes erreichte den Knöchel, die Frau erhielt die Schleppe. Die Männer machten die Bekanntschaft mit dem langen Ärmelhemd im Orient, woher es ja seit geraumer Zeit über Byzanz als Hofkleidung nach dem Westen gekommen war. Die Schleppe dagegen ist eine mittelalterliche Erfindung. Griechinnen und Römerinnen kannten die Schleppe nicht. Die antike Bühne kannte sie für gewisse Rollen, auch die römischen Männer ließen manchmal ihre Togen »schleppen«; die Schleppe aber, wie wir sie seit Jahrhunderten kennen, war dem Altertum fremd. Nicht einmal die oströmischen Kaiser und Kaiserinnen, die doch den Kleiderprunk in einem gewissen Sinne bis auf die Spitze trieben, machten von diesem Mittel, die Würde des Auftretens zu steigern, Gebrauch. *Schleppe*

Schließlich durchlief um die Jahrtausendwende auch der Besatz eine Wandlung. Er verließ die Säume an Hals, Ärmeln und Rock und nahm die Gestalt einer querverlaufenden Musterung um Oberarm, Knie und Taille an, die zum Beispiel den Frauenrock in Kniehöhe umzog. Selbst die Kleidungsstücke, die sich im Schnitt nicht änderten, wie der Mantel, konnten in einer von der bisherigen abweichenden Art und Weise getragen werden. Man schloß ihn nicht mehr auf der einen Achsel, wie es seit Römerzeiten der Brauch gewesen war, sondern nahm ihn auch gleichmäßig über beide Schultern und verband ihn vorn auf der Brust durch ein Schmuckstück. *Besatz*

Alle diese neuartigen Motive traten nach und nach auf und machten sich auch durchaus nicht auf einmal geltend. Im Gegenteil, neben dem Neuen blieb das Alte noch lange bestehen. Das macht es auch ziemlich schwer, eine chronologische Folge festzustellen, um so mehr, als viele Abbildungen, an die man sich dabei zu halten hätte, Miniaturen zum Beispiel, selbst immer nur annähernd datiert werden können.

Nach Mitte des 12. Jahrhunderts erschien eine Neuheit der Frauenkleidung. Der obere der beiden Röcke wurde ganz bedeutend gekürzt, so daß er zwischen Knie und Knöchel aufhörte. Er wurde anscheinend enger geschnitten und mit einer breiten Borte abgeschlossen. Das Unterkleid trat in volleren Falten hervor, und man erkennt deutlich, daß es länger wurde und bereits am Boden auflag, bis es eine Schleppe erhielt. Diese Art des Doppelgewandes machte sich auch am Oberkörper bemerkbar. Das Oberkleid bekam weite und kurze Ärmel, welche die langen, engen Ärmel des Unterkleides vortreten ließen. Beide Röcke unterschieden sich auch in der Farbe; der obere ist auf den Bildern dunkel bzw. farbig, der untere hell, wenn *Doppelgewand* nicht ganz weiß, so daß die Vermutung naheliegt, man habe es mit dem Hemd zu tun.

Hemd
Abb. 15

Das Sichtbarwerden der Unterkleidung war ein Effekt, den sich die Mode bis in das 17. Jahrhundert nicht wieder nehmen ließ. Daß dies vielfach vorgetäuscht wurde, indem Ärmel angeknüpft wurden, ist eine Sache für sich. Das Altertum hatte das Hemd gekannt, es war in Rom schon vor der Kaiserzeit getragen worden. Im frühen Mittelalter ging der Gebrauch wieder verloren, und man wird seine Wiederaufnahme wohl durch die Bekanntschaft mit orientalischen Gewohnheiten erklären dürfen. Übrigens wurde es nur am Tag angelegt, ins Bett ging man ganz nackt.

Das Frauenhemd blieb am Hals sichtbar. Es in feine Säume zu legen oder mit Stickereien zu verzieren, galt als »englische Mode«. Konrad von Würzburg beschreibt um 1250 eines in weißer Seide, das am Halsausschnitt mit edelsteinverzierten Borten besetzt war. Das Kleid wurde in der 2. Hälfte des 12. Jahrhunderts bis Anfang des 13. Jahrhunderts am Oberkörper so eng geschnitten, daß es die Form der

Mieder

Büste erkennen ließ; von der Taille an fiel es in weiten Falten bis auf die Füße. Dadurch, daß man es an der Seite durch Schnüren verengen konnte, wurde es zum Vorläufer des Mieders. Das Kleid, die Cotte oder Kotta, sollte, wie man es nannte, »heimelich« sitzen, das heißt die Formen möglichst deutlich erkennen lassen. »Wie Ameisen pflegen in der Mitte schlank zu sein, so schlank war auch das Mägdelein«, singt um 1200 Wolfram von Eschenbach. Auch Männer machten von der Sitte des engen Schnürens Gebrauch, wie wir von Meister Rennaus hören. Petrarca erwähnt um 1350 in einem Brief an seinen Bruder die Qualen, die er beim Schnüren aushielt.

Mit der engen Schnürung begannen die Frauen auch den Halsausschnitt tiefer zu machen. Um 1150 kamen für beide Geschlechter der Oberschicht über der Kotta getragene Überkleider, etwa der Surkot, auf, so daß die Kotta ein unteres Gewand wurde.

Höfische Zeit
Abb. 24

Die »höfische« Zeit (12./13. Jahrhundert), die »Blüte des Rittertums«, gab beiden Geschlechtern annähernd die gleiche Kleidung, nur waren die Kleidungsstücke der Frau etwas weiter und fielen in vollen Falten zu Boden. Dieses oft getadelte »weibische« Aussehen der Männerkleidung bezieht sich allerdings nur auf ihr »Zivil« sozusagen, das heißt

Herr

auf die Zeit, wenn sie die Rüstung abgelegt hatten. Mit Panzer und Helm werden sie wohl nicht unmännlich ausgeschaut haben. Soweit der männliche Anzug auf Kunstwerken sichtbar wird, erscheint er allerdings merkwürdig unkriegerisch für eine Zeit, in der Heldentaten mit Schwert und Spieß als höchste Betätigung des Ritters galten. Der lange talarähnliche Rock reichte bis auf die Füße und war am Saum

24 Heinrich von Stretlingen. Miniatur in der Manesse Liederhandschrift, um 1320. Heidelberg, Universitätsbibliothek

manchmal gezattelt, in der Mitte wurde er durch einen Gürtel zusammengehalten. Darunter trug der Herr Beinkleider, die aus zwei verschiedenen Teilen bestanden. Um die Hüften saß die Bruch, auch Niderwat genannt, ein Kleidungsstück von der Gestalt einer Badehose. Die Beine waren mit langen Strümpfen bekleidet. Da diese stramm sitzen sollten, wurden sie an die Bruch angenestelt, eine unbequeme Prozedur, die sich aber lange hielt, denn es sind Jahrhunderte vergangen,

Abb. 12

Bruch

Abb. 10

Abb. 28

Mantel ehe Bruch und Hosen zu einem Stück verschmolzen. Über dem Rock konnte der Herr den Schnur- oder Tasselmantel anlegen, der auch von Frauen getragen wurde. So erhielt zum Beispiel Parzival auf Monsalvatsch einen Mantel von arabischer Seide, den die Königin bis dahin selbst getragen hatte. Der Mantel war einfarbig, während Rock und Hosen sehr gern ihrer Länge nach in den Farben geteilt waren. Die Miniaturen zeigen bei Angehörigen der höheren Stände meist helle Töne, gelb, blau, grün; wo Muster erscheinen, sind sie dem Orient entlehnt.

Pelz Das Pelzfutter spielte eine große Rolle. Im 11. Jahrhundert schreibt Adam von Bremen: »Wir trachten nach einem kostbaren Marderkleid wie nach der höchsten Seligkeit.« Man trug die Bälge der Zieselmaus, Vehbauch genannt, die Felle des grauen Eichhörnchens, Grauwerk geheißen, und schätzte selbstverständlich Zobel, Biber und Hermelin am höchsten. Als Parzival bei Gurnemanz umgekleidet wurde, erhielt er Rock und Mantel, die mit Hermelin gefüttert und mit Zobel verbrämt waren. Man verstand sich auch auf das Zusammensetzen verschiedener Sorten zu Mustern. Im 13. Jahrhundert sprechen die Dichter auch von einer Fischhaut, die man zu diesem Zweck benützte. Sie war lasurblau mit goldenen Punkten und war, wenn sie nicht nur der Phantasie angehörte, augenscheinlich ein Kunstprodukt. Man belegte auch die Schilde mit Pelzwerk; daher kommt es, daß die Namen der Pelze als Bezeichnung von Farbe und Figuren in die Heraldik übergingen, denn ursprünglich waren die Wappen nichts anderes als Pelzmuster. Beim Blasonieren gebraucht man noch jetzt die mittelalterlichen Handelsbezeichnungen der Felle als Erkennungszeichen. Wie stark der Verbrauch an Pelzen war, erkennt man auch aus der Tatsache, daß die Zahl der Pariser Kürschner sich binnen 8 Jahren – von 1292 bis 1300 – von 214 auf 344 vermehrte. Allerdings trieben die französischen Herren auch einen großen Luxus damit. Philipp der Kühne von Burgund ließ im Jahr 1340 in drei Mäntel 1000 Felle des grauen Eichhörnchens sowie 1170 Vehbäuche verarbeiten.

Dame Die Frau der höfischen Zeit trug mehrere Kleider übereinander. Über dem Hemd ein Kleid, das im ganzen geschnitten war, und da es die schlanke Taille markieren sollte, den Gürtel fortan entbehren konnte. Darüber legte sie, wenn sie das Haus verließ, ein ärmelloses Überkleid, Surkot oder Suckenie genannt, dessen Halsausschnitt und Ärmellöcher weit ausgeschnitten waren, damit das untere Kleid zur Geltung kommt; auch hob sie es zu diesem Zweck mit der Hand. Die Ärmel des Unterkleides waren vielfach nur angebunden. Mittels Bän-
Abb. 27 dern wurden die kostbaren Manschetten an den Ärmel angenestelt. So konnte es der Gemahlin des Königs René von Sizilien passieren, daß

ihr während des Betrachtens eines religiösen Schauspiels einer ihrer kostbaren Ärmel gestohlen wurde, ohne daß sie es merkte. Auch die Hemdärmel konnten anscheinend ausgewechselt werden. Die Damen gaben sie gern als Liebespfänder ihren Rittern und haben sich auch nicht gescheut, diesen die von ihnen getragenen Hemden zu überantworten, damit sie sie beim Turnier über die Rüstung anlegen konnten. Zerhauen und zerstochen, noch besser, blutig, erhielten sie die Hemden dann zurück und trugen sie weiter.

Schleppe

Zur eleganten Kleidung gehörte die Schleppe, »swenzelin« nennt sie Konrad von Würzburg, und der Minnesänger Oswald von Wolkenstein belehrt uns, daß sie oft zum Anknöpfen eingerichtet war. Die Kleidung der Damen war komplizierter geworden und bedurfte in manchen Dingen der Nachhilfe. Da man auf die Vollendung des Faltenwurfs großen Wert legte, überließ man ihn nicht mehr dem bloßen Zufall, sondern nähte ihn von vornherein fest. Über ihren sonstigen Anzug legte die Dame als wichtigstes Stück ihrer ganzen Toilette einen Mantel an, von halbrunder Form und beträchtlicher Länge. Sie befestigte ihn nicht mehr auf der einen Schulter, sondern vorn auf der Brust. Die beliebteste Art und Weise war die mittels einer Schnur oder eines Kettchens, das die Tasseln – zwei Schmuckstücke auf beiden Seiten des Mantels – miteinander verband. In diese Schnur legte die Dame zwei Finger; das war die Haltung von höchstem Schick, die in den Kunstwerken des 12. und 13. Jahrhunderts unendlich oft dargestellt ist. Dieser Mantel hatte ebenso viele verschiedene Schnitte wie Namen und wechselte beide wohl nach Geschmack und Laune. Die Kappe war zum Beispiel mit langen Ärmeln und einer Kapuze ausgestattet und wurde gern auf Reisen verwendet. Da sie die Trägerin unkenntlich machte, verbot die Synode, die 1227 in Trier abgehalten wurde, diese den Nonnen ausdrücklich.

Abb. 56

Abb. 12

Stoffe

Die Stoffe waren für Damen und Herren die gleichen. Leinen wurde in Deutschland sehr geschätzt und seit dem 12. Jahrhundert gewerbsmäßig hergestellt, da die Hausweberei der Nachfrage nicht mehr genügte. Baumwolle wurde, wie bereits erwähnt, aus dem Orient über Venedig oder aus den maurischen Fabriken Spaniens über Barcelona eingeführt. Barchent, ein Gewebe mit leinener Kette und baumwollenem Einschlag, ist seit dem Beginn des 13. Jahrhunderts in Deutschland bekannt und wurde anscheinend auch in Ulm hergestellt. Die Tuchweberei hatte eine große Ausdehnung gewonnen, die feinsten Stoffe wurden aus Schafwolle angefertigt; Friesland und die Niederlande besaßen einen allgemein anerkannten Ruf dafür. Die besten Qualitäten aber kamen aus England. Das am höchsten geschätzte Wollzeug war Scharlach, eine Bezeichnung, die dem Stoff, nicht der

Farbe galt. So gab es auch braunen, grünen, blauen Scharlach. Den besten bezog man aus Gent. All diesen Stoffen aber wurde die Seide vorgezogen, die Schönheit, Kostbarkeit und Seltenheit vereinte. Als kurz nach dem Jahr 550 die Seidenraupe mitsamt dem Maulbeerbaum ins östliche Europa eingeführt worden war, entstanden in Griechenland Fabriken, deren Erzeugnisse mit den persischen wetteiferten. Die Sarazenen brachten die Seidenweberei nach Sizilien, die Mauren übten sie in Spanien, und Venedig begnügte sich nicht lange mit der Rolle des Zwischenhändlers, sondern legte selbst Manufakturen an, die um 1250 schon sehr gute Qualitäten lieferten. Kaum ein halbes Jahrhundert darauf wurde Seide auch bereits in Zürich und Regensburg fabriziert. Die kostbarste Seide war der Purpur, eine Bezeichnung, die, wie Scharlach, den Stoff meint, nicht die Farbe; es gab ja violetten, gelben, grünen, rosa, schwarzen Purpur. Samt wurde in Lucca hergestellt, unechter Wollsamt in Venedig. Man kannte bereits die changeanten Seiden, leichte Tafte, die man Zindel nannte, und mit Gold und Silber schwer broschierte Brokate, Pfeller geheißen.

Stickerei Das Sticken wurde fleißig geübt und für die Bekleidungskunst benützt. Einen Mantel Kaiser Ottos III. bestickten wahrscheinlich Nonnen mit Bildern aus der Offenbarung des Johannes; Gisela, Königin von Ungarn, stickte 1031 den Mantel ihres Mannes, König Stephans des Heiligen.

Farben Die Kleidung war meist sehr farbenfreudig. Die Kunst des Färbens hatte man in klösterlichen Werkstätten gepflegt und vervollkommnet und schließlich in Flandern auf eine hohe Stufe gehoben. Seit dem 13. Jahrhundert war in Italien der Zeugdruck wieder aufgenommen worden, womit Linnen und Wollstoffe gemustert werden konnten: eine neu geübte Erfindung, die zum Holzschnitt führte. Die Damen wußten schon im 12. Jahrhundert die punktierten Muster zu schätzen. Kaiserin Kunigunde, die Gemahlin Kaiser Heinrichs II., trug zum Beispiel ein weißes Kleid mit roten Punkten und gelbem Besatz. Auch das Mi-parti war bei ihnen in Mode. Im »Wigalois« erschienen sie in Kleidern halb rot, halb grün, und Parzival sah die Hofdamen alle in geteilter Kleidung. Nur Gelb hätte von Rechts wegen verpönt sein sollen, da es die Farbe war, die alle Abzeichen der Juden und Huren kenntlich machte. Das hielt aber die Mode nicht davon ab, sich ihr eine Zeitlang doch zuzuwenden.

Schneiderei Seit die Kleidung eine größere Geschicklichkeit in der Herstellung verlangte, ging ihre Anfertigung in die Hand von Schneidern über. Bis tief in das 12. Jahrhundert hinein waren nicht nur Leinen- und Wollweberei häusliche Arbeiten, die den Frauen oblagen, auch das Zuschneiden und Nähen der Kleider beider Geschlechter fiel ihnen zu. Damen höchsten Standes befaßten sich damit. Als König Gunther sich zur Werbung um Brunhild entschloß und zur Fahrt rüstete, da bot seine Schwester Kriemhild dreißig Mädchen auf, mit denen sie sieben Wochen arbeitete, um den Bruder und sein Gefolge mit Kleidern zu versehen. Das hörte in dieser Zeit auf. Die Frauen fuhren zwar fort, Borten und Bänder zu wirken und zu sticken, die Schneiderei gaben sie jedoch zum größten Teil ab. Anscheinend war das Schneidern als Handwerk sogar in Deutschland zuerst aufgekommen. Den ältesten Gildenbrief verlieh Heinrich der Löwe schon im Jahre 1152 den Harburger Gewandschneidern. Die Entwicklung des Gewerbes machte so schnelle Fortschritte, daß sich die Zunft bereits zu Beginn des 13. Jahrhunderts teilte und man zwischen Mantel-, Gewand- und Flickschneidern unterschied. Bald darauf trennten sich auch die Männer- und Frauenschneider. Dabei ist zu beobachten, daß der Name des neuen Gewerbes vom Zuschneiden abgeleitet wurde, nicht vom Nähen. Dasselbe war in Frankreich der Fall. Die »tailleurs« wurden von den »couturiers«, die das Nähen besorgten, unterschieden, und im Jahr 1296 mußte sich die Pariser Schneiderzunft abermals in »pourpointiers« und »doubletiers« teilen, von denen die ersteren die gewöhnlichen Kleidungsstücke anfertigten, die andern aber nur die abgesteppten Wämser für die Rüstungen. In den acht Jahren von 1292 bis 1300 hat sich die Zahl der Pariser Schneider beinahe verdoppelt, von 482 stiegen sie auf 702. Damals ließen die Damen, wenn sie es bezahlen konnten, mit Vorliebe bei Herrenschneidern arbeiten. Von der Königin von Frankreich und den vornehmen Damen ist bekannt, daß sie um das Jahr 1300 nur diese beschäftigten. In noch einem weiteren Punkt begegnete sich der Geschmack von Herren und Damen: in der Pflege, die sie ihrem Haar angedeihen ließen. Die Männer – man vergesse nicht, daß nur von der höheren Klasse im Zusammenhang mit Mode meist die Rede ist – hatten, seit Karl der Große sich in Italien dazu bequemt hatte, ebenfalls die römische Kurzhaarfrisur angenommen. Das war eine Konzession an die Mode, deren ganze Bedeutung nur dann gewürdigt werden kann, wenn man bedenkt, daß das lange Haar ein Zeichen des freien Mannes war und kurzes das des Knechtes.

Frisur

In der höfischen Zeit aber ließ man es wieder wachsen. Auch wurde das Haar der Herren künstlich zu Locken gekräuselt, zu welchem Zweck König Alfred von England seinem Beichtvater ein silbernes Brenneisen schenkte. Verloren die Herren das Haar, so trugen sie Perücken, am liebsten blond mit einem leichten Stich ins Rötliche; wurde das Haar dünn, so durchflocht man es mit gelber Seide oder Goldfäden, um eine größere Fülle vorzutäuschen. Im 12. Jahrhundert begannen einzelne Herren mit besonders starkem und langem Haar

Abb. 24

Zöpfe zu tragen, eine Mode, die 3 Jahrhunderte andauerte und sich sogar bei Rittern in voller Rüstung durchsetzte. Infolge der langen Haare war es unüblich, einen Bart zu tragen.

Anfangs trugen die Männer – außer dem eisernen Helm im Kampf und bei Ritterspielen – keine Kopfbedeckung.

Kopfbedeckung *Abb. 24* Erst in der höfischen Zeit kam für den Alltag die Kopfbedeckung auf. Die Jungfrau trug das Schapel, der ein Blumenkranz oder ein Metallreif war. Das Schapel hatte bei den Männern ganz die gleiche Form wie bei den Damen, und die Dichter berichten denn auch, daß beide ihren Schapel miteinander tauschten. Ab dem 12. Jahrhundert griffen die Herren zu Hüten von Stoff, die mit Pelz garniert waren. Eine modische Köstlichkeit der Zeit war der Pfauenhut, ein Gestell von Tuch, das ganz mit Pfauenfedern bedeckt war.

Die verheiratete Frau ging in der Öffentlichkeit während des ganzen Mittelalters mit bedecktem Kopf. Sie verdankte diesen Zwang der Kirche, die sich an die Worte hielt, die der Apostel Paulus im ersten Brief an die Korinther richtet: »Will sie sich nicht bedecken, so schneide man ihr das Haar ab. Nun es aber übelt stehet, daß ein Weib verschnittene Haare habe oder beschoren sei, so laßt sie das Haupt bedecken.« Die Verhüllung des Haares sollte die Abhängigkeit der Frau vom Willen ihres Mannes symbolisieren, der allein das Recht hatte, sie mit bloßem Haupte zu sehen. Nur die Jungfrau trug ihr Haar offen und frei, geschmückt mit dem Schapel, um den es oft geschlungen wurde. Im karolingischen und ottonischen Zeitalter trug die Verheiratete lange, faltenreiche Schleier von lichtem Stoff, die das Haar bedeckten, aber den Blicken nicht ganz verbargen. Während junge Mädchen es offen hängen lassen durften, pflegten Frauen Zöpfe zu tragen. Möglichst lang, bis an die Knie reichend, und da die Natur selten so verschwenderisch mit ihren Gaben ist, wie die Mode es er-
Abb. 27 fordert, so griff man zu falschem Haar. Prediger und Beichtväter verbreiteten zwar abschreckende Geschichten von dem Haar, das nicht nur von Toten stammen könnte, sondern schlimmer noch, von Verdammten oder im Fegefeuer Befindlichen, aber die Damen ließen sich nicht schrecken. In der ritterlichen Zeit begann man den Kopfschleier auf mannigfaltige Art zu verwenden, indem man ihn nicht nur turbanartig um den Kopf, sondern auch über das Gesicht wand, so daß die untere Hälfte desselben ganz verdeckt wurde. Man unterschied bei den Arrangements Hulle, Riese oder Gebende. Man konnte diesen
Abb. 25 Kopfputz sehr reizvoll und kokett gestalten. Tristan zum Beispiel war entzückt von dem köstlichen Gebende Isoldes.

Abb. 26 Manche Hauben und Hüte waren außerordentlich kostbar. Blanche von Bourbon erhielt zur Ausstattung einen goldenen Hut mit 12 Ru-

25 Roger van der Weyden, Bildnis einer jungen Frau, um 1435. Berlin-Dahlem, Gemäldegalerie

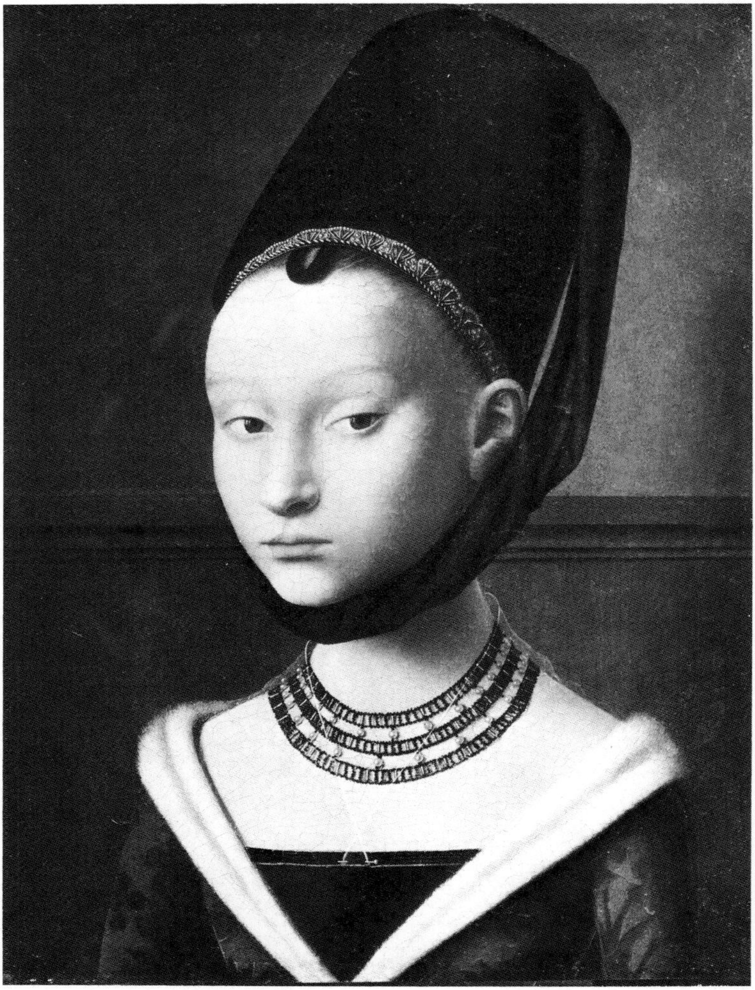

26 Petrus Christus, Bildnis eines jungen Mädchens, um 1446. Berlin-Dahlem, Gemäldegalerie

27 Wandteppich aus der Tourraine, 1. Hälfte 16. Jh. (ehem. Sammlung Pannwitz)

binen, 20 Smaragden, 16 Diamanten und 40 großen Perlen. Der Herzog von Burgund überraschte 1371 seine Frau mit einem Hut, der aus 600 großen und kleinen Perlen und 50 Unzen kleinster Perlen gebildet war.

Schmuck *Der Aufputz bei den Reichen konnte oft nicht üppig genug sein.*
Neben dem materiellen Wert kam dem Schmuck noch eine symbolische Bedeutung gewichtiger Art hinzu. Man schrieb ihm wunderbare Kräfte zu und eine heilsame Wirkung auf Körper und Gemüt. Der Diamant schützte gegen Gift, der Rubin verlieh inneren Frieden, der Saphir himmlisches Glück, der Smaragd irdisches Wohlgefallen, der Chalcedon Kraft und so fort.

Gürtel Soweit es sich um Schmuck, der unmittelbar mit dem Kleid zusammenhing, handelte, war es meist der Gürtel, auf dessen Ausstattung Gewicht gelegt wurde. Volksglaube oder Aberglaube, Tradition und Mode gingen da Hand in Hand. Solange die Gürtel wirklich zum Gürten gedient hatten, also wichtige Bestandteile der Kleidung bildeten, schrieb man ihnen unter gewissen Umständen zauberische Einflüsse auf den Träger zu. Dieser Glaube hielt sich auch, als der Gürtel ein reines Zierstück geworden war. In den Ritterromanen gewährte ein Gürtel durch die Edelsteine, mit denen er besetzt war, seinem Träger Ehre und Glück, Ansehen in der Ritterschaft, Unverletzlichkeit gegen Waffen, Feuer und Wasser und allzeit Sieg über seine Feinde. Man braucht sich nur des Gürtels der Brunhilde zu erinnern, der sie unüberwindlich machte, um zu wissen, daß der Gürtel mehr war als ein bloßer Putzartikel. Man stattete ihn demzufolge sehr reich aus und trieb eine fast unwahrscheinlich klingende Verschwendung mit ihm. Markgräfin Kunigunde von Steiermark kaufte im Jahre 1166 einen Hof an der Fischbach, für den sie den Besitzern einen Gürtel als Kaufpreis gab, der ein Pfund Goldes schwer und mit sechzig Ellen Perlen besetzt war. Der Gürtel hielt sich bei Herren und Damen weit länger in Mode, als er notwendig gebraucht wurde. Man trug ihn vielfach auch nicht mehr um die Taille, sondern tiefer um die Hüften. Er hatte nichts mehr zu gürten.

Man würde irren, wenn man annehmen wollte, das Mittelalter habe auf Echtheit großen Wert gelegt. Da so viel Schmuck von der Mode gefordert wurde, war es nicht jedem möglich, echte Stücke zu bezahlen. Es wurde sehr viel falscher Schmuck getragen, auch falsche Perlen, für deren Herstellung man Fischaugen benutzte. Selbst Monarchen dürften unechten Schmuck getragen haben. Vielleicht auch nur im Grab?

Da das ritterlich-höfische Wesen eine Kleidung mit sich gebracht hatte, deren Schnitte für beide Geschlechter sich ziemlich glichen, ist es oft

3 Konrad von Soest, Figuren aus dem Passionsaltar, um 1403. Bad Wildungen, Pfarrkirche

4 *Lucas Cranach d. Ä., Maria Magdalena, 1525. Köln, Wallraf-Richartz-Museum*

schwer, bei älteren Grabsteinen mit Abbildern der Verstorbenen zu erkennen, ob man einen Mann oder eine Frau vor sich hat.

Spätmittelalter

Mit dem Beginn des 14. Jahrhunderts vollzog sich ein großer Wandel im Stil der Kleidung. Das Aussehen der Menschen wurde dadurch stark verändert. Diese Erscheinung stützte sich auf den sich eben vollziehenden Wandel in der Gesellschaft. Das Bürgertum wurde zur tonangebenden Schicht. Damit gingen auch die alten Sittlichkeits- und Schönheitsbegriffe verloren. Es kamen nicht nur andere Gewandformen auf, sondern es trat auch ein weit häufiger Wechsel auf.

Die Mode konnte sich neu entfalten, seit der Schwerpunkt kulturellen Lebens in den Städten lag. Auf einsamen Burgen und an Hoflagern, die beständig umherzogen, konnte sie sich nicht entfalten. Hingegen im Bürgertum, das sich in der Kirche, auf Markt und Straßen täglich sehen und sein Aussehen täglich vergleichen konnte, erhielt die Tracht einen viel stärkeren Ansporn zu Veränderungen. Selbstsucht und Eitelkeit der Bürger empfingen ständig Anstöße, sich hervorzutun, sich auszuzeichnen und anderen minder Begünstigten etwas »vorzuprotzen.« Die Mode im eigentlichen Sinn ist ein städtisches Gewächs.

Herr
Einfluß der Rüstung

Die äußere Veranlassung zum Wechsel in der Männertracht bot die Rüstung, die sich vom 13. zum 14. Jahrhundert stark veränderte. Paul Post, der erste Gelehrte, welcher der Kostümgeschichte mit den Ansprüchen ernster wissenschaftlicher Forschung gegenübertrat, gebührt das Verdienst, diese Zusammenhänge erkannt und klargestellt zu haben. Das 13. Jahrhundert hatte sich mit dem Ringelpanzer beholfen, einem Kettenhemd, dessen Fabrikation auf dem System engmaschig verflochtener eiserner Ringe beruhte. Es reichte dem Träger bis zu den Knien und gestattete ihm, darunter ein weites und langes Hemd anzulegen. Indem man sich nun nach wirksamen Schutzwaffen umsah, gab man den Ringelpanzer zugunsten des Plattenpanzers auf, ein Wechsel, der automatisch auch eine Änderung der Unterkleidung bedingte. Die völlige Panzerung des Rumpfes gab dem Mann auf einmal den Tailleneinschnitt wieder, den er seit langem aufgegeben hatte. Die Brustplatte des Harnischs, deren unterer Rand zwischen Rippen und Hüften lag, wurde so stark eingezogen, daß sie als Schnürung wirkte. Der männliche Körper gliederte sich nunmehr der Natur entsprechend. Diese zusammenhängende Panzerung des Oberkörpers wird seit 1390 erkennbar und hatte sich ungefähr bis 1430 vollzogen. Sie wurde begleitet von der Eisenumhüllung der Beine, die sich allmählich auch auf den Oberschenkel erstreckte, so daß der Plattenrock verkürzt werden konnte. Aus dem an Rumpf und Beinen anliegenden Panzer herausgeschält, mußte der Mann in anderer Kleidung erscheinen als bisher, alles war eng und knapp, denn die Plat-

Abb. 9
Abb. 6

tenpanzerung bot nur dann einen wirksamen Schutz, wenn sie sowohl am Körper als auch am Panzer möglichst dicht anschloß. Hier liegt der Wendepunkt, der die abendländische Männertracht von der bis dahin üblichen, immer noch mit der Antike zusammenhängenden Mode endgültig emanzipierte; die Tunika verschwand und machte der Zweiteilung in Rock und Beinkleid Platz. Dieser Wechsel beruhte

28 *Bartolomeo Montagna, Drei stehende Männer, um 1480. London, British Museum*

29
Bartolomeo Montagna, Der hl. Rochus (Detail), 1481. Bergamo, Galleria Carrara

auf keiner Modelaune, sondern wie P. Post richtig erkannte, auf dem geänderten Prinzip der Bewaffnung.

Rock und Hose
Abb. 29
Abb. 28

Der lange Rock wurde kürzer. Schon vor dem Jahre 1350 reichte er nur noch bis an die Knie und war 1364 bis zu den Hüften eingeschrumpft. Dadurch wurden die Hosen sichtbar, und wenn man vorher von den Körperformen des Mannes so gut wie nichts hatte erkennen können, so sah man jetzt klare Konturen. Es gab große Aufregung, besonders bei älteren Leuten. »In jenen Tagen«, schreibt die Mainzer Chronik, indem sie das Jahr 1367 im Auge hat, »ging die Torheit der Menschen so weit, daß die jüngeren Männer so kurze Röcke trugen, daß sie weder die Schamteile noch den Hintern bedeckten. Mußte sich jemand bücken, so sah man ihm in den Hintern. O, welch unglaubliche Schande.« Ihr sekundiert der Verfasser der großen Chronik von St. Denis, der den Verlust der Schlacht von Crécy als Folge des göttlichen Zorns über die unanständige Tracht der Männer in Frankreich auffaßte. »Die einen trugen so kurze Gewänder«, schreibt St. Denis, »daß sie, wenn sie sich bücken mußten, um einen Herrn zu bedienen, denen, die hinter ihnen standen, die Hosen, und was darunter, zeigten. Und waren diese Hosen so eng, daß sie dazu beim An- und Ausziehen, indem man sich gleichsam abschälen mußte, noch besonderer Hilfe bedurften.« Auch das männliche Oberteil verengte sich und lag so dicht um den Oberkörper, daß es nicht mehr über den Kopf gezogen werden konnte. Man schnitt es auf und besetzte es mit Knöpfen, worin man nicht genug verwenden konnte, denn man hört von fünf bis sechs Schock Knöpfen an einem einzigen Kleidungsstück. Sollte ein so knapp sitzendes Wams einen gewissen Schick haben, mußte es wattiert werden. Der böhmische Chronist Hagecius ab Hagek bemerkt im Jahre 1367: »Etzliche trugen auch auf der Brust mit Baumwollen gefütterte und ausgefüllte Brustlätze, auf daß es ein Ansehen haben müßte, gleich als wenn der Mann so wohl gebrüstet wäre als eine Weibsperson, und pflegten also dieselbigen falschen Brüste und Bäuche gar sehr einzuschnüren.« Jede Mode hat ein Idealbild des Menschen vor Augen, das sie zu erreichen strebt. Aber nur die wenigsten Menschen entsprechen diesem Ideal. So wurde durch die Mode dem Ideal – breite Schultern, schlanke Taille – nachgeholfen. Die Ärmel waren um die Mitte des 14. Jahrhunderts eng und endeten in einem langen schmalen Band, das bis zur Erde reichte. »Die Herrn und Ritter, wenn sie hoffahrten«, schreibt die Limburger Chronik unter dem Jahr 1349, »hatten lange Lappen an ihren Ärmeln, bis auf die Erde herabhängend, gefüttert mit Bunt oder kleinem Spalt (einer Art Pelzwerk) als wie es den Herrn und Rittern gebührt.« Als Zierstück trug der Mann weiterhin

30 Meister des Hausbuches, Liebespaar, um 1480. Gotha, Schloß-museum

einen Gürtel, der aber nicht um den Tailleneinschnitt schloß, sondern lose über den Hüften lag. Er pflegte eine Tasche und einen Dolch daran zu befestigen. Die Schecke (Jackett), wie man das Kleidungsstück nannte, welches den männlichen Oberkörper bedeckte, erfuhr

31 Albrecht Dürer, Selbstbildnis, 1498. Madrid, Prado

bis zum Ende des 14. Jahrhunderts noch verschiedene Änderungen. Sie erhielt einen hochstehenden Kragen, der Schoß wurde abgesetzt und in abgenähte Falten angesetzt. Schließlich wurden die Ärmel weit und glockenförmig, so daß sie über die Hände fielen.

Herren-dekolleté

Infolge der immer enger und knapper werdenden Oberkleidung der Herren wurde der Männerrock um den Hals herum ausgeschnitten. Die Herren trugen ein Dekolleté.

32 Wandteppich, 15. Jh. Sammlung Sigmaringen

Den tiefen Ausschnitt auf der Brust deckte ein Latz, der vorn wie ein Mieder verschnürt wurde. Dürer hat sich noch auf den ältesten seiner Selbstporträts, die aus dem letzten Jahrzehnt des 15. Jahrhunderts stammen, so gemalt, auch die Jugendbilder von Kaiser Max I. *Abb. 31* zeigen diesen mit bloßem Hals. Ließ der Brustausschnitt das Hemd sehen, so war es schön bestickt.

Das Sonderbarste an der Kleidung jener Zeit ist die Zattelung *Zattelung*

33 Fiorenzo di Lorenzo, Wunder des hl. Bernhardin von Siena, 1473. Perugia, Pinacoteca Vannucci

Abb. 32 (früher: Zaddelung). Ärmelöffnungen und Schoß wurden lappig ausgezackt, eine Art der Verzierung, die großen Beifall gefunden haben muß. Man konnte sich lange von ihr nicht wieder trennen und häufte sie förmlich, indem man mehrere Reihen von Zatteln etagenförmig übereinander setzte und auch die Kopfbedeckung zattelte. Besonders geckenhafte Ritter ließen sich auch die langen Waffenröcke, die sie über die Rüstung anlegten, auszatteln. Auch in der Damenmode war das Zatteln gang und gäbe.

Mi-parti In der Farbe hielt man sich an das Bunte. Das Mi-parti blieb nicht
Abb. 33 nur, man gab ihm auch die mannigfachste Gestalt. Man teilte die Klei-
Abb. 39 dung nicht nur vertikal, sondern auch horizontal, schräg oder

schachbrettförmig. Bernhard von Rohrbach und die mit ihm verbundene »Jeunesse dorée« von Frankfurt am Main trug um die Mitte des 15. Jahrhunderts die Farben des Anzugs über Kreuz, in Streifen, Quadraten, Dreiecken, schachbrettartig oder wie es ihnen sonst einfiel. Auf die Miniaturen kann man sich in dieser Beziehung, wie P. Post nachgewiesen hat, nicht mit Sicherheit verlassen. Die Maler waren an den Gebrauch konventioneller Lokalfarben gewöhnt, sie setzten die Kleidungsstücke nur farbig voneinander ab und hatten keine bestimmten Modelle vor Augen. Aus der von rein persönlichen Motiven eingegebenen Wahl der Kleiderfarbe fürstlicher Herren gingen die Tinkturen der Wappen und die Farben der Livreen hervor. Die Grafen von Flandern wählten dunkelgrün, die Grafen von Anjou lichtgrün, die Grafen von Blois himmelblau, die Herzöge der Bretagne schwarz und weiß und so fort.

Stickerei

Sehr beliebt war die Verzierung mit Stickerei. Als der Herzog von Burgund 1392 in Amiens eine Zusammenkunft mit dem Herzog von Lancaster hatte, brachte er einen Rock mit, auf dessen Brust ein großer Bär in Silberstickerei mit einem Maulkorb von Rubinen und Saphiren war. Ein anderer von schwarzem Samt hatte am linken Ärmel einen Zweig von 22 Rosen, jede aus Saphiren, Rubinen und Perlen zusammengesetzt. Man wählte auch Namenszüge, Monogramme, Akrosticha und Abkürzungen und gab jedem Einfall freien Lauf, je rätselvoller, desto besser. Nur war es gut, wenn man nicht mit anderen kollidierte. Froissart erzählt von einem blutigen Streit zwischen zwei Rittern, die sich aus keinem anderen Grund entzweiten, als daß sie die gleiche Devise am linken Ärmel trugen.

Mantel

Die Herrenmäntel folgten der allgemeinen Tendenz der Verkürzung und Verengung. Sie wurden zu Überwürfen, die ihren Träger kaum noch schützten, oder aber sie wurden so lang, daß auch der Mantel der Männer eine Schleppe erhielt. In dieser Gestalt war das Kleidungsstück in Frankreich beheimatet und hieß Houppelande, in Deutschland entsprach ihr der Tappert. Seit die Mode unter der Regierung König Karls VI. von Frankreich einen großen Aufschwung genommen hatte, wurde die Houppelande immer willkürlicher gestaltet und in Stoffen, Futter und Stickerei immer kostbarer, schließlich schleppten auch ihre Ärmel auf dem Boden. Daher hört man aus England und Frankreich schon im Jahre 1377 Klagen darüber, daß Herren und Damen nicht mehr zu unterscheiden seien.

Houppelande
Abb. 2

Gugel

Es kam in der Tracht eine starke Willkür zur Geltung, und man sieht auch in den Miniaturen dieser Periode, daß allerlei Moden zu gleicher Zeit getragen werden konnten. Auch die männliche Kopfbedeckung änderte sich. Der Herr nahm die Gugel an, das war eine Kapuze mit

Schulterkragen, die den Kopf und Hals verhüllte und nur das Gesicht frei ließ. Das merkwürdigste an ihr war eine schwanzartige Verlängerung an der Hinterseite des Kopfes, die in ihrer Länge schließlich so zunahm, daß verschiedene Magistrate Verordnungen darüber erließen. Diese lange Stoffbahn konnte man auch um den Hals legen oder turbanartig um den Kopf wickeln. Die Gugel blieb bis in das 15. Jahrhundert im Gebrauch und verdrängte alle anderen Kopfbedeckungen. Sie wurde, und dann gern mit einer Art Eselsohren versehen, das Kennzeichen der Hofnarren und der Fastnachtskleidung verschiedener Narrengesellschaften der Zeit.

Abb. 45

Schnabelschuhe

Anstelle des Männerschuhes kam eine Ledersohle, die an den Beinlingen der Hose befestigt war. Auch sieht man auf Bildern Halbschuhe, die bis zu den Knöcheln reichten und meist an der Seite noch geschnürt wurden. Das Charakteristikum der Epoche und würdige Seitenstück zu der langschwänzigen Gugel aber waren die langen, spitzen Schnabelschuhe. Die Spitzen der Fußbekleidung weit über die Notwendigkeit hinaus zu verlängern, findet man bereits im ägyptischen Altertum sowie im Orient. In Europa spricht erstmals 1089 Odericus Vitalis darüber. Sie fanden großen Anklang und arteten sehr bald in große Übertreibung aus. Die Spitzen wurden länger und länger, bis man begann, den Grad der Vornehmheit des Trägers an der Ausdehnung der Schnabelschuhe zu erkennen. Barone durften solche von zwei Fuß Länge haben, gewöhnliche Leute, auch wenn sie reich waren, hatten sich auf einen Fuß Länge zu beschränken. Da man mit derartigen Gehwerkzeugen alles andere konnte, als zu Fuß gehen, so bog man die Spitzen auf und befestigte sie mit kleinen Kettchen am Knie. Auch dann noch mußte derjenige, der sich auf der Straße bewegen wollte, Unterschuhe zu Hilfe nehmen, die sogenannten Trippen. Im Jahr 1422 wurde dann der Schnabelschuh von König Karl VI. von Frankreich verboten. Aus der Mode verschwunden ist er aber doch erst gegen Ende des Jahrhunderts.

Abb. 51

Abb. 14

Dame

Auch die Frauenkleidung verengte sich zusehends wie die der Männer. Nach 1380 konnte das Kleid nicht mehr über den Kopf gezogen werden, sondern mußte mittels Knöpfen geschlossen oder geschnürt werden.

Das untere der beiden Kleider – die Cotte – lag eng an, das obere, Surcot, Kürsit, Suckenie genannt, aber war an den Seiten so weit offen, daß man durch diese »Teufelsfenster« den schlanken Wuchs zu erkennen vermochte. Seit dem zweiten Drittel des 14. Jahrhunderts tauchte in Frankreich und England etwa gleichzeitig ein apartes Leibchen auf, das den Oberkörper dicht umschloß, oberhalb der Hüften aufhörte und keine Ärmel besaß. Es gehörte zur Tracht vornehmer Damen und war immer aus kostbaren Stoffen mit ebenso kostbarem

Abb. 15

34 Niederländischer Meister, Isabella von Bayern, Königin von Frankreich. Paris, Louvre

35 Jan van Eyck, Die Frau des Malers, 1439, Brügge, Städt. Museum

Besatz. Johanna von Bourbon, die Gemahlin König Karls V. von Frankreich, soll die erste gewesen sein, die dieses Leibchen durch Einfügen der Planchette korsettartig ausgestaltete.
Das 14. und 15. Jahrhundert kann man mit Recht als die Periode der Schleppenmode bezeichnen. Die Mäntel, welche die vornehmen Damen bei großen Festen trugen, sollen fünf Meter lang auf dem Boden
Abb. 56 gelegen haben.

Die Frauen behielten die Verhüllung des Kopfes bei, an die sie gewöhnt waren. In der Zeit, in der bei den Männern die Gugel aufkam, nahmen sie eine Haube an, die man Kruseler nannte, nach den krausen, getollten Rüschen, mit denen sie das Gesicht umgaben. Sie sehen von vorn so aus wie die Hauben, die Mitte des 19. Jahrhunderts die Großmütter trugen, nur daß sie die Rüschen häuften. Man ging auch mit diesen gleich so hitzig vor, daß einzelne Städte, wie zum Beispiel Speyer, Vorschriften darüber erließen, wieviel Rüschen die Frauen an ihren Hauben anbringen durften. Dieser höchst sittsamen Tracht machten gegen Ende des 14. Jahrhunderts sehr extravagante Schöpfungen Platz. Sie sind es, deren Erfindung man mit Recht oder Unrecht der Königin Isabeau – Prinzessin Elisabeth von Bayern und später Gattin König Karls VI. von Frankreich – zuschreibt. Da ist vor allem der berühmte Hennin. Er war ein Kopfputz in spitzer Kegelform, so wie früher die Zuckerhüte aussahen. Man fertigte ihn aus kostbarem Stoff und ließ aus seiner Spitze heraus lange Schleier bis auf den Boden fallen oder womöglich nachschleppen. Ein abenteuerliches Ding, das sich aber über ein Jahrhundert hielt und somit den Damen sehr gefallen haben muß. Ein Karmelitermönch trat gegen diesen Kopfputz in seinen Predigten auf und hetzte die Straßenjungen auf. Aber er zog gegen die Mode den kürzeren, 1434 wurde er als Ketzer verbrannt.

Kopfbedeckung

Abb. 34

Hennin

Abb. 56

Der Hennin war noch lange nicht der wunderlichste Kopfputz, mit dem die Damen sich schmückten. Die Engländerinnen erfanden die Hörnerhaube, eine Abart des Doppelhennin. Sie war oft breiter als die Schulter und mit Diademen, Stickereien und Schleiern von schwerem Stoff bepackt. Zeitgenossen wollen wissen, man habe im Schlosse zu Blois, wo der französische Hof zu residieren pflegte, die Türen breiter machen müssen, da die Königin und ihre Damen sonst nicht hätten durchgehen können.

Hörnerhaube

Abb. 35

Abb. 36

In Oberitalien kam um diese Zeit der Balzo auf, ein großer Stoffwulst, der den Kopf wie ein Turban umgab, und der noch von Isabella d'Este über ein Jahrhundert später getragen wurde. Alle diese Kopfputze verbargen das Haar völlig, und wo es, wie etwa auf der Stirn und an den Schläfen, doch noch sichtbar gewesen wäre, wurde es meist sorgfältig rasiert.

Balzo

Abb. 26

Die Damen schreckten auch vor jener Sonderbarkeit nicht zurück, welche die Herrentracht um das Jahr 1400 herum auszeichnete: die Schellenmode. Wie schon bei den Schnabelschuhen und anderen Besonderheiten der Kleidung des Mittelalters festgestellt werden konnte, hielten sich manche Moden jahrhundertelang und behaupteten sich mit einer Zähigkeit, wie sie späteren Erscheinungen der Mode nicht

Schellen

Abb. 37

36 Jean Juvenal des Ursins und seine Familie, 15. Jh. Paris, Louvre

37 Fußturnier. Minneteppich, 1385/90. Nürnberg, Germanisches Nationalmuseum

mehr beschieden war. Die Schellenmode war eine ganz spezifisch deutsche. Sie griff zwar auf den Norden und Süden über, der Westen hingegen hielt sich frei von ihr. Eine deutsche Erfindung allerdings scheint sie nicht zu sein, sie ist wahrscheinlich ein Import aus dem Osten, mit dem die Deutschen erst im 10. Jahrhundert Bekanntschaft machten, als sie die Schellen tragenden Ungarn in der Schlacht auf dem Lechfeld besiegten. Am frühesten beglaubigt ist der Krönungsmantel Kaiser Ottos, der mit 355 goldenen Glöckchen in der Form von Granatäpfeln besetzt war. In der Alltagskleidung wurden die

38 Unbekannter Meister, Jagdszene am Hof Johanns des Furchtlosen, 1409/19. Versailles, Museum

Säume des Rockes und der Gugel, der Gürtel und die Schuhspitzen mit Schellen garniert. Wyclef und Vincenz von Beauvais ereifern sich über Geistliche und Tempelherren, die dieser Mode huldigten, selbstverständlich ohne jeden Erfolg. Bei dem festlichen Einzug, den Herzog Friedrich von Sachsen 1417 in Konstanz hielt, trugen er und sein ganzes Gefolge mit Schellen besetzte Gürtel. Diese Zeit bedeutete auch den Höhepunkt dieser Mode, dann flaute diese ganz allmählich ab, und zwischen 1460 und 1480 waren die Schellen aus dem Anzug von Herren und Damen verschwunden.

Zu Beginn des 15. Jahrhunderts ging die Führung der Mode an Burgund über. In einer Zeit, da Frankreich und England die verheerendsten Kriege miteinander führten, lebte man in Burgund in Ruhe und Frieden, in Wohlstand und Reichtum und war durch den Geschmack seiner Herzöge in allen Fragen, die mit der Kultur zusammenhingen, tonangebend. In der Kleidung machte sich der burgundische Einfluß insofern geltend, als die Wege des Hergebrachten zwar nicht verlassen wurden, aber die herrschende Tendenz bis zur äußersten Übertreibung gelangte. Die Schultern wurden durch eingelegte Kissen oder Wülste – in Frankreich Mahoitres genannt – so weit wie möglich verbreitert, die Brust wurde wattiert und die Taille eingeschnürt. Je breiter der Oberkörper erscheinen sollte, um so schlanker mußten die Beine wirken. In dieser Zeit verschmolzen Bruch und Beinlinge endgültig zu einem Kleidungsstück, das mittels Bändern an das Wams angenestelt wurde. Die Jungfrau von Orléans, der die englischen Richter als Verbrechen vorwarfen, daß sie Hosen angelegt hatte, pflegte die ihren mit zwanzig Nesteln anzuknöpfen, ein äußerst umständliches und unbequemes Verfahren. Die bis auf die Spitze getriebene Knappheit der Beinkleider ließ die Schamkapsel, von den Franzosen Brayette oder Braguette genannt, unbescheiden hervortreten, um so unverschämter, als es Ehrensache war, sich durch die Größe derselben auszuzeichnen. Mit Recht haben sich die Schriftsteller dieser Epoche, wie Gilles de Monstrelet und andere, über die Unanständigkeit der männlichen Kleidung beschwert, während andere, wie Peter Suchenwirt, mit nicht geringerem Recht sich darüber lustig machten, daß sich die Herren in ihrem Anzug nicht bewegen könnten. Falke hat schon darauf aufmerksam gemacht, daß die eigentümliche Haltung, welche die Maler auf ihren Bildern den Herren gaben, die eckigen, ungeschickten Bewegungen, mit der Zeitmode zusammenhingen und von den Künstlern wohl der Wirklichkeit abgelauscht waren. Der Herrenmantel wurde so kurz, daß er kaum das Gesäß erreichte. Neben ihm aber hielt sich – zumal für ältere Männer und Standespersonen, die auf Würde Anspruch erhoben – der lange,

Burgund

Abb. 38

Herr

Abb. 52

bis auf die Füße reichende Mantel. Ein Oberkleid, das, mit Ärmeln versehen, allmählich die Gestalt der Schaube annahm, die von etwa 1470 bis um 1550 das Bild der Herrenkleidung bestimmte.

Trotz der Verkleinerung aller Kleidungsstücke blieb noch immer genug Spielraum, um phantasiereiche Variationen und Verzierungen zu erdenken.

Hornfessel So zum Beispiel wurde aus dem Gürtel, der bei dieser engen Kleidung allerdings überflüssig geworden war, die sogenannte Hornfessel. Diese ging als bloßer Zierat von der Schulter zur Hüfte und war für das Anbringen von Schellen geradezu prädestiniert.

Ärmel Auch die Ärmel nahmen seit der zweiten Hälfte des 14. Jahrhunderts die wunderlichsten Formen an. Man kann Tüten-, Sack-, Puff-, Beutel-, Schlitz-, Bausch-, Keulen- und andere Ärmel unterscheiden und hat damit noch lange nicht alle Abwandlungen erfaßt, die nacheinander oder gleichzeitig getragen worden sind. Vielfach machte man sie mit Absicht viel zu lang, so daß sie über den Unterarm zurückgeschlagen werden mußten, oder man brachte im Stoff außer der Öffnung für die Hand noch einen Schlitz an der Seite an, so daß man die Ärmel in verschiedener Art und Weise tragen konnte. Die Schlitzung sollte das Hemd sehen lassen. Anfänglich wurde nur der Ärmel am Oberarm geschlitzt, seit den fünfziger Jahren aber auch der Teil vom Ellenbogen bis zum Handgelenk, der dann wieder verschnürt

Abb. 51 wurde, aber immer das weiße Hemd zeigte.

Hut Nicht weniger eigenartig und mannigfaltig waren die Formen, welche die Kopfbedeckung der Herren in der burgundischen Periode erhielt. Die Gugel, die den Kopf knapp umschlossen hatte, war aus der großen Mode verschwunden. Nun entwickelte sich der Kopfputz ins Gegenteil, er konnte nicht groß und umfangreich genug sein. Schon im 14. Jahrhundert wurde der Hut in den Niederlanden in größter Vollkommenheit hergestellt. Filzhüte aus Biberhaaren, daher auch Biberhüte genannt, waren etwas äußerst Kostbares. Im 15. Jahrhundert wurde der Filzhut, bis dahin nur das Vorrecht der Hochstehenden, ein Modeartikel, den sich niemand mehr versagen brauchte. Man trug diesen ebenso oft allein, als auch als Unterlage für die waghalsigsten Kombinationen gehäufter Stoffe, die die Form der männlichen Kopfbedeckung während der Herrschaft der burgundischen Mode be-

Abb. 8 stimmten.

Abb. 52 Einmal war die Form des Hutes schon an sich von ungewöhnlicher Größe, hoher Kopf und breite Krempe, zum anderen steigerte man den Umfang noch durch lange Stoffbinden. Man nannte diese nach dem Material, aus dem sie bestanden – einem leichten Seidenzeug

Abb. 39 Zendal – Sendelbinden. Diese hingen seitwärts lang herunter und

39 Die Hochzeit des Boccaccio Adimari. Truhenplatte, 15. Jh. Florenz, Galleria del Accademia

wurden während der französischen Bürgerkriege zu Partei-Abzeichen. Die Bourguignons ließen ihre auf der rechten, die Armagnacs auf der linken Seite herunterhängen. Andere ließen sie nicht hängen, sondern wickelten sie turbanartig um den Hutkopf, indem sie Sorge trugen, daß das freie Ende hoch emporstand. Kurz, es entstanden so viele Formen, als Launen in den Köpfen wohnten, die sie trugen. Am burgundischen Hofe bürgerte sich die Gewohnheit ein, die Sendelbinde über die Schulter zu nehmen und den daran befestigten Hut auf dem Rücken zu tragen, während man eine Kappe auf den Kopf setzte. Vornehme Leute schmückten ihre Hüte gern möglichst kostbar. Der Hut Karls des Kühnen, der sich unter der Siegesbeute von Granson befand, war zum Beispiel von gelbem Samt und trug außer einem goldenen Kronreif, der mit großen Perlen, Saphiren und Rubinen besetzt war, eine sechsfache Perlenschnur mit einem Kleinod aus Diamanten, Rubinen und Perlen. Eine weiß und rot gefärbte Straußenfeder schmückte ihn.

40 Meister des Bartholomäusaltars, Die heilige Christina, um 1490/1500. München, Alte Pinakothek

Haar und Bart waren, wie es scheint, der Willkür überlassen. Im 14. Jahrhundert trifft man auf Abbildungen von Männern mit und ohne Bart. Da in der zweiten Hälfte des 14. Jahrhunderts die Mehrzahl der europäischen Herrscher einen Bart trug, denken wir an Kaiser Karl IV., Wenzel von Böhmen und die englischen Könige, so wird man wohl annehmen dürfen, daß ihr Gefolge sich ihnen anschloß und im weiteren Sinn alle, die mit den Höfen in Berührung kamen. 1430–1490 jedoch herrschte völlige Bartlosigkeit. Die Gugel hatte zu kurzem Haarschnitt genötigt; seit sie allmählich abkam, trat eine neue Haartracht in der Mode auf. Man ließ die Haare um den Wirbel lang, rasierte aber um Ohr und Nacken den Kopf ganz glatt, etwa zwei bis drei Finger breit. Das gab den Herren das Aussehen, als trügen sie schlecht gemachte Perücken. Seit der Mitte des Jahrhunderts wurde das Haar wieder seinem natürlichen Wuchs überlassen, man kürzte es nicht mehr, sondern frisierte es sorgfältig; es wurde gewickelt, gebrannt und von jungen Männern mit bunten Bändern und Schnüren durchflochten. Sebastian Brandt behauptet im »Narrenschiff«, die Männer pufften ihr Haar mit Harz und brächten es mittels Eiweiß in feste Formen.

Haar und Bart

Abb. 10

Abb. 6

Die Kostbarkeit nahm unter dem Einfluß des burgundischen Hofes zu. Gold- und Silberbrokate waren keine ungewöhnlichen Stoffe mehr. Man bevorzugte reiche und schwere Stoffe. Ein vornehmer Mann, schon gar ein König, erregte durch Einfachheit unliebsames Aufsehen. So ging es Ludwig XI. von Frankreich bei seiner Zusammenkunft mit König Heinrich IV. von Kastilien. »Unser Herr«, schreibt Philipp von Comynes, »trug ein überaus kurzes Jäcklein, so kümmerlich und so erbärmlich, daß es nicht zu sagen ist, aus dem wohlfeilsten Drillich, und obendrein ein wehleidig Hütlein, das von den andern gewaltig abstach, darauf ein bleiern Bild. Darüber lachten die Kastilianer und sagten, diese Tracht verriete so recht seinen stinkenden Geiz.« Ludwig XI. ließ sich vielleicht außer durch Gleichgültigkeit gegen Äußerlichkeiten auch durch Gründe volkswirtschaftlicher Natur bestimmen; er soll Seide erst getragen haben, als sie nicht mehr importiert werden mußte, sondern auf französischem Boden hergestellt wurde. Sein Zeitgenosse, König René von Sizilien, ließ sich ungeachtet der Kosten die teuersten Stoffe kommen. Er war sehr an Kleidung interessiert und versuchte bereits, Forschungen über die Kleidung seiner Vorfahren anzustellen.

Stoffe

Abb. 40

Am burgundischen Hof spielte die Etikette eine der wichtigsten Rollen. Das mußte seine Rückwirkung auf die Tracht haben. Man unterschied bereits zwischen Kleidung für den Alltag und für Festlichkeiten. Eine große Neuerung brachte die burgundische Hoftracht der Män-

Farben

41 Die Hochzeit des Boccaccio Adimari. Truhenplatte, 15. Jh. Florenz, Galleria del Accademia

nerwelt, nämlich die Bevorzugung des Schwarz. Vielleicht weil die feinsten Qualitäten der niederländischen Tuche schwarz waren, vielleicht aber auch nur aus Widerspruch gegen die übliche Farbigkeit. Es war in der Tat etwas ganz Neues. Im allgemeinen liebte man noch die Farben und wußte mit ihrer Symbolik und den erlaubten Farbkombinationen etwas anzufangen. Aus der Farbigkeit entwickelte sich immer bestimmter die Uniform gewisser Kategorien von Hof- und Staatsbeamten, die sich im Lauf des 15. Jahrhunderts stärker durchsetzten. Man hatte am Hof Kleider von gleicher Farbe, die sich aber je nach dem Rang des Trägers in der Qualität der Stoffe unterschieden. Auch städtische Uniformen traten auf. Augsburg uniformierte 1473 seine Soldaten dreifarbig: weiß, rot und grün. Als der Pfalzgraf bei Rhein 1459 dem Landgrafen von Hessen 1300 Ritter zu Hilfe schickte, kleidete er sie in seine Wappenfarben blauweiß geteilt.

Schwarze Festkleidung

Es war selbstverständlich eine auffallende Veränderung, als der burgundische Hof, auf den alle Augen blickten, als offizielle Hof-

42 *Albrecht Dürer, Venezianerin, 1495. Wien, Albertina*

kleidung seine Angehörigen von Kopf zu Fuß in schwarzen Samt steckte. Es war das erste Mal, daß sich Schwarz in der Kleidung als Nuance von besonderer Delikatesse geltend machte; je feierlicher bis dahin die festliche Gelegenheit gewesen war, für die man sich anzuziehen hatte, um so bunter war die Farbenwahl ausgefallen. Im 16. Jahrhundert aber wurde Schwarz durch die spanische Tracht unterstützt, die es im 17. an Holland weitergab, wo es von der ernsten lutherischen Bürgerschaft dankbar angenommen wurde. Eine große Rolle spielte Schwarz im 19. Jahrhundert im Herrenanzug und blieb lange die ausschließliche Farbe festlicher Gelegenheiten.

Dame
Abb. 41

Die burgundische Mode brachte bei der Frauentracht die Schleppe zu übermäßiger Entwicklung. Wenn ein kleines schlesisches Städtchen wie Kreuzburg den Bürgersfrauen Schleppen von vier bis fünf Ellen Länge gestattete, wird man annehmen müssen, daß dies wohl ein Mindestmaß darstellte und daß es bei den vornehmen Damen gewiß überschritten wurde. Man behauptet, daß die schöne Agnes Sorel, die Geliebte König Karls VIII., diese Mode auf die Spitze getrieben habe, so daß der Klerus, der sich stets mit der Mode beschäftigte, dagegen einschritt. Die Franziskaner verweigerten den Damen, die Schleppen trugen, die Absolution, aber sie richteten wie immer nichts aus. Am Hof von Burgund gab es genaue Vorschriften darüber, ob eine Dame sich die Schleppe tragen lassen durfte oder sie selber auf den Arm zu nehmen habe, auch die Länge war von der Etikette geregelt. Der obere der beiden Röcke wurde seitwärts gehoben, um das Unterkleid, das ebenfalls von kostbarem Stoff sein sollte, auch zu zeigen.

Ärmel
Abb. 38

In der Form der Ärmel schlossen sich die Damen der Herrenmode vollständig an, sie machten all die wunderlichen und absonderlichen Dinge mit. Sie trugen geschlitzt und gezattelt und in der Regel viel zu lang, so daß auch der Ärmel eine Schleppe erhielt.

Dekolleté
Abb. 42

Je länger die Kleidungsstücke nach unten wurden, desto kleiner wurden die Oberteile. Der Halsausschnitt, der schon im 14. Jahrhundert gezeigt wurde, setzte sich allgemein durch. Man trug ihn »en cœur«, vorn und rückwärts dreieckig zulaufend.

Schmuck
Oberteil

Als Zierde benützten die Damen ebenfalls die Hornfessel, wie sie überhaupt ein wahres Übermaß von Schmuck an Ketten, Agraffen, Kolliers, Armbändern und so weiter getragen haben. Das Leibchen, das sich schon in der französischen Mode des 14. Jahrhunderts angekündigt hatte, erschien häufiger. Oft war es aus Hermelin gefertigt. Immer charakterisierte es sich als Kleidungsstück, dessen sich nur vornehme Damen bedienten. Das Auffallendste an der weiblichen Tracht

Kopfbedeckung

des 15. Jahrhunderts war der Kopfputz. Die Kopfbedeckung der Herren dieser Epoche war schon seltsam genug, aber den Damen fiel doch unendlich viel mehr ein. Was sie alles an Wülsten, Bändern, Hüten, Turbanen aufsetzten, ist gar nicht zu klassifizieren. In Kugel- und Kürbisform, rund, oval, spitz wählten sie ihre Hutformen und trugen oft mehrere zur gleichen Zeit übereinander. *Abb. 41*

Als alles nicht groß, phantastisch und extravagant genug sein konnte, drapierten sie ihre Schleier über Drahtgestelle, die den Kopf nach allen Seiten mächtig überragten. Wie der Hennin, dessen Beliebtheit in dieser Zeit keineswegs geringer wurde und der sich in manchen Volkstrachten des nördlichen Frankreichs bis in die jüngste Zeit behauptete, erhielten sich auch die Schleierhauben der Mode des 15. Jahrhunderts in der Kleidung mancher katholischer Nonnen. Alle diese Verunstaltungen erfüllten den Hauptzweck ihrer Bestimmung, *Abb. 43* das Haar vollständig zu verbergen. *Abb. 44*

Kleiderordnungen

Die Verschwendungssucht machte auch bei den Bürgern nicht halt. Manche Bürgersfrau hatte zum Beispiel drei bis sieben kostbare Ärmel. Ein solcher Aufwand ruinierte notwendig alle, die glaubten, die Mode mitmachen zu müssen. Aus den Kreisen der am empfindlichsten Getroffenen, der Ritter und Adligen, erfolgten Versuche, die Herren und Damen, die zu ihnen gehörten, zur Einfachheit zu verpflichten. Ob es wohl etwas genutzt hat? Es scheint nicht. Vorwiegend waren die Gebote allerdings darauf ausgerichtet gewesen, in der Kleidung äußerlich sichtbare Standesunterschiede aufrechtzuerhalten. Das hatte schon Karl der Große unternommen, als er im Jahr 808 in einem »Capitulare« eine Kleiderverordnung erließ – die erste in Deutschland. Sie regelte die Kleidung nach dem Stand, ob mit Erfolg, ist nicht bekannt. Erst in der Epoche der beginnenden Städtekultur, als der Bürger sich ebenso kleiden wollte wie der Ritter, wurden neue Versuche gemacht, sich diesem Unterfangen entgegenzusetzen. Am Ende des 12. Jahrhunderts, als die Preise von Stoffen und Pelzwerk auf das Doppelte gestiegen waren, wurden Klagen laut, der gemeine Mann sei besser gekleidet als die Barone, und Heinrich der Teichner behauptete sogar, das Gesinde übertreffe die Herrschaft im Putz. Ein Regen von Befehlen und Verboten ging in allen Ländern und fast zur gleichen Zeit nieder. Während der deutsche Landfrieden Verordnungen gegen den Luxus der Bauern erließ, gaben Jakob I. von Aragonien 1234 und Alfons I. von Castilien 1256 Kleiderordnungen heraus, und die französischen Könige Ludwig der Heilige und Philipp IV. folgten ihren Beispielen. Je geringer der Erfolg war, den die Gesetzgeber zu verzeichnen hatten, um so größer war die Zähigkeit, mit der sie an ihren Plänen festhielten. Verfolgt man die Erlasse der deutschen Magistrate, so erstaunt man darüber, um welche Dinge der Rat einer Stadt sich damals gekümmert hat. Was Straßburg, Ulm,

43 Albrecht Dürer, Nürnbergerin im Tanzkleid, 1500. Wien, Albertina

Speyer, Nürnberg, Zürich alles an Besätzen, Stoffen, Zutaten, Schnitten ihren Bürgern untersagten, das berührt geradezu komisch. Es hatte nur den Zweck, gewisse Dinge dem Adel als Auszeichnung zu reservieren. Die italienischen Demokratien waren in dieser Beziehung nicht minder peinlich genau. Florenz focht mit seinen Damen Kämpfe aus, bei denen die Lacher immer auf seiten der holden Weiblichkeit waren, die es nur zu gut verstand, dem Rat ein Schnippchen zu schlagen. Bologna gab 1453 eine Kleiderordnung heraus, die selbst das Futter der Anzüge berücksichtigte. Schließlich, als alles nichts fruchten wollte, entschlossen sich einige besonders helle Köpfe dazu, nicht das Tragen gewisser Kleidungsstücke zu verbieten, sondern das Machen. Straßburg, Ulm, Zürich, München schlugen diesen Weg ein, der

44 Albrecht Dürer, Nürnbergerin im Hauskleid, 1500. Wien, Albertina

sie aber auch nicht zum Erfolg führte. Man versuchte es doch immer aufs neue, die vielen Standesunterschiede fixieren zu wollen, die sich dauernd verschoben. Isabella, die Katholische von Spanien, die doch selbst den Ruf hatte, den Putz zu lieben, und Wert darauf legte, keinen Gesandten zweimal im gleichen Kleid zu empfangen, erließ 1494 eine gepfefferte Ordonnanz gegen den Luxus ihrer Untertanen. Das gleiche Schicksal wie die Verordnungen gegen die Verschwendung der Laien, teilten die Bestrebungen, dem Klerus die Modekleidung der Weltleute zu verleiden. Sie blieben ohne Wirkung. Zur Zeit Karls des Großen wurde die Eitelkeit der Geistlichen gerügt; sie wählten zu enge Kutten und trugen kleine Spiegel auf ihren Schuhen, um bei jedem Schritt die Freude zu haben, sich betrachten zu können. Die

Angehörigen des Klerus scheinen durchgängig gar keinen Wert darauf gelegt zu haben, daß man sie an ihrer Tracht von den Laien unterscheiden konnte. Im 14. Jahrhundert verbot Bischof Konrad von Breslau seinen Klerikern die affenmäßige Kleidung, in der sie sich gefielen. Erst infolge der Reformation nahm die katholische Geistlichkeit, soweit sie nicht Ordenskleider zu tragen verpflichtet war, eine ausgesprochene Standeskleidung an, die den Vorstellungen im Hinblick ihres Berufes entsprach.

Mode Die Mode hatte es im Mittelalter nicht so leicht, sich zu verbreiten, wie heute. Woher stammte die Mode – gemeint ist die Uniformität der Kleidung – in jener Zeit? Sie entstand durch den kulturellen Ausgleich, der ganz unmerklich unter den Nationen vor sich ging. Die Menschen der Alten Welt gingen gleich gekleidet, Abweichungen waren gering. Machte sich zu irgendeiner Zeit ein bestimmter Einfluß besonders geltend, so dürfte er auf das vorwiegende Tonangeben eines Hofes oder auf die Suggestivwirkung eines Stoffes oder Schnittes zurückzuführen sein. Diese Rolle fiel lange dem oströmischen Kaiserhof in Byzanz zu, er bestimmte die Mode noch über die Epoche Karls des Großen hinaus. Dann brachten die Kreuzzüge die Berührung mit dem Orient, und in der höfischen Zeit war es Frankreich, das sich den Ruhm errang, besonders elegant zu sein. In Deutschland tadelten Patrioten die Annahme französischer Moden; kam die französische Mode auf ihrem Weg nach Osten bis Norwegen, so wurde sie dort als deutsche Mode in Acht und Bann getan. Alle Nationen trugen zur »Weltmode« des Mittelalters bei, die einen vielleicht mit etwas mehr Geschmack, die anderen mit weniger. Es gab keine Ausnahme. Betrachtet man etwa die dem Pisanello zugeschriebenen Fresken im Palazzo Borromeo in Mailand aus der Mitte des 15. Jahrhunderts oder die Malereien Lorenzo Cossas im Palazzo Schifanoja in Ferrara, so findet man die Kleiderschnitte, die Hörnerfrisuren, den Hennin und andere Dinge genau in der Gestalt, in der die burgundische Mode sie vorschrieb. Alle gaben etwas Eigenes dazu, aber erst wenn es im großen Schmelztiegel Paris die letzten Weihen erhalten hatte, konnte es mit dem Segensspruch »französische Mode« in die Welt entlassen werden.

VIERTES KAPITEL

Wohnkultur

Alles, was mit der Kultur der Wohnung und der Häuslichkeit zusammenhängt, wird man sich im Mittelalter nicht einfach genug vorstellen können. Die Germanen kannten ursprünglich wohl nur Holzhütten. Steinbau und alle Einrichtungen, die zur Behaglichkeit nötig zu sein scheinen, lernten sie erst in den römischen Städten an Rhein, Mosel und Donau kennen. Aber die Bekanntschaft bedingte keineswegs eine Annahme, sondern ging für Jahrhunderte – wie etwa auch das System der römischen Zentralheizung – wieder völlig verloren. Wie weit die Annehmlichkeiten gingen, die in den Pfalzen Karls des Großen geboten wurden, läßt sich nicht mehr beurteilen. Die Pfalz in Ingelheim, deren letzte Reste erst 1831 eingestürzt sind, galt als ein Wunder der Kunst, das sagt jedoch noch nichts über die Bequemlichkeit. Der große Festsaal scheint bei den Pfalzen, wie in Eger und Gelnhausen, das prunkhafte Zentrum gewesen zu sein, gegen das die Wohnräume zurücktreten mußten.

Burgen

Vor allem darf man sich von den Burgen kein romantisches Bild machen. Eine Burg hatte in erster Linie ein gesicherter Wohnsitz zu sein, der schon durch die Art seiner Anlage den Bewohnern Schutz gewährte. So entstanden die Burgen gewöhnlich um einen großen Turm als Mittelpunkt, der häufig noch aus römischer Zeit stammte, in Frankreich später Donjon, in Deutschland Bergfried geheißen. Der Zugang wurde möglichst erschwert, Sicherheit war die Losung. Erst seit dem 11. Jahrhundert wurde eine gewisse Wohnlichkeit beansprucht, neben dem großen Turm erscheint der Palas, der in friedlichen Zeiten dem Leben der Familie diente. Nur sehr vornehme Leute bedurften einer Halle für Feste. Die gewöhnlichen Burgen boten nur ganz enge Räume und ungenügende Unterkunft. An die Wartburg von heute darf man nicht denken, wenn man sich das Mittelalter vorstellen will. Die Fensteröffnungen waren sehr klein, und da man Glasscheiben nicht kannte, mußten sie mit hölzernen Läden geschlossen werden, um die Kälte abzuhalten. Kleine Luft- und Lichtlöcher schloß

45 Schneeballschlacht im Jänner. Fresko um 1420. Adlerturm im Schloß Trient

man mit Hornplatten oder mit gefirnißtem Pergament. In Italien hatte man die Impannate, Fensterflügel, deren Rahmen mit Leinwand oder Ölpapier bespannt waren, um wenigstens das Licht durchzulassen. Gegen die Witterung war man nur mangelhaft geschützt. Man hatte offene Feuer und Kamine oft höchst unpraktisch an der Außenmauer angelegt.

Beleuchtung

Im Norden besaß man zur Beleuchtung der Zimmer neben Kienspan, Fackel und Wachskerzen bestenfalls Öllampen mit schwimmenden Dochten. Alle waren höchst feuergefährlich, rußten und qualmten und müssen unangenehm gewesen sein. Man hatte Kronleuchter, aber man bediente sich ihrer anscheinend nur in Kirchen. Wachskerzen waren außerdem so kostspielig, daß sie nur den Allerreichsten zugänglich waren. Die Räume waren nicht nur klein, es waren ihrer auch nur wenig, und wenn der Burgherr und seine Familie so glücklich waren, eigene Schlafzimmer zu besitzen, so mußten Gäste und Gefolge meist im Saal kampieren.

Sanitäre Anlagen

Sanitäre Anlagen, auch nur in dürftigster Weise, fehlten ganz. Ein Abtritt war eine Seltenheit, war er vorhanden, so führte er ins Freie. Im Schloß zu Erfurt lag die Kloake unter dem großen Saal. Als Kaiser Friedrich I. 1183 hier einen Reichstag abhielt, brach der Boden unter der Last, und alle Teilnehmer stürzten in die schmutzige Flut, in der acht regierende Fürsten neben vielen anderen Rittern und Edlen den Tod fanden.

Möbel

Die Dichter, zumal die der französischen Heldenepen, beschreiben zwar herrliche Schlafzimmer mit Vergoldungen, Betten von Elfenbein und dergleichen, aber man darf nicht glauben, daß sie die Wirklichkeit vor Augen hatten; so dürftig wie die Beleuchtung, so bescheiden war das Mobiliar. Hab und Gut bewahrte man in Kisten, die günstigenfalls mit Kissen belegt, zugleich als Sitzmöbel dienten. Tische wurden aufgeschlagen, indem man Bretter über Böcke legte, und auch Betten waren keine feststehenden Inventarstücke, sondern wurden bei Bedarf erst zurechtgemacht. Der Fußboden wurde mit Stroh belegt, im Sommer mit frischem Grün; wenn die Dichter ihn mit Rosen bestreuen lassen, so trägt ihre Phantasie die Verantwortung.

Teppiche und Gobelins

Abb. 53
Abb. 55

Bei der Ausschmückung der Zimmer ist immer nur von Teppichen die Rede, in erster Linie als Wandschmuck, in zweiter zum Belegen der Sitzmöbel und des Bodens. Der große Bedarf hat denn auch als erste Luxusindustrie die Teppichweberei entstehen lassen, die sich in Nordfrankreich und den Niederlanden bald zu großer Blüte entwickelte. Bis dahin hatten Bildteppiche zu den von den Damen bevorzugten Handarbeiten gehört. So hatte die Herzogin Mathilde, die Gattin Wilhelms des Eroberers, auf einem Leinenstreifen von 63 Meter Länge und 46 Zentimeter Breite in bunter Wolle die Taten ihres Gemahls gestickt bis zu seinem Sieg über König Harald in der Schlacht zu Hastings. Diese berühmte Tapisserie von Bayeux ist mit ihren auf 72 Bilder verteilten 530 Figuren ein glänzendes Denkmal vom Fleiß und der künstlerischen Begabung derer, die ihn herstellten. Im 15. Jahrhundert hatte die Gobelinweberei die höchste Stufe der Vollendung erreicht, die Erzeugnisse der niederländischen Manufakturen waren nicht zu übertreffen. Raffaels Entwürfe wurden nach Flandern geschickt, um gewebt zu werden. Die Fürsten wetteiferten miteinander im Besitz köstlicher Bildteppiche. König René von Sizilien besaß eine Folge von sechs Stücken mit Darstellungen aus der Apokalypse, von denen jedes 20 Ellen lang und 5 Ellen breit war. Die Gobelins, die Karl der Kühne mit in den Schweizerkrieg genommen hatte, gehörten mit zur Schlachtbeute von Granson und Murten. Wer sich den Luxus von Gobelins nicht leisten konnte, ließ sich wohl die Wohn- und Festräume mit Fresken zieren, von denen ja in allen Ländern noch charakteristische Spuren zurückgeblieben sind. Aber das war ein Vorrecht Reicher. Im allgemeinen wird man Schlösser und Burgen des Mittelalters nach den modernen Anschauungen nur als sehr kümmerliche Behausungen betrachten dürfen, wie das »hohe Haus«, das Wilwolt von Schaumburg sein eigen nannte, »unten leer, oben nichts drin«.

Gastfreundschaft

Erst wenn man sich den Aufenthalt in den Burgen vergegenwärtigt, abgeschieden, dunkel, kalt, schmutzig, übelriechend, versteht man die überschwengliche Freude, mit der die Dichter jener Jahrhunderte den Frühling begrüßen. Er erlaubte die Fenster zu öffnen, brachte Licht, Wärme, Gäste und führte ins Freie. Gastfreundschaft war nicht nur eine Tugend, sie war eine Notwendigkeit, denn einen großen Teil des Jahres lebten die Burgbewohner von allem Verkehr mit der Außenwelt so gut wie abgeschlossen. Die Dichter machen auch gar kein Geheimnis daraus, wie groß die Langeweile war und wie gern man Gäste sah. In der Frühzeit gab es keine Gasthäuser. Klöster und Schlösser nahmen die Reisenden auf, um Gotteslohn, ohne Entgelt. Später, als es Gasthäuser gab, wurden vornehme Reisende wohl zechfrei gehalten.

Badeanstalten

Das Reinlichkeitsbedürfnis des Mittelalters war größer als man gewöhnlich annimmt. Weil die Kirche die öffentlichen Badeanstalten, in denen es um die Sittlichkeit wohl nicht gerade glänzend bestellt war, mit scheelen Augen ansah, betrachtete man sie als Feindin der Sauberkeit. Das ist aber falsch. Papst Gregor der Große wandte sich einmal ausdrücklich gegen die Prediger, die das Baden am Sonntag verbieten wollten. Das Dampfbad war römisches Erbteil und hielt sich überall,

46 Jacob von Warte, Bad im Garten. Miniatur in der Manesse Liederhandschrift, um 1320. Heidelberg, Universitätsbibliothek

wohin die antike Kultur es gebracht hatte; in England waren die römischen Badeanlagen zum Beispiel in Cambridge noch im 11. Jahrhundert in Gebrauch. In der schönen Literatur der Zeit ist davon die Rede, daß Damen und Herren sich sofort nach dem Aufstehen Gesicht und Hände mit frischem Wasser wuschen. Auch wird das Bad erwähnt und in fürstlichen Behausungen sogar die Badestube. Darf man den Dichtern glauben, so wurden die jungen Ritter dabei von Jungfrauen bedient. In Badeorten und Gesundbrunnen pflegten beide Ge- *Abb. 46* schlechter gemeinschaftlich in den Heilquellen zu baden, was den Damen die erwünschte Gelegenheit gab, sich mangels anderer Toilette durch besonders eleganten Kopfputz auszuzeichnen. Das beliebteste Modebad war im späten Mittelalter Baden in der Schweiz, von dem Poggio, der es 1417 besuchte, sagt: es sei »kein Bad heilsamer für Frauen, die gern Kinder haben wollten«. In den Städten war kein Mangel an öffentlichen Badestuben, die ebenfalls von Männern und Frauen, wie es scheint, zu gleicher Zeit benutzt wurden. Bäder galten so sehr als Notdurft des täglichen Lebens, daß viele fromme Stiftungen zugunsten von Badegelegenheiten für arme Leute gemacht wurden.

Krankheiten Es ist wohl eine offene Frage, ob der Mangel an Reinlichkeit und Hygiene oder im Gegenteil ein Zuviel an öffentlichen und gemeinsamen Bädern den Seuchen Vorschub leisteten, die Europa im Mittelalter verheerten. Eine Pestepidemie folgte jedenfalls der anderen, wobei man unter Pest nicht nur die eigentliche asiatische Beulenpest verstand, sondern so ziemlich jede akute ansteckende Krankheit, wie Typhus, Milzbrand und anderes. Im 14. Jahrhundert hielt der Schwarze Tod seine fürchterliche Ernte in Europa. Durch Karawanen aus dem Orient eingeschleppt, verbreitete er sich 1347 von Süditalien aus über das Abendland und soll binnen drei Jahren 25 Millionen Menschen hinweggerafft haben. Jeder von der Krankheit Befallene war ohne Hoffnung binnen drei Tagen tot, von fünf Menschen starben drei. Alle Bande gesellschaftlicher Ordnung lösten sich. Die einen verzehrten sich in wilden Bußübungen, die anderen gaben sich dem tollsten Genußleben hin. Das einzige vorbeugende Hilfsmittel war Isolierung, die auf das erbarmungsloseste durchgesetzt wurde. War in einem Hause ein Fall von Erkrankung festgestellt, so verrammelte man Türen und Fenster und ließ die Gesunden mit den Kranken verschmachten. Nicht minder furchtbar war der Aussatz. Da man kein Heilmittel kannte, half man sich damit, daß man die Erkrankten aus der Gesellschaft ausstieß, wobei Rang und Stand keine Ausnahme machten. Sie mußten besondere Kleidung anlegen und bei ihren Bettelfahrten ihr Näherkommen durch eine Klapper ankündigen. Man schloß sie in eigene Hospitäler ein, die schon im 6. Jahrhundert erwähnt werden. Die Kreuzzüge breiteten die Lepra von neuem aus, im 13. Jahrhundert erreichte sie ihren Höhepunkt.

Sittlichkeit Die üblen Krankheiten, die den Tod immer in schrecklicher Gestalt und fast immer unvermeidlich im Gefolge hatten, förderten die Unsittlichkeit, sie waren ein Stachel zu schnellem, schrankenlosem Genuß. Die sittlichen Begriffe waren derb, man verheimlichte und beschönigte

Abb. 47 nichts. Den Kreuzheeren, die doch der Ehre des Höchsten wegen in

47 Brunnen (Ausschnitt). Zeichnung im »Mittelalterlichen Hausbuch«, um 1480. Schloß Wolfegg

den Krieg zogen, folgten ganze Scharen feiler Weiber, völlig militärisch organisiert. Auch in anderen Heereszügen fanden sich Frauen ein. Die Kirche suchte eine Heiligung der Ehe durchzusetzen, indem sie seit dem 8. Jahrhundert auf die kirchliche Trauung bei der Eheschließung hinwirkte; aber es gelang ihr nicht so recht, noch durch das 10. und 12. Jahrhundert gehen die Verbote. Karl der Große ließ seine sechs unehelichen Kinder zusammen mit den in rechtmäßiger Ehe erzeugten aufziehen, und ihn störte es nicht, daß seine Töchter Kinder bekamen, ohne daß sie verheiratet gewesen wären. Der im Jahr 1238 verstorbene Bischof Heinrich von Basel hinterließ zwanzig uneheliche Kinder, und an die Päpste des Reformationszeitalters braucht man nur zu erinnern, um zu wissen, wie es um ihre Moral bestellt war. Die Frauenhäuser in den Städten waren anerkannte Einrichtungen. Als Kaiser Siegmund 1434 durch Ulm kam, wurde er nicht nur vom Rat bewirtet, sondern mitsamt seinem Gefolge im Frauenhause freigehalten. Das gleiche tat die Stadt Berlin, die bei einem Besuch der Herren von Quitzow 1410 ihren Gästen, um sie zu ehren, schöne Weibsbilder zur Kurzweil anbot.

Abb. 48

Manieren

Unter Zucht verstand man in der Zeit der Hochblüte des Rittertums die edle Bildung des Gemüts, die sich im ganzen Auftreten kundmachen mußte und vor allem im Maßhalten zur Geltung kommen sollte. Die Deutschen standen in dieser Beziehung nicht im besten Ruf; eine wirklich »gute Gesellschaft« gab es in Deutschland vor dem 12. Jahrhundert auch nicht. So haben sich unsere Vorfahren denn wohl oder übel an französische Muster gehalten, und da mag ihnen vieles wohl als Afferei erschienen sein. Auch in Deutschland wurden Vorschriften für das Benehmen oft genug in Verse gekleidet, ob man sie darum wohl auch besser behielt? Am meisten sorgten sich die Dichter um die Damen. Sie sollten die Augen niederschlagen, sich nicht umsehen, einen Mann weder ansehen noch anreden, die Arme beim Gehen nicht bewegen, beim Sitzen die Beine nicht übereinanderschlagen und die Hände im Mantel verbergen. Betrat ein Herr das Zimmer, in dem sich Damen befanden, mußten sie aufstehen, um ihn zu begrüßen. Dann kam aus Frankreich die Mode, daß Vornehme sich mit Küssen bewillkommneten. Der Gast küßte die Dame vom Hause und alle, die ihr ebenbürtig waren, in Deutschland auf Mund und Wange, in Frankreich außerdem noch auf das Kinn und den Hals. Wenn Herren sich grüßten, so legten sie die Hand an die Kopfbedeckung und stießen diese so weit zurück, daß die Stirn frei wurde. Nur sehr Niederstehende entblößten das Haupt. Beim Gehen sollte die Frau kleine Schritte machen, der Mann dagegen so stolz auftreten »wie ein Kranich«. Höflichkeitsregeln, die in Frankreich im 12. Jahr-

48 V. Carpaccio, Zwei venezianische Kurtisanen auf dem Balkon, 1500/10. Venedig, Museo Civico

hundert zu Papier gebracht wurden, schärften dem Gast ein, die Einladung Höherstehender sofort anzunehmen, sich bei Aufforderungen Niederer aber erst ein wenig zu zieren. Eine gewisse Ziererei wäre guter Ton; sie unterschiede den Gebildeten und den höfisch Erzogenen vom gemeinen Pöbel. In beiden Fällen der Einladung aber täte man gut, bei Tisch soviel herunterzuschlingen wie möglich, dem Freund sei es ein Gefallen, dem Feind ein Ärger.

Essen und Trinken

Den Mahlzeiten frönte man gern und lang. Drei Gänge mit fünfzig verschiedenen Speisen zu größeren Festlichkeiten waren keine Ausnahme.

Haustiere wurden geschlachtet und verzehrt, auch das Pferd, an dessen Genuß die Deutschen gewöhnt waren. Da es den Winter über nur eingepökeltes Fleisch gab, so zog man Wildbrett bei weitem vor, auch Fische und Geflügel spielten auf dem Küchenzettel eine große Rolle. Das Braten erfolgte am Spieß, die großen Stücke wurden auch häufig noch am Spieß serviert. Die Hauptsache der mittelalterlichen Küche waren die Gewürze, die man in ungeheuren Mengen verbrauchte. Dementsprechend wurde auch getrunken. Bevorzugt wurden Wein und Bier. Aber in der höfischen Zeit brachte es durchaus noch keinen Ruhm, zuviel zu trinken. Aus der Unmäßigkeit im Trunk ein Verdienst zu machen, kam erst in der Epoche der bürgerlichen Städtekultur auf. Keiner unserer Minnesänger stimmte ein Trinklied an. Die ganze deutsche Literatur des 13. Jahrhunderts enthält nur ein Gedicht, das sich auf den Preis des Weins bezieht. Das Bier scheint eine Erfindung der Kelten gewesen zu sein, bei denen es schon im 1. Jahrhundert vor Christi Geburt das Volksgetränk bildete. Zu Tacitus' Zeit war es bereits bis zu den Germanen vorgedrungen. Kaiser Julian, Apostata verhöhnte einmal den Bacchus der Pariser, der Bier trinke. Im Mittelalter war das Bierbrauen eine hauswirtschaftliche Beschäftigung der Frauen. Ein König von Schweden, der unter mehreren Mädchen die Wahl hatte, nahm sich dasjenige zum Weibe, das am besten Bier brauen konnte. Es war ein dünnes Getränk aus Weizen und Hafer. Erst seitdem man den Hopfen beimischte, der in Schlesien zum Beispiel nicht vor Anfang des 13. Jahrhunderts angebaut wurde, konnte es haltbar gemacht werden. Gewerbsmäßig wurde das Bier erst seit Ende des 13. Jahrhunderts hergestellt, 1288 wird in Frankfurt am Main die erste Brauerei genannt, und sechzig Jahre darauf führte man schon fremde Biere ein. Das Naumburger und Einbecker Bier hatten einen guten Ruf. Ein beliebtes Getränk war auch der Met aus gegorenem Honigwasser, das man auch mit Hopfen und Salbei versetzte. Der Wein war ein importiertes Gewächs. Er ist wohl mit dem Umweg über Frankreich nach Deutschland gekommen.

49 Treidelschiffahrt in Gallien. Relief aus Cabrières d'Aigues. Avignon, Musée Calvet

Schon im 1. Jahrhundert der römischen Kaiserzeit rivalisierte Frankreich mit Italien im Weinbau. Plinius kannte und schätzte den Burgunder, Isidorus von Sevilla den roten Bordeaux. Durch die Täler der Marne kam der Wein im 4. Jahrhundert an die Mosel, überschritt aber nicht zur Römerzeit den Rhein, sondern drang erst im 6. Jahrhundert an den Neckar vor. Man trank im Mittelalter den einheimischen Wein als Most in allen Stadien der Gärung; da er aber sehr schnell an Güte einbüßte, genoß man ihn meist als Würzwein, mit Beeren oder Honig abgekocht. Unser heutiger Glühwein war das eigentliche deutsche Nationalgetränk, wenn vom Wein gesprochen wird. In den ersten Jahrhunderten des Mittelalters besaßen die Weine Palästinas wegen ihrer Stärke die größte Beliebtheit; als der Weinbau des Heiligen Landes durch den Einbruch der Araber zugrunde ging, traten der Malvasier (aus Griechenland) und der Reynfal aus Istrien an seine Stelle. Diese Weine waren vier- bis fünfmal teurer als der einheimische Rheinwein, und die Pantscher des Mittelalters haben denn auch mit Hilfe von Bleiweiß, Vitriol, Ingwer, Lehm, Asche, Salz, Senf, Weinstein und anderen köstlichen Zutaten aus den billigen heimischen die begehrten fremden Sorten hergestellt. Seit 1487 häufen sich die Reichsgesetze gegen das Weinpantschen. Branntwein galt anfänglich nur als Arznei. In Frankfurt am Main wird er im Jahre 1361 zum erstenmal erwähnt, ein Genußmittel ist er vor dem 15. Jahrhundert nicht geworden.

Abb. 49

50 Weinlese im September. Fresko um 1420. Adlerturm im Schloß Trient

Man bediente sich der Tischtücher, aber keineswegs der Teller. Man hatte statt ihrer runde, flache Brote, die man zur Unterlage für die Speisen benützte; erst später Holzbrettchen. Als dann wirkliche Teller in unserem Sinne aufkamen, hatten sich immer zwei Personen einen zu teilen. Das Messer mußte man sich selbst mitbringen; Löffel tauchten erst nach dem 15. Jahrhundert auf. Als letztes der drei Eßbestecke kam die Gabel auf. Zum ersten Mal erschien sie am Ende des 11. Jahrhunderts in Venedig. Ein Doge hatte eine vornehme Griechin geheiratet, die ihr Essen nicht mit den Fingern anfaßte wie andere ehrliche Leute, sondern mittels einer zweizinkigen Gabel. Sie zog sich lebhaften Tadel zu wegen ihres Hochmuts, und ihr Exempel fand über Jahrhunderte keine Nachfolge.

Essensgewohnheiten

Bei großen Festlichkeiten wurde auf die Tafeldekoration großer Wert gelegt, dabei fiel den Schaugerichten, die nicht zum Essen, sondern nur zum Anschauen waren, ein großer Anteil zu. Als die Signorie im Dogenpalast zu Venedig der Herzogin Beatrice von Mailand 1493 ein Festessen gab, standen 300 ganz vergoldete Schaugerichte auf der Tafel. An reichen Höfen wurde mit dem Tafelgeschirr großer Luxus getrieben; König Karl V. von Frankreich besaß zehn Dutzend große goldene Schüsseln zum Anrichten.

Lange huldigten die Männer den Freuden der Tafel allein, jeder an einem Tisch für sich. Dann setzte man mehrere zusammen, im Ruodlieb immer zwei, dann kamen die langen Tafeln auf, bei denen immer nur eine Seite mit Gästen besetzt wurde, die andere blieb für das Servieren frei. Da die Frage des Vorrangs zu Streitigkeiten führte, löste der legendäre König Arthur dies Dilemma durch seine berühmte Tafelrunde, bei der alle Plätze gleichwertig waren. Erst in der höfischen Zeit begannen die Damen mit am Tisch Platz zu nehmen. Man bildete die beliebte bunte Reihe, die Wolfram von Eschenbach als etwas ganz Neues noch ziemlich ironisch behandelt. Die Teilnahme des schönen Geschlechts gab der ganzen Sache gleich ein anderes Gesicht, die Herren mußten sich Zwang antun und Mäßigung auferlegen. In der Tat hat das gemeinsame Speisen für beide Geschlechter eine Schule der Sitten gebildet, worin man heute die allgemeinen Tischmanieren versteht. Vergegenwärtigt man sich, daß man allermeist mit den Fingern aß, so wird man die Notwendigkeit gewisser Regeln nicht verkennen. Man sollte sich vor allem die Hände waschen, nur mit drei Fingern zulangen und die anderen wegspreizen und sich vor dem Trinken den Mund wischen. Thomasin von Zerkläre empfiehlt den Damen Mäßigkeit. Sie sollten nicht zuviel auf einmal in den Mund stecken und ihrem Tischgenossen immer die besten Bissen heraussuchen.

51 Salomon speist mit seinen Frauen. Holzschnitt aus dem Schatzbehälter, Nürnberg, 1491

Auf die Ausbildung der Sitte und der gesellschaftlichen Gewohnheiten waren die Höfe von größtem Einfluß. In der alten Zeit hatte der Herrscher keinen festen Wohnsitz. Karl der Große zog mit seinem Hof von einer Pfalz zur anderen und mußte mit dem ganzen Schwarm, der ihm folgte, unterwegs von den Klöstern und der hohen Geistlichkeit unterhalten werden, was oft der hohen Kosten wegen sehr ungern geschah. *Lebensart*

Der Versuch, Goslar zu einer dauernden Residenz zu erheben, wurde nicht durchgeführt. Ein wirkliches Hofleben, das äußeren Luxus mit geistigen Ansprüchen verband, entfaltete sich unter Kaiser Friedrich II. in Palermo. Hier reichten sich Glanz und Schöngeistigkeit die Hand, um dem Leben die höchste Weihe zu geben und aus dem Alltag herauszuholen, was die gehobene Stellung des Fürsten nirgend zu erreichen erlaubte: Genuß, Schönheit und Geist. Mehr als der Kaiserhof, dem es an Stetigkeit fehlte, waren die kleinen Höfe der deutschen Fürsten bemüht, Kunst und Minne zur ständigen Einrichtung zu machen. Da stand die Hofhaltung der Landgrafen von Thüringen lange in der vordersten Reihe. Die Wartburg sah um die Wende des 12. zum 13. Jahrhundert unter Landgraf Hermann und seiner Gemahlin Sophie von Bayern ihre glänzendsten Tage und vereinte in ihren Mauern alle großen deutschen Dichter und Sänger. Wenn auch der berühmte Sängerkrieg der Sage angehört, ein festlich heiteres Dasein wurde doch gepflegt. Die Modetänze jener Zeit zum Beispiel entstanden auf der Wartburg, im Kreise edler Ritter und schöner Frauen.

Mit dem Niedergang des Rittertums wurde auch der höfische Einfluß ausgeschaltet; die deutschen Fürsten verzichteten darauf, Vorbilder feiner Sitte aufzustellen. Deutschland versank in Rohheit und Zuchtlosigkeit. Da mußte die Führung in allem, was die Gesittung anbetraf, ganz von selbst an das Ausland übergehen, und zwar an Italien, denn Frankreich war durch die fortwährenden Kriege mit England in einen Zustand geraten, der es ihm unmöglich machte, tonangebend zu bleiben. Erst war der Hof des Königs Robert von Anjou in Neapel die Stätte, an der die schönen Künste und die guten Manieren gepflegt wurden; hier wurde das Leben zur höchsten Kunst ausgebildet. Dann ging die Vorherrschaft in der Lebensästhetik an die Tyrannenherren von Mittel- und Oberitalien über. Die Sforza in Mailand, die Este in Ferrara, die Gonzaga in Mantua und andere mehr adelten die Gewalt, die sie mit allen Mitteln – außer den erlaubten – errangen und festhielten, dadurch, daß ihre Höfe einem Kultus der Schönheit huldigten, der einen verklärenden Schimmer über alle Untaten und Schändlichkeiten warf.

52 Florentinischer Meister, Spielende Jünglinge, um 1445–50. Florenz, Uffizien

Im Norden konnte sich nur Burgund mit der italienischen Kultur messen. Der Stil der Kleidung und der Feste, wie die Herzöge von Burgund sie gaben, wurden weithin als Vorbild betrachtet; an ihrem Hofe empfing die Etikette eine Ausbildung, der sich alle Fürsten völlig unterwarfen. Seit sie durch Philipp den Schönen nach Spanien verpflanzt worden war und mit Karl V. als spanische Etikette wiederkehrte, beherrschte sie Europa.

Gesellschaftsspiele
Abb. 53

Zu den Freuden stiller Stunden gehörten die Gesellschaftsspiele, die so mannigfaltig waren wie heute. Zu den ältesten rechnen wir das Schachspiel, das wohl als Import der Araber betrachtet werden darf. In Italien ist es seit dem Jahre 1063 nachgewiesen und hat sich sehr rasch verbreitet; in der Mitte des 11. Jahrhunderts wird es schon im »Ruodlieb« erwähnt. Höfisch Gebildete mußten es spielen können. Die besten Schachbretter kamen aus London. Die Spielkarten, die aus

53 Schachspiel. Wandbehang, um 1500. New York, Kunsthandel

China stammten und ebenfalls durch die Araber nach Europa kamen, sind in Deutschland um das Jahr 1300 bekanntgeworden, bereits im Jahr 1329 wurden sie von der Würzburger Synode den Klöstern verboten. Im 15. Jahrhundert hatten die Frauen der süddeutschen Reichsstädte schon Spielrunden, die man Karthöfe nannte. Sehr verbreitet waren Würfelspiele, die schon damals Bauernfängern und Falschspielern schöne Einnahmen verschafften. Die Obrigkeit mühte sich umsonst mit Verboten ab. Als Johannes Capistranus 1454 in Nürnberg durch seine Bußpredigt die Gewissen gerührt hatte, wurden 40 000 Würfel und 3640 Spielbretter verbrannt. Nach der Abreise des eifernden Mönches dürften sie alsbald durch neue ersetzt worden sein.

Jagd Es wurde oben gesagt, daß die Damen an allen Zerstreuungen der Herren teilnahmen. Dazu gehörten nicht nur die rein höfischen, die auf dem Parkett stattfanden, sondern auch die ritterlichen wie Jagd und Turnier. Die Jagd zählte nicht nur zu den ältesten Vergnügungen ritterlicher Herren, sondern auch zu ihren größten. Da die deutschen Wälder noch von Raubtieren wimmelten – Bären und Wölfe waren häufig anzutreffen –, stellte das Jagdvergnügen die größten Anforderungen an Kraft, Gewandtheit, Mut und Unerschrockenheit jedes einzelnen Jägers. Die höfische Sitte brachte dann aus Frankreich ein umständliches Zeremoniell, womit das Weidwerk umgeben wurde. Ein Kavalier, der auf die Jagd ging, mußte das Wild nicht nur töten können, er mußte auch verstehen, es kunstgerecht zu zerlegen, und jedem das Stück, auf das die Courtoisie ihm ein Recht gab, mit bezüglichen Sprüchen zu überreichen. Dazu gehörten Wissen und Können, und davon hing sein Ansehen ab.

Das fashionableste Vergnügen höfischer Kreise war die Falkenbeize, die schon von den Kelten geübt wurde und im 5. Jahrhundert ihren Höhepunkt erreichte. Die Dressur des Jagdfalken war eine Mühe, die ganz außerordentliche Geduld verlangte. Kaiser Friedrich II. schrieb ein Buch darüber. Die preußischen Vögel galten als die besten; der Hochmeister des Deutschen Ordens, der in Marienburg eine Falkenschule unterhielt, benützte sie zu Geschenken an die höchsten Herren, denen sie sehr willkommen waren. König Philipp August von Frankreich hatte seine Jagdfalken mit in den Kreuzzug genommen. Als ihm bei der Belagerung von Akkon ein weißer Falke entfloh, versprach er tausend Goldgulden dem, der ihn wiederbringen würde. Die Damen liebten die Aufregungen der Reiherbeize über alles, aber ganz so gefahrlos, wie sich die Sache auf modernen Bildern auszunehmen pflegt, war sie nicht. Die beiden Frauen von Kaiser Max I. verunglückten bei der Falkenjagd, und beide starben an den Verletzungen, die sie sich dabei zugezogen hatten.

Turnier An der Jagd beteiligten sich die Damen selbst, bei einem Turnier sahen sie nur zu. Das Turnier war ein Waffenspiel, das den Rittern den Exerzierplatz ersetzte. Sie übten sich dabei in Lanzenrennen und Schwertkampf, mit einem Wort in allen Fechtkünsten, von denen sie im Ernstfall Gebrauch machen mußten. Verschieden davon war der Buhurt, ein bloßes Reiterspiel mit ungefährlichen Waffen. Die maßgebenden Spielregeln für beide stammen aus Frankreich, wurden aber überall angenommen und befolgt. Die Päpste verboten zwar das Turnier, aber diese Veranstaltung lag ihrem Wesen nach in der ritterlichen Gesellschaft so fest begründet, daß sie tauben Ohren predigten. Ein Turnier war durchaus nicht ungefährlich. Schon das Kostüm, das man dazu anlegte, die eiserne Rüstung mit den dicht gepolsterten Unterkleidern, setzte ihre Träger großen Gefahren aus. Es war schwer und furchtbar heiß und machte eine Bewegung zu Fuß völlig unmöglich. Wer vom Pferd fiel und nicht sofort Hilfe fand, erstickte ohne Rettung oder wurde von den Mitspielern zu Tode getreten oder zerquetscht. Auf einem großen Turnier in Köln am Rhein kamen im Jahr 1241 hundert Ritter auf diese Weise ums Leben. Das Turnier selbst sah es nicht darauf ab, den Gegner zu töten oder zu verwunden, sondern ihn nur außer Gefecht zu setzen. Man ritt gegeneinander an und suchte sich vom Pferde zu stoßen. Ein Gefallener war schon halb besiegt. Oft trug man aber auch ernstliche Zwistigkeiten bei Turnieren aus, dann konnte aus dem Spiel ein blutiges Duell werden. Auf einem Turnier, das 1403 in Darmstadt stattfand, kämpften hessische und fränkische Ritter miteinander, weil sie sich gegenseitig des Straßenraubes beschuldigten und diesen Schimpf nicht auf sich sitzen lassen wollten. Von den Franken wurden siebzehn Mann erschlagen oder totgetreten, von den Hessen nur neun. Im friedlichen Turnier war der Besiegte ein Gefangener und mußte sich mit Pferden und Waffen auslösen, was der hohen Kosten wegen manch edlen Ritter wirtschaftlich zugrunde richtete. Einen Besiegten ohne Lösegeld freizulassen, erntete hohen Ruhm, schon weil es sehr selten vorkam. Für geschickte und kräftige Männer, die ihres Pferdes und ihrer Waffen sicher waren, bildete der erfolgreiche Besuch von Turnieren einen Broterwerb, und wenn die Glücksritter späterer Epochen sich durch Hazard weiterhalfen, so mußten ihre Ahnen es mit körperlicher Gewandtheit. Die offiziell ausgesetzten Preise waren nicht der Rede wert, es ging nur um die Ehre, und es gab Ritter genug, die nur deswegen in der Welt herumzogen, um ein Stechen abzuhalten, in dem sie hoffen konnten, sich auszuzeichnen. Ulrich von Liechtenstein unternahm zwei große derartige »Sportreisen«, beide zu Ehren seiner Damen. In der Zeit der Blüte des Rittertums glichen die Turniere wahren Massenaufgeboten. Im Mai 1224 ritten in Friesach Herzog Leopold von Österreich mit 9 Fürsten und 397 Rittern auf der einen Seite, während die Gegenpartei acht Fürsten und 300 Ritter zählte. Die Rolle der Damen war dabei eine rein passive, sie durften zuschauen und am Schluß die Preise verteilen.

Minnesang

Die höfisch Gebildeten mußten sich auf Saitenspiel und Gesang verstehen. Die lyrische Poesie wurde abgesungen, nicht abgelesen. In welcher Weise es geschah, wissen wir nicht; Weinhold dachte an eine Art Gejodel, begleitet von den Tönen der Harfe, der Fiedel oder *Abb. 54*

Abb. 55 der Zupfgeige. Die Virtuosinnen müssen wohl recht befriedigt von ihren eigenen Leistungen gewesen sein, denn die Dichter mahnen sie häufig: man müsse auch zur rechten Zeit aufhören können. Die Hochblüte des Minnesangs war eine Zeit, in der das Dichten so epidemisch um sich griff wie in der Zeit des Biedermeier. Vom Ebro bis an die Elbe verstand die vornehme Herrenwelt sich auf die Kunst des Reimens, und selbst Könige, Herzöge, Fürsten und Grafen schlossen sich nicht davon aus. Indessen wurden die Kavaliere dieser geistigen Anstrengungen bald genug müde, sie überließen die Unterhaltung wieder den berufsmäßigen Spaßmachern, wie sie es vorher getan hatten. Über alle Stürme der Völkerwanderung hinweg erhielt sich der Stand der Sänger, Gaukler, Musikanten, Possenreißer, die von Burg zu Burg, von Ort zu Ort zogen und ihre Künste für Geld spielen ließen. Sie waren überall gern gesehen, selbst an den ersten Höfen. Sogar Karl der Große verschmähte es nicht, sich von ihnen unterhalten zu lassen, und nur der sauertöpfische Ludwig der Fromme verzog bei ihren Späßen keine Miene. Den fahrenden Sängern verdanken wir die Erhaltung wenigstens einiger Reste unserer deutschen Volkspoesie, die ohne sie sonst der systematischen Verfolgung durch die Kirche

Tanz

erlegen wäre. Singenkönnen war um so unerläßlicher, als man den Tanz mit Gesang begleitete. Der höfische Tanz muß nach unseren Begriffen einer Polonaise ähnlich gewesen sein. Der Tänzer nahm eine oder zwei Damen an der Hand, und dann gingen sie unter dem Saiten-

Abb. 56

spiel eines voranschreitenden Spielmannes singend im Saal herum. Die Bewegungen dabei müssen sehr gemäßigt gewesen sein, denn Heinrich der Teichner, der 1375 starb, behauptet, man habe ein gefülltes Weinglas auf dem Kopfe halten können, ohne einen Tropfen zu vergießen. Die Gesellschaftstänze bestanden aus Reigen, bei denen nicht paarweise getanzt wurde, sondern ein ganzer Kreis von Herren und Damen, sich bei den Händen haltend, singend in der Runde ging. Dann kamen Tänze auf, bei denen man nicht nur hüpfte und sprang, sondern auch hinkte; den Hoppelvogel, Firlefanz, krummen Reihen, begleiteten die Tänzer mit Geschrei, die Tänzerinnen mit Kreischen. Außerdem gab es Kunsttänze, wie sie im »Ruodlieb« in der ersten Hälfte des 11. Jahrhunderts beschrieben werden. Da bewegte sich der Jüngling dem Falken gleich und seine Tänzerin wie eine verfolgte Schwalbe, beide begleiteten mit Händen und Füßen die Töne der Harfe, die ihnen aufspielte. Im 14. Jahrhundert kam der Totentanz auf, bei dem einer der Teilnehmer den Toten spielte und von allen Damen geküßt wurde. Als Konrad von Quitzow 1410 in Tangermünde von dem Tanzfest heimkehrte, bei dem ihm die Rolle des Toten zugefallen war, ertrank er in der Elbe. Erst um das Jahr 1400

54 Walther von der Vogelweide. Miniatur in der Manesse Liederhandschrift, um 1320. Heidelberg, Universitätsbibliothek

55 Das Konzert. Wandteppich, 16. Jh. Paris, Musée des Gobelins

56 Israel von Meckenem, Gastmahl des Herodes, Stich, 1503

kam das paarweise Tanzen auf. Es erschien gegen das hergebrachte reihenweise Tanzen als eine so unerhörte und unschickliche Neuerung, daß der Rat in Ulm es alsbald verbot. Die Patrizier der freien Reichsstädte erbauten sich eigene Tanzhäuser, wo sie ganz unter sich blieben bei ihrem Vergnügen. Frankfurt am Main machte 1350 damit den Anfang. Der Tanz machte auch vor den Klostermauern nicht halt. Leo von Rozmital wurde in Neuß von den Nonnen zu einem köstlichen Tanz eingeladen. »Sie konnten die allerfeinsten tentz«, schreibt der entzückte Ritter, »mag sagen das ich all mein tag so viel hübsche weiber in einem kloster nie gesehen hab.«

Theater

Die Kunst des Bühnenspiels, wie es in der Antike bereits verbreitet war, ist dem Mittelalter verlorengegangen. Es erhob sich erst in der

Spätphase durch Vermittlung der Kirche wieder. Aus den bescheidenen Anfängen des Osterspiels, das den Gang der trauernden Frauen nach dem Grabe Christi darstellte und in der Kirche abgehalten wurde, entwickelten sich die Mysterien. Diese wurden immer prunkvoller inszeniert, bis sie schließlich die Kirche verlassen mußten und zu Schauspielen wurden, die tagelang dauerten und einen ungeheuren Aufwand entfalteten. Die Texte wurden immer ausführlicher und langweiliger, und da sie an die Geduld der Zuhörer Anforderungen stellten, denen diese nicht gewachsen waren, mischte man komische Szenen ein, oft genug an unpassenden Stellen. Diese Aufführungen waren ein richtiges Volksvergnügen, die ganze Einwohnerschaft spielte gewöhnlich mit, und wenn man weiß, daß die Mehrzahl doch nicht lesen konnte, sondern die oft endlos langen Rollen einstudieren mußte, kann man sich denken, welche Mühe und welche Zeit das Theaterspiel in Anspruch nahm. Die vornehme Welt gab wohl nur den Zuschauer dabei ab, doch sie empfing möglicherweise den Anstoß zu ähnlichen Zerstreuungen.

Das älteste theatralische Gesellschaftspiel, von dem wir Kunde haben, stammt aus Italien und fand 1214 in Treviso statt. Dort war eine Burg aufgeschlagen worden, die von 200 auf das reichste geschmückten schönen Damen verteidigt wurde. Sie bewarfen die anstürmenden Ritter mit Rosen, Veilchen und Lilien und wurden dafür mit Früchten, kleinen Kuchen, Riechfläschchen und dergleichen beschossen. Der Sturm und die Eroberung endeten mit Festmahl und Tanz. Dieses Spiel muß großen Anklang gefunden haben und wurde wohl noch oft wiederholt. Für das Teppichweben blieb es bis tief in das 15. Jahrhundert hinein ein Lieblingsvorwurf. Jedenfalls machte die Verbindung der Feste mit unterhaltenden theatralischen Spielen immer weitere Fortschritte. Zur Zerstreuung anläßlich von Festessen brachte man theatralische Einlagen. In der Frühzeit wurde unter bedeutungsvollen Gesten das Essen aufgetragen. Es war zum Beispiel Sitte, den Pfau, den man als Delikatesse betrachtete, auf goldener oder silberner Schüssel, von einer Dame unter dem Schall von Pauken und Trompeten feierlich und umständlich auftragen zu lassen. Sie überreichte den Braten einem Herrn, der besonders geehrt werden sollte. Er legte auf das Gericht ein Gelübde ab, zum Beispiel irgendeine bestimmte Tat zu tun, dann zerlegte er das Tier kunstgerecht, so daß jeder Gast ein Stück erhielt. Man nannte es Vœu du Paon. Im 15. Jahrhundert wurde diese Veranstaltung am prunkvollsten, wofür der Hof von Burgund vorbildlich war. Die Feste, die Herzog Philipp der Gute gab, einmal als Auftakt eines Kreuzzuges, ein andermal zur Feier der Hochzeit seines Sohnes Karl des Kühnen mit Margarethe von York,

57 Gillis Mostaert, Passionsspiel auf dem Marktplatz in Antwerpen, um 1555. Antwerpen, Museum voor Schone Kunsten

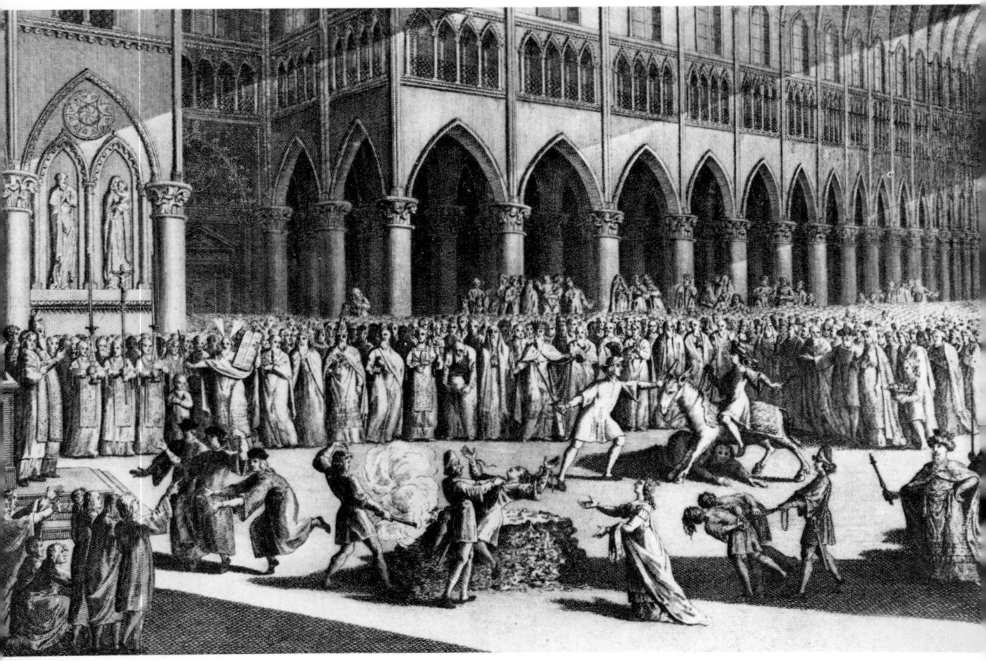

58 Unbekannter Meister, Eselsfest in einer französischen Kathedrale, 16. Jh. Paris, Bibliotheque de L'Arsenal

waren lange berühmt durch den phantastischen Aufwand, mit dem die Tafeln geschmückt waren. Sie müssen eine Bühne gehabt haben, und man weiß nicht, wo das Theaterspiel aufhörte und das Essen anfing, so verquickte sich das eine mit dem anderen.
Man kann es Schaugerichte oder, wie später üblich, »Lebende Bilder« nennen. Da wurde eine Pastete aufgetragen, in der ein Orchester von 28 Musikern verborgen war, ein Walfisch von 60 Fuß Länge erschien und spie aus weit geöffnetem Maul eine Quadrille von Meergöttern und Sirenen, die einen Tanz aufführten, und so ging es fort, bis niemand mehr wußte, wo ihm der Kopf stand. Diesem Stil wurde auch besonders in Italien gehuldigt, wo er bereits zum Geist der Frührenaissance hinüberleitet.

16. Jahrhundert

ERSTES KAPITEL

Seit einem Jahrtausend besaß die Kirche in Staat und Familie die absolute Macht, alles nach ihren Vorschriften einrichten und nach ihrem Gutdünken lenken zu können. Sie war mit dem Anspruch aufgetreten, das politische Gebilde der römischen Welt durch den Gottesstaat ablösen zu wollen und an Stelle einer sinkenden Kultur eine neue, die christliche, aufzurichten. Sie hatte alle Machtmittel in ihren Händen vereinigt und alle Möglichkeiten besessen, ihre Absichten verwirklichen zu können, aber wegen des Dranges, sich in den weltlichen Interessen behaupten zu müssen, hatten die geistigen Bereiche Schiffbruch erlitten. Sie überließen das Volk ruhig seinen eigenen Glaubensansichten. So mischten sich Reste germanischen und slawischen Heidentums in Deutschland noch allerorten seltsam mit christlichen Vorstellungen und reichten weit hinauf in die oberen Stände. Manche Gebildeten hingegen begannen bereits wieder, sich des Christentums zu entäußern, während die Besitzenden ihre Bekenntnistreue mit Äußerlichkeiten befriedigten und in ihrer Art nicht weniger stumpfsinnig waren als der Pöbel in der seinen. *Kirche*

Die Reliquienverehrung hatte eine enorme Ausdehnung genommen. Kurfürst Friedrich der Weise hatte schon 1509 in Wittenberg 5005 Stücke zusammengebracht, von denen ein jedes 100 Tage Ablaß gewährte. Der Kardinal Albrecht von Mainz hatte in Halle 1520 eine Sammlung von 8933 Reliquien angelegt, die mehr als 39 Millionen Jahre Ablaß vermittelten. Die unteren Stände suchten es den Großen gleichzutun; der Nürnberger Nikolaus Muffel hatte nach einer Sammeltätigkeit von 33 Jahren 308 Stück in seinen Besitz gebracht und hatte keinen größeren Wunsch, als mindestens eine Reliquie für jeden Tag des Jahres zu besitzen. Leider ist ihm diese Hoffnung nicht erfüllt worden, denn ehe es dazu kam, hängten ihn seine Mitbürger we- *Reliquienkult* gen der Betrügereien und Hinterziehungen auf, die er in amtlicher Stellung begangen hatte. Noch 1546, erzählt Bartholomäus Sastrow, konnte man in Rom durch den Besuch der Hauptkirchen und ihrer Reliquienschätze zwölfmal die ewige Vergebung aller Sünden und 100 000 Jahre Ablaß obendrein erlangen.

Ablaß Die Verkünder des himmlischen Reiches ließen sich die Wechsel auf das unbekannte Jenseits, die sie ausstellten, sofort bar bezahlen. Bei diesem Verfahren war die Kirche nach Luthers Worten zu einem Jahrmarkt und Kaufhaus geworden, wo für Geld alles zu haben war und der weltliche Nutzen den Ausschlag gab. Ein Drittel des gesamten deutschen Grund und Bodens befand sich in der Hand geistlicher Herren, deren Geschäfte ihnen gar keine Zeit ließen, sich über das Seelenheil ihrer Schutzbefohlenen irgendwelche Gedanken zu machen. Die Sorge für das Gewissen der Gläubigen, die ihr oblag, verwandelte die Kirche in ein einträgliches Geldgeschäft; je mehr Skrupel sie zu beseitigen fand, desto reicher flossen ihre Einnahmen; so hat sie den Aberglauben nicht beseitigt, sondern befestigt, denn er erlaubte ihr, glänzende Geschäfte zu machen. Nach dem Grundsatz: »Gott will nicht den Tod des Sünders, sondern daß er zahle und lebe«, organisierte sie einen Handel, der in seinen Resultaten um so bewundernswerter ist, als er mittels rein imaginärer Werte vor sich ging. Sie gab vor, in den von den Heiligen überflüssig angesammelten guten Werken einen Schatz zu besitzen, dessen Verwaltung ihr zum Besten der Gläubigen anvertraut sei und über den sie nach ihrem Gutbefinden zu verfügen habe. Rasch wurde nun aus dem Ablaß, der ursprünglich eine disziplinäre Buße gewesen war, ein Kauf, der mit Geld und Gut getätigt wurde. Und wenn die Kirche auch lehrte, daß sie nur zeitliche Strafen nachlassen könne und höchstens noch eine Abkürzung der Qualen des Fegefeuers zu erreichen sei, so machten sich die geistig Unmündigen diese feinen Distinktionen der Dogmatik doch weniger zu eigen als die Überzeugung: alle Sünden werden für Geld vergeben.

Mißstände Indessen war diese Angelegenheit nicht die einzige, die zu jener allgemeinen Unzufriedenheit mit den kirchlichen Zuständen führte, die für die große Wende des 15. zum 16. Jahrhundert charakteristisch war. Die Geistlichkeit war durch und durch entsittlicht, wobei man sich sogar den billigen Hinweis auf Päpste wie Alexander VI. und Leo X. ersparen kann. Die kirchliche Wissenschaft war zur Scholastik erstarrt, jener sophistischen Kunstfertigkeit, mit Hilfe eines reichen Phrasenschatzes über alles streiten zu können; die Seelsorge war vernachlässigt oder ungeeigneten Händen anvertraut worden. Es gab so viele Klöster, daß Konrad Pellicanus, als er 1517 zu Fuß von

Süddeutschland nach Rom wanderte, jeden Tag in einem anderen Kloster seines Ordens übernachten konnte. Diese Klöster aber wurden meist nicht von den Geistlichen, sondern von Laien gegen geringste Werte bewirtschaftet. Darauf bezog sich auch eine Äußerung Eberlins von Günzburg in jener Zeit, der einmal sagte, in Deutschland kämen auf 15 Menschen 14 Müßiggänger.

Reformation/Protestantismus

Die Reformation hatte sich gegen all diese Mißstände gewandt. Sie hatte zwar mit der Verwerfung der Tradition und der kirchlichen Autorität begonnen, aber sie endete damit, daß sie sich einer anderen Autorität, der der Bibel unterwarf und eine Buchstabensklaverei einführte, deren Zwang drückender war als der bisherige Dogmatismus. In diesem Zusammenhang spricht Schwenckfeldt vom Ersatz des menschlichen Papstes durch einen papierenen und der Werkheiligkeit durch die Wortheiligkeit. Im 16. Jahrhundert manifestierte sich der Protestantismus meist viel weniger als Überzeugung oder Gemütssache, denn als bloße Verneinung, nicht des katholischen Bekenntnisses, sondern des katholischen Kultus. Der Angriff auf das Lehrgebäude der alten Kirche lief auf die Errichtung eines anderen hinaus, das enger und finsterer war als das, welches beseitigt werden sollte, und eine Forschung, die geistige Freiheit hindern und selbständiges Denken nicht dulden wollte, war ein Widerspruch in sich selbst. Von einer Pflege reinen Christentums in der neuen Gemeinschaft konnte keine Rede sein, oder sie ging, wo sie angestrebt wurde, im Fanatismus des Parteihasses unter. So schrieb Willibald Pirkheymer, ein Gönner und Gesinnungsgenosse der Reformation, Dürer und er wären gut lutherisch gewesen, »denn wir hofften, die römische Büberei, desgleichen der Mönche und Pfaffen Schalkheit sollte gebessert werden. So man aber zusieht, ist die Sache also ärger worden, daß die evangelischen Buben jene Buben fromm machen«.

Abb. 62

Politisch fügte die Reformation Deutschland einen Schaden zu, dessen ganze Größe kaum zu schätzen ist. Sie spaltete das ohnehin zerrüttete Reich in einer unheilbaren Weise, und was nützte es dem Deutschen, daß ihm die Religion Herzenssache war? Franzosen und Engländern war die Religion immer nur ein politisches Mittel, aber sie benutzten sie geschickt, um staatliche Einheit und politische Größe zu erringen. Die Greuel, unter denen die Parteikämpfe zwischen Hugenotten und Katholiken in Frankreich und England vor sich gingen, waren nicht geringer als die, die sich auf deutschem Boden ereigneten. Hier unternahm der Henker eine Gastreise durch das Frankenland und knüpfte 40 lutherische Geistliche auf, dort ließen die Calvinisten ihrem Haß freien Lauf, und wüste Szenen der Unduldsamkeit schändeten die Geschichte von Castres, Caen, Rouen, Bayeux und anderen Orten;

das gleiche geschah in England, wo jede Partei, sobald sie zur Macht gelangte, die Häupter der Gegenpartei auf das Schafott sandte. König Philipp II. von Spanien schrieb seinem Gesandten, die Bartholomäusnacht sei eine der größten Freuden seines Lebens gewesen, und Papst Gregor XIII. ließ in Rom Dankmessen für sie lesen; sie ahnten sicher beide nicht, daß die Zahl der guten Katholiken, die bei diesem Anlaß der Privatrache oder der Habgier zum Opfer fielen, beinah ebenso beträchtlich war wie die der gemordeten Hugenotten, die dem Fanatismus erlagen. In England wie in Frankreich waren die Zwistigkeiten unter den Bekenntnissen schließlich in einen Kampf zwischen der Staatsgewalt und ihren politischen Gegnern ausgeartet; in beiden Fällen blieb der Staat Sieger; in Frankreich das katholische Königtum, obwohl die Hugenotten schon 1561 mehr als 2000 Gemeinden bildeten, in England das protestantische Königtum, obwohl das Interregnum der blutigen Maria die Hochkirche und ihre Anhänger mit Feuer und Schwert auszurotten gedachte. Kein guter Engländer durfte fürderhin Katholik sein, kein guter Franzose Hugenotte, nur Deutschland hatte außer dem Schaden, den ihm der kleinfürstliche Partikularismus zufügte, auch noch die neue religiöse Zerrissenheit zu tragen, die das deutsche Volk in zwei große Parteien teilte. Erst durch die allmählich entstandene Gleichgültigkeit und nicht durch Toleranz war die Unduldsamkeit abgeflaut.

In Italien und Spanien blieb der reformatorische Gedanke ohne Widerhall im Volk. Der Katholizismus wurde nicht angetastet, weil er als Bekenntnis gar keinen Boden im Herzen oder Gemüt der Nationen besaß; er war eine Formsache, wie etwa die Kleidung, auf die man auch nicht verzichtet, weil es nicht nur wünschenswert, sondern hergebracht ist, seine Blöße zu bedecken.

Luther Vielleicht ist dies Versagen der Reformation die Schuld dessen, den man als ihren Urheber betrachtet. Martin Luthers Vorzüge waren ein tiefes Gemüt, das sich mit kühnem Denken und kräftigem Willen paarte, aber er besaß keine politische Begabung und kein Organisationstalent, wie dies Calvin und in noch größerem Maße Ignaz von Loyola zu eigen war. Er begnügte sich, den Anstoß zu geben und überließ dem Zufall, was daraus werden sollte. Ihm galt der Glaube nur als Mittel zur Seligkeit, während er zum Beispiel für Zwingli ein Mittel zur sittlichen Erneuerung des Lebens bedeutete. Als das Religionsgespräch in Marburg zwischen beiden Männern scheiterte, war der Reformation als fortschrittlichem, aufbauendem Prinzip das Urteil gesprochen, von nun an kamen die Grundsätze der Reformation ihrem Gegner zugute. Luther hielt es nie mit dem Volk, sondern stets mit dem Despotismus, und als er sah, daß Menschen und Verhältnisse

59 Lucas Cranach d. J., Martin Luther, um 1570. Kunstsammlung der Veste Coburg

60 François Clouet, Margarete von Valois, um 1610. Turin, Pinacoteca

ihm über den Kopf wuchsen, setzte er seine Hoffnung auf den Weltuntergang, von dem er 1540 überzeugt war, er werde ihn bald erleben.

Ignaz von Loyola

Nachdem die ersten Stürme der Leidenschaften vorübergebraust waren, hat die römische Kirche sogar den größten Vorteil von der Reformation gezogen. Luther war der stärkere Geist, Ignaz von Loyola der kräftigere Mensch, der Deutsche lebte mit Hoffnung und Glauben für das Jenseits, der Spanier mit Wollen und Vollbringen für das

Diesseits, jener verachtete die Welt, dieser gedachte sie zu unterwerfen. Wenn im Schiffbruch der alten Kirche das Christentum nicht unterging, sondern gerettet wurde, so haben an diesem Verdienst der Stifter der protestantischen Kirche und der Gründer des Jesuitenordens den gleichen Anteil.

Erziehung und Schule

Beide Männer bedienten sich, und dies ist nicht uninteressant zu beobachten, des gleichen Mittels, um ihre Ziele verfolgen zu können: sie wandten sich der Erziehung der Jugend zu.

Zu Beginn des 16. Jahrhunderts war es noch schlecht um Erziehung und Unterricht bestellt. Auch auf diesem Gebiet hatte die Kirche, die es als ihre eigene Domäne angesehen hatte, völlig versagt. Die Schule hatte weder auf den Erwerb einer allgemeinen Bildung gezielt, noch hatte sie beabsichtigt, die Schüler mit den Wissenschaften vertraut zu machen; es war ihr nicht einmal darum zu tun gewesen, die geistigen Kräfte in formaler Weise zu entwickeln, sie ging lediglich darauf aus, die Geister soweit abzurichten, daß sie imstande waren, im Dienst der Kirche deren Obliegenheiten zu erfüllen. Der Stumpfsinn der Methode hatte einen starken Rückgang der Studien zur Folge; an der Universität Erfurt gingen von 1520 bis 1526 die Immatrikulationen von 312 auf 14 zurück. Dabei war damals die Erziehung in Haus und Schule nicht nur rückständig in wissenschaftlicher Beziehung, sondern auch in den erzieherischen Methoden, die, wie noch lange üblich, auf strenger Körperzucht basierten. Luther, den seine eigene Mutter aus ganz geringfügiger Sache halbtot geschlagen hatte, nannte einmal die Schulen »rechte Kerker und Höllen, die Schulmeister Tyrannen und Stockmeister«. Daß Montaigne nur zweimal in seiner Jugend Schläge erhalten hatte und seinen eigenen Kindern erlaubte, ihn »Vater« statt »mein Herr« zu nennen, war ein großer Ausnahmefall. Am schlimmsten waren die Kinder daran, die als fahrende Schüler auf die Wanderschaft gehen mußten, denn noch war selbst der Erwerb des Elementar-Unterrichts nicht immer am Geburtsort möglich.

Die jüngeren sollten von den älteren Schülern unterrichtet werden, doch diese zwangen meist ihre Schutzbefohlenen zum Betteln und Stehlen und ließen sich so von ihnen ernähren. Trotz der raschen Verbreitung der Buchdruckerkunst gab es im Schulunterricht noch kaum gedruckte Bücher.

Nur die Wohlhabenden nannten gedruckte Donate ihr eigen, die sie aus Ulm kommen lassen konnten.

Lutherdeutsch

Luther errang zwar das enorme Verdienst, den Deutschen eine lesbare Schriftsprache geschenkt und in seiner Bibelübersetzung den Grundstein ihrer sprachlichen Einigung gelegt zu haben, aber es hätte notgetan, den Deutschen die lateinische Sprache ausdrücklich zu verbieten. Was nutzte es, daß er selbst, daß Hutten und andere deutsch schrieben, wenn die Gebildeten nur um so hartnäckiger an der alten Sprache festhielten.

Melanchthon

Luthers Freund und philologischer Berater, Philipp Melanchthon, war der eigentliche Reformator des Unterrichtswesens. Melanchthon strebte eine Synthese von Reformation und Humanismus an und bemühte sich um eine Änderung des Universitätsunterrichts. Aber auch er sah die klassisch antiken Sprachen als Grundlage jeder Bildung an.

Jesuitenschulen

Dieses humanistische Schulwesen der Reformation wirkte stark auf die römische Kirche, denn es zwang sie, ihm ein gleichwertiges System an die Seite zu setzen. Dies Bedürfnis hatten die Jesuiten befriedigt, deren Begründer Ignaz von Loyola das Gelübde des Jugendunterrichts in die Regeln des Ordens aufnahm. Sie systematisierten das ganze Erziehungswesen von der Volksschule bis zur Hochschule und brachten es in eine Ordnung, die einem Zweck der Erhaltung und Befestigung des katholischen Glaubens galt. Sie begriffen die ganze Wichtigkeit, die diese Angelegenheit für die Kirche und den Orden besaß und haben sie nie aus den Augen verloren. Dadurch, daß sie die Seelen der Heranwachsenden in ihre Gewalt bekamen, geboten sie schließlich über die Vernunft der erwachsenen Männer und erlangten einen Einfluß über die Laienwelt, der ihnen faktisch eine unbegrenzte Macht sicherte. Auch in den Schulen der Jesuiten galt die Fertigkeit im Lateinischen als das eigentlich letzte Ziel der Bildung; die Kenntnis der Wissenschaften, die sie vermittelten, hielt sich in den enggesteckten Grenzen scholastischen Denkens. Übrigens hatten die Jesuiten um so größere Erfolge, als sie einmal in dem Rufe standen, ohne Prügel bei der Erziehung auszukommen, und, wo sie es irgend schaffen konnten, den Unterricht umsonst erteilten, denn sie wandten die ihnen zufließenden Einnahmen immer in erster Linie ihren Konvikten und Seminaren zu. Sie erweckten die größten Hoffnungen, und Montaigne nannte die Unterrichtsanstalten der Jesuiten, nachdem er sie in Rom besucht hatte, die »Pflanzschulen großer Männer«.

Frauenbildung

Alle Neuerungen des Schulsystems galten aber nur der Bildung des Mannes. Um die geistige Erziehung der Frau war es immer noch schlecht bestellt. Luther sprach unumwunden aus, was seine Zeitgenossen über gebildete Frauen dachten: »Wenn Weiber beredt sind, das ist an ihnen nicht zu loben. Es ist kein Rock oder Kleid, das einer Frau oder Jungfrau übler ansteht, als wenn Sie klug sein will.« Die allbekannten Ausnahmen der italienischen Renaissance, etwa eine Isabella d'Este oder in Frankreich die Schwester Franz' I. und Margarete von Valois, Königin von Navarra, bestätigten nur die Regel.

61 Hans Holbein d. J., Anne Boleyn. Stich, um 1533.

In England nannte Erasmus nur die Damen aus dem Hause des Thomas Morus gebildet,und fügt man noch die Deutschen Konstanze Peutinger und Charitas Pirkheymer hinzu, so dürften alle Frauen beisammen sein, deren Verstandesbildung es mit der männlichen aufnahm. Die Mädchenschulen waren, wenn sie überhaupt existierten, in erbarmungswürdigem Zustand. Es blieb immer mehr oder weniger dem Zufall überlassen, wenn ein junges Mädchen etwas lernte, das jenseits des Kreises ihrer hauswirtschaftlichen Pflichten lag. Sie konnte

62 Peter Heymanns, Hochzeitsteppich mit Lutherpredigt, aus Stettin, 1554. Nürnberg, Germanisches Nationalmuseum

GEFERTIGT 1554
ZU STETIN
DER UNIVERSITAET
ZU GREIFSWALD
DURCH ERNST BOGISLAV
HERZOG VON CROY
DEN LETZTEN UNSERES
ALTEN FÜRSTENHAUSES
1684 HINTERLASSEN.
RESTAURIRT 1893.

ihr Glück ja auch ohne Bildung machen; Philippine Welser wurde in diesem Jahrhundert Gemahlin des Erzherzogs Ferdinand, Bianca Capello Großherzogin von Toskana, Anne Boleyn Königin von England, ohne daß sie besondere Begabungen zu besitzen nötig gehabt hätten. Anne Boleyn wurde es sogar zum Verhängnis, daß sie als Hofdame der Königin Margarete von Navarra immerhin soviel Geist erworben hatte, um damit kokettieren zu können.

Humanismus

Die deutsche Reformation, eine geistlich-religiöse Bewegung, ging mit dem Humanismus, der im Gegensatz zu ihr eine wissenschaftliche Bewegung war, eine Verbindung ein. Reformation und Humanismus strebten beide eine Befreiung des Geistes aus der Vormundschaft der Kirche an. In Deutschland bedeutete der Humanismus nicht eine Wiederbelebung des klassischen Altertums, sondern den Übergang zu einer neuen Weltanschauung, zu der ihm die Reformation die Wege ebnete. Aus dieser Verbindung stammte eine Fülle neuer und überraschender Gedanken, welche eben damals in die Öffentlichkeit drangen. Sie unterwarfen nicht nur alles Bestehende der Kritik, sondern befruchteten alle Gebiete des geistigen Lebens mit neuen, wenn auch nicht immer brauchbaren Ideen, wo immer es mit staatlichen, religiösen, künstlerischen oder wissenschaftlichen Zuständen in Berührung kam. In diesem Sinn darf man sogar sagen, daß Reformation und Humanismus im 16. Jahrhundert das zeitigten, was wir die öffentliche Meinung nennen; spontan kamen Lob und Tadel, Wünsche und Hoffnungen in einer überaus zahlreichen Literatur von Flugschriften und fliegenden Blättern zum Ausdruck.

Individualismus

Das bedeutete den wesentlichen Fortschritt, den das 16. Jahrhundert gegen früher brachte: das Recht auf die eigene Persönlichkeit. Das Mittelalter hatte in seinem geistigen Zuschnitt den Individualismus nicht gekannt; der einzelne bedeutete nichts und galt nur innerhalb einer Zunft, einer Gilde, einer Bruderschaft oder sonst einer Verbindung etwas. Das Geltendmachen der Individualität und das freudige Bekennen zu ihrer Besonderheit kündigten den Beginn der Neuzeit an; die Reformation, welche den Autoritätsglauben stürzte, und der Humanismus mit seiner Pflege des Menschlichen, das heißt, der Würdigung echter und schöner Menschlichkeit, ohne Rücksicht auf das kirchliche Bekenntnis, führten sie herauf.

Erasmus von Rotterdam

In den Schriften des Erasmus von Rotterdam kommt der humanitäre Gedanke am besten zum Ausdruck.

Er träumte von einer Veredelung der Sitten, von einer Vereinigung der Aufgeklärten, die als eine Kulturschicht den Boden Europas bedecken sollten, und fühlte sich als Erzieher der Menschheit zu einem höheren Ideal der Bildung und Gesittung.

Die Reformation wurde für ihn zum Verhängnis, da er in den parteilichen Zwistigkeiten keine Möglichkeit der Verwirklichung seiner Ideale sah.

Säkularisation

Nicht alle aber waren von Idealismus geprägt, die für die Reformation eintraten.

Die Machthaber sahen ihren Vorteil nur in der damit verbundenen Säkularisierung der Kirche. Dies war ein nur zu willkommener Vorwand, der eigenen Habsucht zu frönen. Sicherlich hing die Mehrzahl der Herren der alten Kirche an, nicht aus Überzeugung, sondern aus Gewohnheit; aber als die Säkularisation der Klöster und des geistlichen Besitztums in so verführerische Nähe rückte, da war die Versuchung für viele unter ihnen doch groß. In Schweden kam die Reformation 1527 zustande, weil König und Adel sich die Beute teilten, und in England gaben so schmähliche Motive wie Ehebruch und Habsucht für Heinrich VIII. den Anlaß zur Trennung von der alten Kirche. Die deutschen Reformatoren hätten die Konfiskationen der geistlichen Güter gern dazu benutzt, um Zwecke der Wohlfahrtspflege zu fördern und vor allem Schulen davon einzurichten und zu dotieren, aber sie erreichten diese Absicht nur in Ausnahmefällen; einzig in Württemberg diente die Säkularisation wirklich einer Förderung der Kultur, indem das ganze Schulwesen des kleinen Staates von Grund auf organisiert und mit Mitteln der aufgehobenen Klöster ausgestattet wurde. Der größte Teil dessen, was die alte Kirche einbüßte, ging in den Besitz des Adels und der Fürsten über; viele Kulturgüter wurden barbarisch zerstört. Wie das wilde Heer stürzte sich die vernunftslose Gefolgschaft der damaligen Anarchisten und Kommunisten, die sich nun mit ihren verrückten Theorien an das Licht des Tages wagten, auf alles, was ihnen erreichbar war, und schwelgten in Orgien blinder Zerstörungswut. Die Reformatoren wurden die Geister, die sie gerufen, nicht wieder los, und Luther selbst erlebte schaudernd, welch Unheil die deutsche Übersetzung der Bibel, die er den Unmündigen in die Hand gegeben hatte, anrichtete.

Fürsten

Den größten unmittelbaren Nutzen an der Reformation zogen die Landesfürsten.

Sie errangen ein Doppeltes, die Unabhängigkeit gegenüber dem Oberhaupt des Reiches und die volle Souveränität über die Stände. Die Landeshoheit war der Gewinn, den sie aus den Stürmen der Reformation davontrugen, sehr gegen den Willen derjenigen, die ihnen dazu verhalfen. Denn die Bürger und Bauern, die das Element der Unruhe vom religiösen Gebiet in das politische und soziale verpflanzten, waren als die eigentlichen Träger der neuen Ideen durchaus demokratisch-patriotisch gesinnt. Diese Tendenz trat in den zwölf

63 Bernhard Strigel, Kaiser Maximilian I. und seine Familie, um 1515/20. Wien, Kunsthistorisches Museum

Artikeln der aufständischen Bauern klar hervor. Sie beabsichtigten, zugunsten des Kaisers die Fürsten abzuschaffen und, um ihre berechtigten Ansprüche zu befriedigen, die geistlichen Güter einzuziehen. Einheit und Gemeinsamkeit von Münze, Maß und Gewicht, die sie weiter forderten, ließen noch jahrhundertelang auf sich warten, wie denn diese praktischen und brauchbaren Vorschläge daran scheiterten, daß die in ihrer Stellung so lebhaft bedrohten Fürsten alle Sonderinteressen der oberen Stände zu ihrem Vorteil auszunutzen verstanden. Hierin zeigte sich das zwiespältige Wesen der Reformation. Versuchte man sich von dem einen zu befreien, geriet man in die Unterjochung des anderen. Immer hielt einer den andern in Schach; immer folgte einem Zug der entsprechende Gegenzug, so daß die Reformation, die republikanisch und revolutionär begonnen hatte, schließlich zu einem Ausgang gelangte, der ihrem Beginn diametral entgegengesetzt war. Die drei Faktoren, welche die Entwicklung des staatlichen Lebens bedingten, waren Fürsten, Adel und Bürger, und von ihnen können im 16. Jahrhundert nur die Bürger Sympathie beanspruchen, denn nur in ihnen verkörperte sich der geistige und materielle Fortschritt. »Die Fürsten«, sagt Luther einmal, »sind gemeiniglich die größten Narren oder die ärgsten Buben auf Erden, darum man sich allezeit wenig Gutes von ihnen erwarten muß«, und Erasmus machte sich zum typischen Vertreter der Demokratie, wenn er schreibt: »Alle paar hundert Jahre hat es höchstens einen oder den andern Fürsten gegeben, der nicht durch ganz hervorragende Torheit der Welt verderblich geworden wäre. Jeder Beruf müsse erlernt werden, aber den schwersten vertraut man dem Zufall fürstlicher Geburt an und ist schon zufrieden, wenn der Fürst einem Menschen ähnlich sieht.« Wem diese Urteile für Zeit und Menschen zu hart dünken, der entsinne sich, daß der deutsche Kaiser und die Kurfürsten immer die Hand offenhielten, um Bestechungsgelder vom Ausland zu empfangen, und man vergesse nicht, daß Kaiser Maximilian, der vielgepriesene letzte Ritter, von nationaldeutschen Gesichtspunkten nichts wußte und 1516 seine Kaiserkrone für Geld König Heinrich von England anbot. Nach dem Tod Maximilians standen die Kurfürsten vor der Alternative, entweder den König von Spanien oder den König von Frankreich zum deutschen Kaiser zu wählen, und sie entschieden sich für den Spanier, weil er ihnen mehr bezahlte als der andere. Beinahe hätte Franz I. sich die Kaiserkrone gekauft, aber der Kurfürst Joachim von Brandenburg und sein Bruder, Kurfürst Albrecht von Mainz, befürchteten in ihrer Habgier, er könnte die nötige Summe nicht aufbringen, und so vereinigte Karl V. von Spanien, der Enkel Maximilians – der mit Hilfe der Fugger 514 000 Goldgulden zahlte –, die Wahlstimmen auf seine Person. Dann wollten es die politischen Konstellationen, daß die deutschen Fürsten, soweit sie protestantisch waren, stets mit Frankreich gegen ihren Kaiser verbündet waren. Und diese selben Fürsten brachten den Grundsatz zu Ehren: »cuius regio eius religio«, so daß die Kurfürsten von der Pfalz binnen zwanzig Jahren ihre Untertanen zwangen, sich einmal zum Luthertum und zweimal zum Calvinismus zu bekehren. Es stand so um ihre Bekenntnistreue, daß der Kurfürst von Sachsen und Herzog Albrecht V. von Bayern das Brettspiel darüber entscheiden lassen wollten, ob Bayern protestantisch oder Sachsen wieder katholisch werden sollte, und wer weiß, was geschehen wäre, hätte der Franziskaner P. Wolfgang Schmilkhofer nicht den Spieltisch umgeworfen, um das Gewissen der Herren zu wecken.

Adel Verhängnisvoll war die Lage des Adels, der dem Kaiser, den Landesherrn und den städtischen Nachbarn gegenüber in eine Stellung geraten war, die zeigte, wie unmöglich seine Existenz unter den bisherigen Bedingungen geworden war. Vielleicht ist für diesen Wechsel nichts so bezeichnend wie der Umstand, daß die Ideale des Rittertums fast plötzlich der Komik verfielen, denken wir an Ariosts »Rasenden Roland« und den »Don Quijote« von Cervantes. Seit Jahrhunderten hatte der Schwertadel den Ackerbau und die Industrie, den Handel und das Handwerk als matte Künste des Friedens verachtet und gering geschätzt und sich in deren Ablehnung als sein eigener ärgster Feind erwiesen. Er selbst war darüber verarmt und verroht und zu einem Element geworden, das in seiner Kulturfeindlichkeit nur noch als Schädling des Gemeinwesens anzusehen war. Die allmähliche Auflösung des Lehnsstaates machte es den alten Geschlechtern schwer, wenn nicht unmöglich, sich an eine neue Ordnung der Dinge zu gewöhnen, eine Beobachtung, die nicht nur für Deutschland zutrifft, sondern auf alle europäischen Staaten Anwendung findet. Sie konnten sich nicht dareinfinden, ihre Selbstherrlichkeit aufzugeben. Unzufrieden und in ihren Sitten verwahrlost, rekrutierten sich aus dem hohen und niederen Adel mit Vorliebe Straßenräuber und Wegelagerer. Der Spruch wurde gang und gäbe: »Morden und Rauben ist keine Schand', tun's ja die Edelsten im Land.«

Bürger Während man im Deutschland des 16. Jahrhunderts vergeblich nach einem Adligen von überragendem Maß Umschau hält, gewahrt man unschwer, daß alles Bedeutende, das Kirche, Schule, Wissenschaft und Kunst hervorbrachten, dem Bürgertum entstammte. Die langen Jahrzehnte des Friedens, die 1553 begannen und erst 1618 endeten, sahen mit der Blüte des deutschen Städtewesens die Hochblüte der bürgerlichen Kultur, die sich gleichzeitig auf allen Gebieten des Daseins kundtat; dabei sah dieser Zustand des Gedeihens viele Gegner.

Bauer Die Bauern waren »ein elendes Volk von Sklaven«, wie sich Sebastian Münster 1542 ausdrückte. Ihre Lage war unerträglich, sie besaßen keine Rechte, nur Pflichten. Luther, der doch selbst aus dem Volk hervorgegangen war, wenn auch nicht aus dem Bauernstand, machte aus seiner Verachtung kein Hehl; er und Melanchthon redeten Herrn von Einsiedel die Gewissensbedenken aus, die er über die Bedrückung seiner Hintersassen empfand. Kein Wunder, daß die Bauern, die man schlechter behandelte als das Vieh, sich schließlich empörten. Der große Bauernaufstand von 1525 war nur das Schlußkapitel einer Bewegung, die schon seit 50 Jahren nicht zur Ruhe gekommen war. Die Reformation häufte nur neuen Brandstoff, denn nun versteckte der Agrarsozialismus seine wirtschaftlichen und politischen Wünsche hinter den Redensarten, die er dem Phrasenschatz der Wanderprediger entnahm, und benutzte das Evangelium zum Deckmantel durchaus irdischer Bestrebungen. Selbst so rücksichtslose Führer wie Thomas Münzer hatten keinen Erfolg. Sieger waren die Landesfürsten.

Geldverkehr

Die Knechtung und Unterdrückung der Bauern aber war nicht allein schuld an den unerfreulichen Zuständen. Der Geldverkehr anstelle der Naturalleistungen setzte ein, drängte die Landwirtschaft zurück und schob den Handel an deren Platz. Dieser Wechsel, der sich in Deutschland seit dem 13. Jahrhundert angebahnt hatte, der aus den Bauern Händler und aus den Dörfern Städte machte, trat im Anfang des 16. Jahrhunderts um so deutlicher in Erscheinung, als die Entdeckung der Neuen Welt dem Geldverkehr neue Impulse mitteilte. Das Geld war es, das sich beinahe sprunghaft zur neuesten Großmacht entwickelte und seinen Einfluß um so stärker in die Waagschale warf, als der Import von Edelmetall die Kaufkraft der europäischen Münzen rapide verminderte. Dazu trugen die großen Handels-Gesellschaften, die in den ihnen gehörigen Bergwerken einen wahren Raubbau mit Silber trieben, nach Kräften bei, so daß man annimmt, daß der Geldwert im Lauf des 16. Jahrhunderts etwa auf die Hälfte des vorherigen Wertes sank. Man war dieser Erscheinung gegenüber völlig hilflos und hielt die großen Bank- und Handelshäuser, die von diesen Umständen profitierten, für die allein Schuldigen. Auf dem Kölner Reichstag von 1512 wurde den großen Handelsgesellschaften verboten, Truste zu bilden, um sich Monopole zu sichern, und da das natürlich nichts half, versuchten die Reichstage des dritten Jahrzehnts alle Handelsgesellschaften zu unterdrücken, deren Kapital 50 000 überstieg.

Kaufleute

Die Großhändler und die offenen Handelsgesellschaften verdienten in jener Zeit in der Tat ungeheuer. Den Welsern rechnete man Gewinne von 30 bis 40 Prozent nach. Das Kapital, das Lukas Rem bei seiner Kompagnie eingelegt hatte, vermehrte sich binnen 20 Jahren um das Siebenfache, und Bartholomäus Rem gewann mit 900 Gulden, die er 1520 Ambrosius Hoechstetter anvertraut hatte, in 6 Jahren 33 000 Gulden. Der Reichtum der Fugger war sprichwörtlich; ohne ihre Hilfe wäre Karl V. nicht Deutscher Kaiser geworden. Ohne ihre finanzielle Unterstützung hätte er der Protestanten nicht Herr werden können, aber da die Fortsetzung des lutherischen Widerstandes den Handel, den die Fugger, Welser, Hoechstetter und andere mit

64 Jacob Fugger und sein Hauptbuchhalter Matthäus Schwarz im Kontor, um 1516/17. Braunschweig, Herzog-Anton-Ulrich-Museum

dem spanischen Indien trieben, ruiniert hätte, so unterstützten sie den Kaiser, die Störenfriede niederzuwerfen. Sie hatten ihre Hände in allen Angelegenheiten des Staates und der Kirche. Ein Seitenstück zu diesen deutschen Geldfürsten war Agostino Chigi aus Siena, der der Bankier Papst Leos X. war. Die Bankhäuser arbeiteten mit Wucherzinsen; der Bankier Ebner in Nürnberg nahm statt erlaubten 5 oder 6 Prozent 13 bis 18, manchmal 25 bis 30 Prozent, und man hört, daß sogar 60 Prozent im Jahr und 100 Prozent im Monat keine Seltenheit waren. In einer Zeit, in der Staatsanleihen noch etwas ganz Unbekanntes waren – die erste, die 10 Prozent abwarf, gab Papst Clemens VII. aus –, bot die Spekulation fast die einzige Möglichkeit, flüssige Kapitalien unterzubringen. Der Rückschlag konnte nicht ausbleiben; der Bankrott der Augsburger Firma Hoechstetter, die 1529 mit 800 000 Gulden fallierte, war eine Sensation für die Zeit und ein so folgenschweres Ereignis für die Beteiligten wie das Fallissement des Bankhauses Loitz in Stettin im Jahr 1572. Die Besitzer hatten Einlagen mit 10 bis 20 Prozent vergütet und zogen durch ihren Bankrott ganz Pommern in Mitleidenschaft. Diese Geldwirtschaft mit den phantastischen Möglichkeiten ihrer unwahrscheinlich großen Gewinne stiftete Unheil in den Köpfen, weil sie über das Geld und seinen Wert vollkommen täuschte. Herzog Ulrich von Württemberg vergeudete in drei Jahren höchste Summen. Die zeitgenössischen Erinnerungen aus jenen Jahren sind denn auch voll von Beispielen plötzlichen ungeheuerlichen Glückswechsels. Die Frau des Bürgermeisters Wolf Wulflam in Stralsund, die bei ihrer Wiederverheiratung auf einem Stück englischen Tuches von ihrem Haus bis in die Kirche geschritten war, ging schließlich betteln.

Soldaten

Den Bauern wird es damals kaum zum Bewußtsein gekommen sein, daß ihre Grundherrn, soweit sie dem Adel angehörten, selbst in eine Lage gekommen waren, die ihren bisherigen Ansprüchen auf Geltung vollkommen den Boden entzog. Die Entdeckung des Schießpulvers war es, die das Lehnswesen umstürzte, denn sie machte die berittenen Adelsheere überflüssig, legte die Entscheidung in die Hand des Fußvolks und würdigte die herkömmlichen ritterlichen Waffen zur Spielerei herab. König Jakob I. von England nannte die Rüstung einmal sehr witzig »eine herrliche Erfindung, sie hindert die Träger daran, Schaden zu nehmen oder Schaden zu tun.« Da die Machthaber aber auf Bewaffnete als Werkzeug nicht verzichten konnten, so trat an Stelle des durch seine Lehen verpflichteten Adels das Berufs-Soldatentum und zwar in Form des Söldnerwesens, das sich bis zur Einführung der stehenden Heere behauptete. Diese Krieger waren dem 16. Jahrhundert als Landsknechte bekannt. Sie bildeten eine Geißel, ebensowohl derjenigen, für die sie sich schlugen, als derjenigen, gegen die sie kämpften. Man schreibt diese Einrichtung Kaiser Maximilian zu; sicher ist, daß der Name vor dem Jahr 1486 nicht erscheint. Die Landsknechte bestanden aus zufällig zusammengelaufenen Mannschaften, deren Haufen eine barbarische Disziplin in Ordnung halten mußte. Ohne weiteres vermieteten sie sich dem, der ihnen am meisten bot, denn nationale, völkische oder idealistische Gesichtspunkte waren ihnen vollkommen fremd. So kämpften sie oft genug auf beiden Seiten der Kriegführenden; bei Pavia standen Schweizer gegen Schweizer und Deutsche gegen Deutsche. Das Motiv ihres Handelns war die Aussicht auf Gewinn. Die Beute war lockend genug, so daß ein Fürst ein Heer von Landsknechten auf die Beine bringen konnte, ohne in seinen Beutel greifen zu müssen. So machte es Karl V. in Deutschland, denn da bekannt war, es ginge gegen Rom, strömten die Söldlinge in Scharen seinen Fahnen zu. Als »Sacco di Roma« ging das barbarische Gemetzel und Plündern in die Geschichte ein. Die Plünderung Antwerpens durch die spanische Soldateska 1576 verhängte über die unglücklichen Bewohner nicht geringere Schrecken und machte der hohen wirtschaftlichen Blüte der reichen Handelsstadt für immer ein Ende. Dieses Söldner-Unwesen folgte seinen eigenen Gesetzen und bedrohte stets in erster Linie diejenigen, die sie gemietet hatten; mit Recht war Alfons I., Herzog von Ferrara, stolz darauf, daß er imstande war, den Soldaten, die er hielt, pünktlich ihren Sold zu zahlen, so daß seine Untertanen nicht durch sie gedrückt wurden. In Deutschland bekreuzte und segnete man sich, wenn man nur von dem spanischen Militär hörte, mit dem der deutsche Kaiser sein Reich zu besuchen pflegte. Indessen waren die deutschen Landsknechte um nichts besser. Rekrutierten sich im Krieg die Armeen aus den Scharen zuchtlosen Gesindels, so stellten sie im Frieden die Räuberbanden, die Land und Meer unsicher machten.

Beute

Räuber

In Italien war es scheinbar besonders arg. Benvenuto Cellini verließ Neapel bei Nacht, »damit man mir nicht auflauern und mich berauben sollte, wie es die Gewohnheit in Neapel ist«. Rom, die Residenz des Statthalters Christi, war die unsicherste Stadt Italiens; kein Reisender wagte es, Geld bei sich zu tragen, so kam damals die Gewohnheit auf, seine Barschaft einem Bankier anzuvertrauen und sich von diesem ein laufendes Konto eröffnen zu lassen. Als Montaigne nach Rom kam, wurde gerade ein gewisser Catena hingerichtet, der gestand, 54 Morde nur aus Freude an der Sache verübt zu haben. Aber es stand in den andern Ländern keineswegs besser; alle Reisenden, welchem Stand sie auch angehörten, selbst Könige und Königinnen, die unterwegs waren, schwebten beständig in Gefahr, ausgeplün-

65 David Vinckeboons, Die spanischen Soldaten und die Bauern. Stich, Anfang 17. Jh.

dert und ermordet zu werden. 1529 wurde ein Sattlergeselle in Straubing gerichtet, der im Alter von 24 Jahren schon 22 Morde begangen hatte.

Raubritter

In Deutschland war die Benutzung der öffentlichen Straßen mit um so größerer Gefahr verbunden, weil der Adel die Wegelagerei geradezu wie einen Sport betrieb. Der Handel galt als unritterliche Beschäftigung, eine im Grunde undeutsche Idee, die im Zeitalter der spanischen Vorherrschaft allgemeine Geltung erlangte; die Warenzüge der Kaufleute aber anzugreifen und zu berauben oder einzelne Reisende zu plündern und gefangenzusetzen, bis sie sich auslösen konnten, war für einen Edelmann keineswegs ein Schimpf. Das war zum Beispiel die Beschäftigung des Götz von Berlichingen.

Jede größere und darum reiche Stadt besaß in dem Landadel der Umgebung ihre geborenen und geschworenen Feinde. Sebastian Langhans beschwerte sich, daß Hans und Albrecht von der Schulenburg 1524 die Bürger Magdeburgs plünderten, Georg Butzes Chronik führt ähnliche Taten Johanns von Asseburg und Wichmanns von Wulfen aus dem Jahr 1548 auf. Als nun vollends Karl V. Magdeburg in die Acht erklärte, wurden die Bürger bis unmittelbar vor die Tore der Stadt gejagt. Hennike von Holstein soll sich für eine Untat dadurch gerächt haben, daß er einen Einwohner der Stadt Waren am offenen Feuer braten ließ, wodurch seinem Andenken der Spitzname »Bradenkirl« bis auf den heutigen Tag blieb.

Das ganze Jahrhundert hindurch wurde man dieses Unwesens nicht so recht Herr, erst als die Fürstenmacht stark genug geworden war, um den Übermut der Landsassen zu zügeln, kehrten ein wenig Ordnung und Sicherheit ein.

Justiz Wenn die Deutschen einen Luther brauchten, um sich von der Tyrannei der römischen Kirche zu befreien, so hätten sie dringend eines zweiten Luthers bedurft, um sich vor dem römischen Recht und seiner Mordlust zu schützen. Wer wollte daran zweifeln, daß das Gebäude des römischen Rechtes ein Kunstwerk an sich war und ein großes dazu, aber wer wollte nicht bedauern, daß die Deutschen sich ihm unterwarfen, und nicht die Engländer beneiden, deren Entwicklung zur Größe ohne dasselbe erfolgte. Das Römische Recht förderte nicht nur die Omnipotenz der Juristen sowie die Rechtsverdrehung, sondern die in Paragraphen gefaßten Taten stumpften auch das sittliche Gefühl ab.

Folter Im Gefolge des Römischen Rechts waren bereits im Mittelalter die Folter im Untersuchungsverfahren und eine unerhörte Grausamkeit im Strafvollzug eingezogen. Augenausstechen, Brandmarken, Auspeitschen, Abschneiden der Nase und der Ohren, Abhacken der Hände gehörten zu den milderen Strafen. Die Folter, deren verschiedene Grade das Gesetzbuch Karls V. in ein System brachte, machte vor niemandem halt; es ist bekannt, daß der berühmte Macchiavelli sie überstehen mußte. Die Folter weckte die brutalsten Instinkte. Jörg Breu erzählt in seiner Chronik von dem Augsburger Zunftmeister Jörg Mayer, genannt Ulmer, der »hett großen lust und fraid gehabt, die armen in den eisen zu fragen und zu peinigen mit seltzamer marter«. Dieser Menschenfreund wurde am Ende selbst gehängt. Sein Geschmack aber wurde von vielen geteilt, auch Herzog Heinrich von Braunschweig ließ es sich nicht nehmen, bei der Folterung des Bürgermeisters Wullenweber von Lübeck und Thomas Münzers anwesend zu sein.

66 Franz Hogenberg, Poltrot de Mercy wird in Paris geviertelt. Stich, nach 1563

Gefängnis

Das Gefängniswesen befand sich im übelsten Zustand; eigene Gebäude dafür existierten nicht, man benutzte die Befestigungstürme der Städte oder das erste beste Loch, mochte es auch von Ungeziefer, Ratten und Mäusen wimmeln. Untersuchungsgefangene wurden »gestockt und gepflockt«, das heißt, man spannte sie mit Händen und Füßen in Holzpflöcke und schloß sie mit Ketten an die Mauer. Der Mühlenmeister Claus Hildebrand, der in Wolgast in den Turm geworfen wurde, erfor sich im Winter beide Schenkel und wurde von den Läusen so zugerichtet, »daß man ihn nicht retten konnte«. Das Gefängnis im Schlosse zu Bebenhausen war in vielen Jahren weder gesäubert noch ausgeräumt worden, bis der Wächter beschloß, es auszuräuchern, wobei drei Gefangene erstickten. Man hielt sich nicht mit Gefangenen auf, außer wenn man hoffen durfte, Lösegeld von ihnen zu erpressen; man zog das abgekürzte Verfahren der Hinrichtung bei weitem vor.

Hinrichtung

Hinrichtungen erfolgten immer in breitester Öffentlichkeit und spielten zudem die Rolle eines Schauspiels. In den Erinnerungen der Zeitgenossen nehmen die Hinrichtungen und Auspeitschungen, das Rädern,

Köpfen und Pfählen einen großen Raum ein. Sastrow, Platter, Breu, Kiechel, wer immer von sich und seinen Erlebnissen berichtet, vergaß nicht, die oft grausigen Einzelheiten zu schildern.

Hexenprozeß

Bedingt durch die Folter, mit deren Hilfe man aus den gequälten Seelen glaubte, alles herausbringen zu können, und durch den Mangel an Anerkennung von weiblicher Bildung wurden im 16. Jahrhundert die zahlreichen Hexenprozesse möglich und konnten auch jenen Umfang annehmen, den sie tatsächlich erreichten. Das Christentum war in weiten Schichten der Bevölkerung nicht besser als ein dünner Firnis über heidnischen Anschauungen; Melanchthon erschrak über den grenzenlosen Aberglauben des rheinischen Volkes, aber was will man verlangen, wenn man hört, daß in Rom, der Residenz des Statthalters Christi, im Juni 1521 im Kolosseum von einem griechischen Zauberer ein Stier feierlich nach heidnischem Ritus geopfert wurde, um die Dämonen der Pest zu besänftigen? Das war der geeignete Boden, um den Hexenwahn erblühen zu lassen, die Vorstellung von der Möglichkeit eines Bundes zwischen dem Teufel und sterblichen Menschen. Die römische Kirche legte ihn im »Hexenhammer« fest, und dem Vorgehen gegen Zauberer und Hexen wurden damit die Wege geebnet. Eine Hexe bezichtigte immer die andere, und Kurfürst Johann von Trier brachte es glücklich dahin, daß 1585 in zwei Ortschaften seines Sprengels nur mehr zwei Weiber übrig waren, alle übrigen hatten sich gegenseitig auf den Scheiterhaufen gebracht. In Quedlinburg verbrannte man 1589 an einem Tag 133 Hexen; der Richter Balthasar Voß in Fulda ließ binnen 19 Jahren 700 Hexen verbrennen. Wer in Untersuchung geriet, war verloren; man quälte ihn, bis er gestand, und niemand wagte ein Wort der Vernunft im Jahrhundert der Reformation! Es dauerte länger als ein Jahrhundert, ehe Zweifel öffentlich geäußert werden durften.

ZWEITES KAPITEL

Die Renaissance wird – insbesondere in Italien – als Wiedergeburt der Antike, aber auch allgemein als kultureller Zustand der Übergangszeit vom Mittelalter zur Neuzeit verstanden. *Kunst/ Renaissance*

In Italien, wo die Gotik nie vollkommen aufgenommen worden war, bildete sich bereits im 15. Jahrhundert eine neue, dem nationalen Ideal nahestehende Architektur voll aus. *Architektur*

Flache Dächer, mächtige Kuppeln rundbogige Fenster, starke Wände, monumentale Fassaden kennzeichnen die italienische Renaissancearchitektur. Sie ist von einer einfachen, klaren Harmonie geprägt, solide und mächtig, mit selbstverständlicher Schlichtheit und Ruhe. Von den frühen Palastbauten und Bramantes Kuppelgestaltung in Florenz über die venezianischen Palazzi bis zur Peterskuppel in Rom zeigt sich in Thematik und Technik die gesamte Spannweite der Renaissance. Diese Bauten stellen den Reichtum der Fürsten und Patrizier sowie die Prunksucht und Machtgier der Kirche zur Schau. *Italien*

In Deutschland waren die Voraussetzungen andere. Hier wurde die Gotik nur sehr langsam von der Renaissance abgelöst, und gewisse architektonische Details mittelalterlicher Baukunst fanden sogar erst im 16. Jahrhundert ihre Vollendung. *Deutschland*

Meist ist das, was man gemeinhin als deutsche Renaissancearchitektur bezeichnet, kein Baustil, sondern eine Zierde, eine spielerische, häufig äußerst anmutige Aufnahme von Renaissance-Elementen in das architektonische Ornament. Der gläserne Saalbau und der Ottheinrich-Flügel des Heidelberger Schlosses, die fürstlichen Residenzen in Stuttgart, Brieg, Dresden, Güstrow weisen in der Überfülle des schmückenden Beiwerks darauf hin, daß der Deutsche einen Kompromiß eingehen mußte, als es für ihn darauf ankam, sich die fremde Gedankenwelt zu eigen zu machen.

Es gibt nur wenige Beispiele der klaren, schlichten Gestaltung italienischer Renaissance nördlich der Alpen.

Vielfach empfingen die deutschen Auftraggeber die Renaissanceformen erst aus zweiter Hand, denn wie niederländische Maler die ersten waren, die in Deutschland die welsche Manier einführten, so brachten auch niederländische Baumeister die neue Architektur, und es ist ihnen, wie Friedrich Sustris und Peter Candid in der Münchener Michaelshofkirche, gelegentlich sogar ein großer, der italienischen Baukunst gleichwertiger Wurf gelungen.

Malerei Die Reformation war der deutschen Malerei nicht förderlich. Sie war an und für sich nicht gerade kunstfeindlich – die verderblichen Bilderstürme werden dem Pöbel angelastet, nicht den Reformatoren –, aber die Oppositionsstellung gegen die römische Kirche drängte ihr eine ablehnende Stellung gegen jeden Schmuck durch die bildenden Künste geradezu gebieterisch auf. Das Luthertum stand der Kunst gleichgültig gegenüber, und so geschah es, daß die deutsche Kunst, innerlich gelähmt durch die Aufnahme des süßen welschen Giftes, äußerlich weite Gebiete der bisherigen Geltung verlor.

Die Malerei eines Dürer, Cranach, Holbein und anderer steht an der Wende vom 15. zum 16. Jahrhundert. Sie ist aus einer national-deutschen Tradition gepaart mit den Errungenschaften der Renaissance zu verstehen. Dürers Kunst rang mit der dem Mittelalter eigenen Naivität, die sie gegen formale Werte und Ideale der Renaissance einbüßte. Fünfundzwanzig Jahre nach Dürers Tod gab es in Deutschland keinen großen Maler nationaler Eigenprägung mehr; alle bemühten sich nach besten Kräften, so zu malen wie die vielbewunderten Vorbilder der römischen oder bolognesischen Eklektik.

Selbst in Italien war mit Raffaels Tod schon früh im 16. Jahrhundert die große Epoche der Renaissance in ihrer Blüte beendet worden, aber Michelangelo, Tizian und Veronese, die erst in der zweiten Hälfte des Jahrhunderts starben, verknüpften noch immer die Gegenwart mit der großen Vergangenheit. Über der italienischen Spätrenaissance aber lagerte die Erinnerung an Raffael und Michelangelo wie ein Riesenschatten, der die selbständige Entwicklung jeder künstlerischen Eigenart hinderte. Es war unmöglich, es diesen Meistern gleichzutun, geschweige denn, sie zu übertreffen, und so schien dem nachgeborenen Geschlecht im 16. Jahrhundert auch hier nichts übrig geblieben zu sein als Nachahmung.

Deutsche Kleinmeister Die große Kunst sah das Dasein rings um sie her nicht; sie bevölkerte ihre Kunstwerke mit gleichgültigen Schemen zeitloser Herkunft, Modellen, die ihre Individualität und alle Bedingnisse des Milieus, dem sie angehören, abgelegt hatten. Zeit und Menschen aber, wie sie waren und sich gaben, finden wir in erster Linie bei den deutschen Kleinmeistern, die wie die beiden Brüder Beham, Aldegrever, Virgil Solis, Jost Amman und andere ihre Blicke nicht hoch über sich erhoben,

67 *Albrecht Dürer. Der Spaziergang. Stich, um 1496/97*

sondern einfach und offenen Auges um sich sahen und ihre Zeitgenossen auf Markt und Straße, in Haus und Werkstatt beobachteten. Ihr Griffel machte die Schwarzweißkunst zum eigentlichen Tummelplatz des deutschen Genius, der, wenn er sich selbst überlassen blieb, immer nach dem Zeichenstift langte und nur gezwungen den Pinsel in die Hand nahm. In köstlicher Frische und einer dem täglichen Leben abgelauschten Natürlichkeit schilderten sie die Menschen ihrer Epoche, am besten und überzeugendsten dann, wenn sie ganz in ihrer Sphäre blieben und die ihnen seelisch so nahverwandten Spießbürger darstellen durften. Da waren sie ganz in ihrem eigensten Element, denn sie hatten Menschen von ihrem Geist und ihrem Fleisch vor sich. Jost Amman führt uns mitten in den bürgerlichen Alltag von damals; Aldegrever lädt uns zu den Festen der Patrizier und Beham zu den Bauern.

DRITTES KAPITEL

Die Wende des 15. zum 16. Jahrhundert sah die gute Gesellschaft und alle, welche es ihr gleichtun wollten, in einer Tracht, wie man sie seltsamer und bizarrer nicht leicht erdenken kann. Es herrschte die größte Willkür in Schnitten und Farben, alles scheint der Laune überlassen gewesen zu sein, jeder war nur sich selbst Regel und Gesetz. Es konnte nicht ausbleiben, daß man das Fehlen einer einheitlichen Mode in dieser Zeit mit dem Schwinden der mittelalterlichen Lebensauffassung in Zusammenhang brachte und den Ausdruck für das Aufkommen des Individualismus, das Betonen der eigenen Persönlichkeit zuerst im Kostüm erkannte. *Mode* *Zeitgeist*

Für jeden, der Zeitgeist und Mode in Übereinstimmung bringen will, ist es ohne Zweifel sehr verführerisch, im Übergang vom 15. zum 16. Jahrhundert in der Kleidung der Generation alle Merkmale zu finden, die das Unruhige und Widerspruchsvolle des Zeitcharakters aufweisen. Geht man noch einen Schritt weiter, so ist es nicht schwer, sich davon zu überzeugen, daß mit dem Ausbruch aus den kirchlichen Fesseln eine Absage an den alten Kleidungsstil parallelgeht. Wir erhalten dann ganz folgerichtig eine Behauptung, die sogar schon in allem Ernst gemacht wurde: in der Pluderhose der deutschen Landsknechte wurde das Symbol der deutschen Reformation gesehen. Es ist müßig, über solche Fragen zu streiten, da es immer an den schlüssigen Beweisen fehlen wird. Ohne Zweifel steht die Kleidung, die einen so starken Faktor der Kultur bildet, mit dem Zeitgeist in einem gewissen Zusammenhang, ob es aber in so äußerlicher Weise der Fall ist, muß dahingestellt bleiben. Dagegen kann man feststellen, daß das 16. Jahrhundert der Mode und Tracht ein außerordentliches Interesse widmete und dafür sorgte, daß die Schnitte und Formen der zeitgenössischen Kleidung in ihrem Aussehen festgelegt und späteren Geschlechtern zur Kenntnis überliefert wurden. Nirgend anderswo wurde ein so großer Wert auf den Anzug gelegt wie etwa in Florenz, wo auch alte Männer schöne und vorteilhafte Kleidung als zur Vollendung der gesamten Persönlichkeit unerläßlich ansahen.

68 Jost Amman, Frau aus Straßburg, 1577. Aus Hans Weigels Trachtenbuch

Mode- und Trachtenbücher

Siegmund Freiherr von Herberstein, der im Dienst mehrerer Monarchen weite und gefahrvolle Reisen machte, veröffentlichte 1560 in Wien seine Selbstbiographie, deren interessanteste Bestandteile die Kostümbilder sind, die er darin auch gut schilderte. Die Kleider, die ihm der König von Polen, der Großfürst von Rußland, der König

69 Jost Amman, Handwerksfrau aus Schlesien, 1577. Aus Hans Weigels Trachtenbuch

von Spanien, der Sultan geschenkt hatten, ließ er sorgfältig und gewissenhaft abzeichnen und in Holzschnitt vervielfältigen; so wichtig erschien ihm der Anteil, den sie an seinen Erlebnissen gehabt hatten. Eine gewisse Berühmtheit errang die Sammlung, die im 16. Jahrhundert zwei weit weniger hochgestellte Männer anlegten. Matthäus und

Veit Konrad Schwarz, Vater und Sohn, beide nacheinander als Buchhalter in Diensten der Augsburger Fugger, ließen sich in allen Kleidern malen, die sie in ihrem Leben je getragen hatten. Diese Schwarzschen Trachtenbilder, 140 an der Zahl, sind ein kulturhistorisches Denkmal von großer Wichtigkeit und hohem persönlichem Reiz.

Neben diesen Denkmalen einer ganz persönlichen Liebhaberei ist auch die Literatur reich an Trachtenwerken, die das lebhafte Interesse an der äußeren Erscheinung des Menschen zur Geltung bringen. Viel kopiert wurden Darstellungen des italienischen Radierers Enea Vico, der in 98 Blättern die Kleidung aller Völker des Erdballs dar-

Abb. 83 zustellen versuchte. Welche Vorlagen er zu seiner Arbeit benutzte, ist nicht mehr festzustellen; daß sie aber den größten Beifall fand, ist genau zu verfolgen. Dasselbe Lob darf man den Blättern von J. J. Boissard spenden, der sich hauptsächlich mit Frankreich und Italien beschäftigte und nur wiedergab, was er wirklich mit eigenen Augen gesehen hatte. Durch diesen Umstand verdient sein Werk aus dem Jahr 1580 die größte Beachtung und darf den Wert einer zuverlässigen und wichtigen Quelle für sich in Anspruch nehmen. Die deutschen Trachtenbücher hingegen, wie die Sammlung des Nürnberger Verlegers Weigel, befinden sich künstlerisch wohl auf einer sehr hohen Stufe, aber sie stehen inhaltlich keineswegs auf eigenen Füßen. Selbständigen Wert, besonders was Italien betrifft, besitzt das Trachtenbuch des Venezianers Cesare Vecellio, des Neffen oder Großneffen Tizians, aus dem Jahre 1590, das nicht nur das umfangreichste in seiner Art, sondern auch das erste ist, welches Ansätze zu einer historischen Trachtenkunde erkennen läßt. In Italien ließ ein findiger Verleger, Pietro Bertelli, Trachten in Alben abbilden und verkaufte diese an Reisende als Andenken.

Nachahmung

Schon aus dem Vorhandensein einer so umfangreichen und kostspieligen Literatur ergibt sich ohne weiteres, daß ein öffentliches Interesse für die Frage bestand: wie kleiden sich andere Völker? Darin könnte der Drang zu Nachahmungen wurzeln, welche im Lauf des 16. Jahrhunderts dazu führten, daß die nationalen Unterschiede in der Tracht der europäischen Kulturvölker völlig verschwanden, um zu Beginn des 17. Jahrhunderts einer einheitlich orientierten Mode Platz zu machen. Da, wo gewisse Orte oder bestimmte Schichten zäher im Festhalten am Hergebrachten waren und das Neue ablehnten, hielten sich ältere Kleidungsstücke wohl noch länger, doch sie gingen in die Volkstracht über. Da waren sie zwar keineswegs dem Wechsel entzogen, aber sie pflegten sich weit länger zu halten als in der höfischen Mode.

70 Heinrich Aldegrever, Hochzeitstänzer. Stich, 1538

71 Frederico Zuccari, Maria Stuart. Stich, um 1574

Das Verwischen der Besonderheiten der Kleidung wurde damals verurteilt. Pellegrino Morato ereiferte sich gegen das fremdländische Kostüm, denn die Italiener riefen mit ihren französischen und spanischen Kleidern, wie er glaubte, den Zorn Gottes herbei. In Frankreich gab man den militärischen Expeditionen, die Karl VIII. und

72 Giovanni Antonio Fasolo, Venezianerin, um 1560. Dresden, Staatliche Kunstsammlungen

Ludwig XII. nach Italien geführt hatten, die Schuld, daß italienische Moden überhandnahmen, und Henri Estienne hielt sich darüber auf, daß es für besonders elegant gehalten werde, französisch mit italienischer Aussprache zu reden. Dann wieder klagte man die Königin Eleonore, die 1530 Franz I. heiratete, an, sie habe die spanische

Mode in Frankreich eingeführt und durch ihr böses Beispiel ihren Gatten verführt, sich ebenfalls spanisch zu kleiden. Der Kopfputz der Französinnen war nach Rabelais nur im Winter französisch, im Frühjahr dagegen spanisch und im Sommer toskanisch. Von der Schottenkönigin Maria Stuart erzählt Brantôme, sie habe sich bald nach französischem, bald nach spanischem oder italienischem Geschmack gekleidet. Und in Deutschland war es nicht anders; so schrieb Veit Konrad Schwarz, als er die Sammlung seiner eigenen Kostüme begann: »Wir Theutschen sein mit Kleidung je und alwögen nie anderst gewest alls wie die affen, was wir gesehen, haben wir muessen nachmachen auff vilerlai Nationen artt. Mir kann sunst kainer kain zu abentheurischen Furm ains Kleids aufbringen, dann ye Seltsamer klaidung vann schnitt van hosen, wammes vund schuch ainer auffbringt, ye liber ichs trag.«

Nationaltrachten

Anfang des Jahrhunderts war der Vorwurf der Nachäfferei noch weit gegenstandsloser, da keine Nation allein den Ton angab. Erst im Lauf des Jahrhunderts fiel diese Rolle Spanien zu und auch dann in weit eingeschränkterem Sinne, als es im nächsten Jahrhundert mit der französischen Vorherrschaft auf dem Gebiet der Mode der Fall war. Spanien verhielt sich dabei ganz passiv und überließ es den Fremden, ob diese seine Tracht annehmen wollten oder nicht. Frankreich hingegen verstand die Angelegenheit sofort volkswirtschaftlich auszubeuten und als politischen wie ökonomischen Faktor in seine Rechnung zu stellen. Natürlich fällt auch ins Gewicht, daß die Höfe Karls V. und Philipps II. sich nicht entfernt mit denen eines Ludwig XIV. messen konnten. Erst seit etwa 1540 folgten die höheren Stände dem spanischen Vorbild, und erst ungefähr 20 Jahre später ließ sich die Wirkung auch bei den breiteren Schichten der Bevölkerung erkennen. Aber selbst diese Aufnahme des Fremden ging mit starken Einschränkungen vor sich, und bis an das Ende des Jahrhunderts bewahrten sich Deutschland, England, Frankreich, Italien Eigenheiten, die sie in den Augen der Landfremden sofort deutlich charakterisierten. Italien übernahm die spanische Mode nicht in ihrer ganzen Strenge und verzichtete zum Beispiel nie auf das in Spanien geradezu unmögliche Dekolleté; Frankreich dagegen übertrieb alle Merkmale der spanischen Art stark, ebenso England, noch dazu in einer Zeit, als die englische Politik so spanienfeindlich wie nur möglich war. An den Engländerinnen fanden die Reisenden die Häufung der Kleidungsstücke zu tadeln. Samuel Kiechel preist das »holdsälig und von natur mechtig schön weibsbildt als ich kaum gesehen, ... allein das sue in der Kleidung was plomps gehn, manche soll drei Röck von tuch obennander anhaben«. Bei den nationalen Eigenheiten scheint bei den

73 Jost Amman, Deutscher Landsknecht. Holzschnitt aus dem Ständebuch, 1568

Männern die Beinbekleidung den Ausschlag gegeben zu haben. Wenn Agrippa von Nettesheim von Maskeraden am Hofe König Heinrichs VIII. erzählt, und daß der König und die Kavaliere in deutscher Tracht erschienen seien, so fügt er auf der Stelle hinzu: in langgeschlitzten Hosen. Lucas Geizkofler berichtet, daß verschiedene seiner französischen jungen Freunde sich in den Tagen der Pariser Bluthochzeit »die teutsche Reisekleid, so sie aus Teutschland mitgebracht hatten, zu ihrer verkleidung« borgten. Wenn Johann Christoph und Froben Christoph von Zimmern mit ihrem Hofmeister nach Frankreich reisten, »uf die deutsche manier bekleidet, denn das jargeld möcht nit vil unnetiger kleidung erleiden«, durften sie sich glücklich schätzen, von den Franzosen nur verspottet zu werden, während Bartholomäus Sastrow es 1543 in Venedig viel bedenklicher fand, daß ihm die Gassenjungen, die ihn an seiner Kleidung erkannt hatten, nachriefen: »tu sei tedesco, porche luterano« (du bist ein Deutscher, lutherisches Schwein), und er es dadurch für geraten hielt, sich einen anderen Anzug zu beschaffen. Freilich, als er im Jahr darauf nach Deutschland zurückkehrte, geschah es, daß Tiroler Bergknappen, denen er jenseits Trient begegnete, ihn und seine Begleiter »wegen der welschen Kleidung« erschlagen wollten, und sie daher nichts Eiligeres tun konnten, als ihre Kleider in Innsbruck »auf das Teutsche Muster umbmachen« zu lassen. In Nürnberg ließen sie sich dann die »Wammeser mit kurzen Leiben machen, also gar in teutsche Habit« verwandeln. Diese Angabe belehrt uns, daß um die Mitte des Jahrhunderts der Schoß in Italien länger getragen wurde als in Deutschland. Als Paulus Behaim 1574 nach Italien ziehen wollte, schrieb er seiner Mutter: »hab mir nicht ohn Ursach pumphosen, wie mans heißt, sondern daß es billicher wälsche hosen genannt würden, denn man sie in Welschland trägt, machen lassen«.

Herr Der große Umschwung des Schnittes, der das Enge und knapp Gespannte der bisherigen Kleidung verwarf und es ebenso primitiv wie radikal änderte, machte sich zuerst in der Männerkleidung geltend und begann schon gegen Ende des 15. Jahrhunderts. Man schnitt *Schlitze* Wams und Hose, da wo sie am engsten die Glieder umschlossen, also an den Gelenken der Arme und Beine, ganz einfach auf und unterlegte die so entstandenen Schlitze mit anderem Stoff, dessen Falten sich durch die Öffnungen des oberen Stückes hindurchdrängten und *Abb. 74* bauschten. Die Zeitgenossen schrieben diese Mode den Schweizern zu, die sich nach ihren glänzenden Siegen über den Herzog von Burgund die erbeuteten kostbaren Kleider anziehen wollten und nicht gewußt hätten, wie sie das machen sollten, bis irgendein ingeniöser Kopf auf den genialen Gedanken kam, seine Kleider aufzuschneiden. Diese Annahme wird durch Konrad Pellicanus von Rufach bestätigt, der in seiner Hauschronik, wenn er auf die Zeit um 1490 zu sprechen kommt, schreibt: »bis dahin hatte niemand buntfarbige zerhauene Kleider gesehen, aber jetzt mußten sich die Schneider daran machen, solche Flickerkünste zu lernen, denn die heimkehrenden Soldaten führten allerlei Neuerungen zu Hause ein.« Jedoch wurden in Italien schon 1480 die Ärmel an Schultern und Ellenbogen aufgeschlitzt. Schnell gingen die Schlitze auf die Schuhe und das Barett über, und Übertreibungen blieben nicht aus. Einige Herren wollten Maximilian I. dazu bringen, ein Verbot gegen diese Tollheiten ergehen zu lassen.

Der Herrscher nahm Partei für seine Landsknechte. »Laßt sie doch gehen«, soll er geantwortet haben, »bei ihrem unseligen und kümmerlichen Leben muß man ihnen einen Spaß gönnen«, und er gewährte, was er höchstwahrscheinlich gar nicht hätte hindern können. Die Mode des Zerhauenen, wie man damals sagte, hatte sich sofort der eleganten Welt bemächtigt. Philipp von Vignuelles sah 1518 in Metz einen Guise in »geschlitztem und zerhacktem Wamms und Hosen wie ein Landsknecht«, und Rabelais, der im Gargantua das Kostüm der Zeit Franz' I. schildert, widmete dem Zerschnittenen und Geschlitzten einen langen Abschnitt. In Deutschland nahm Landgraf Philipp von Hessen diese Landsknechtstracht an. Keine Behörde war imstande,

74 Daniel Hopfer, Deutsche Landsknechte. Radierung, 1. Hälfte 16. Jh.

ihre Verbreitung zu hindern, wenn auch einige, weniger erfahren als Kaiser Maximilian, es mit Verboten versuchten. 1518 gingen die österreichischen Landstände gegen die »zerstückten Kleider« vor; 1525 untersagte die Universität Tübingen ihren Studenten, »zerschnittene Hosen zu tragen«, sie dürften nur am Knie eine Öffnung haben. Aber es war niemand da, der die Befolgung dieser Anordnungen hätte beaufsichtigen können. Matthäus Schwarz ließ sich 1523 ein Wams von Barchent anfertigen, das nach seiner Angabe 4800 Schlitze aufwies, die alle mit weißem Samt unterlegt waren. Diese Behauptung wird nur dadurch glaubhaft, daß die Herstellung der Schlitze in solchem Übermaß natürlich nicht vom Schneider mit der Schere vorgenommen werden konnte, sondern daß sie entweder mittels Eisen eingebrannt oder eingeschlagen wurden, ja in den meisten Fällen schon von den Webereien hergestellt wurden; »gehackte Stoffe« waren im 16. Jahrhundert ein oft erwähnter Handelsartikel. Häufig waren die Schlitze auch nur markiert, indem die Puffen, die eigentlich durch den Stoff durchkommen sollten, einfach aufgenäht wurden. Diese Mode behauptete sich mit seltener Zähigkeit und dauerte mindestens drei ganze Menschenalter. Am extremsten war sie auf deutschem Boden, denn man begnügte sich nicht mit der Zerhackung in symmetrischer Reihenfolge der Schlitze, sondern man begann etwa auf Brust und Rücken ganze Muster anzuordnen, etwa Kreuze, Sterne, Kränze und andere Figuren.

Pluderhose

Abb. 73

In Deutschland trennte man sich auch am schwersten wieder von den Schlitzen und brachte noch nach der Mitte des Jahrhunderts jene berühmte Schöpfung, die Pluderhose, hervor. Es war dies ein Kleidungsstück, das dem Träger bis zum Knie reichte und aus breiten Streifen bestand, die ihrer Länge nach nicht zusammengenäht wurden. Man verwendete ein starkes Wolltuch, dessen offene Zwischenräume mit leichtem Stoff ausgefüllt wurden. Während für den Oberteil vier bis fünf Ellen genügten, beanspruchte das Futter, meist aus leichtem Seidenzeug bestehend, ungleich größere Mengen. Die Berichte schwanken in ihren Angaben zwischen 20 und 200 Ellen; diese Fülle hing zwischen den Streifen hindurch bis auf die Knöchel herab. Man schreibt die Erfindung der Pluderhose wieder den Landsknechten zu. Alle Berichte sind sich einig darüber, daß sie 1553 im Lager des Kurfürsten von Sachsen vor Magdeburg entstanden, und nur Fischart bezeichnet sie als »Braunschweigische Manier«. »Es rauschete, wenn die Hosenhelden kamen, als wenn der Elbstrom durch die Brücke oder über ein Wehr lief«, heißt es in den ersten Meldungen. Auf das frou-frou kam es den Trägern natürlich sehr wesentlich an und wenn sich auch die Obrigkeiten sofort mit Verboten gegen die neue Modetorheit wandten, die Seide untersagten sie nicht, sondern schränkten nur die Zahl der Ellen ein. Braunschweig erlaubte 1579 zwölf Ellen, Magdeburg 1583 achtzehn, und Rostock gab 1585 wenigstens zwölf bis vierzehn zu. Hans von Schweinichen bekam 1569, um nach Lublin zum polnischen Landtag zu reisen, »deutsch ausgezogene Hosen, die eine (das heißt das eine Hosenbein) gelb, die andere schwarz, mit sechzehn Ellen Taffet durchzogen«. Das war verhältnismäßig bescheiden und genügte natürlich bei weitem nicht, um Ohr und Auge der Eitlen zu befriedigen. Einige Fürsten griffen, um diese Mode ihren Untertanen zu verleiden, zu dem erprobten Mittel, den Henker so einzukleiden.

30 Jahre lang hielt sich die Pluderhose. Daran konnte auch Andreas Musculus, Stadtpfarrer in Frankfurt an der Oder, mit seiner Brand-

75 Michael Ostendorfer, Pfalzgraf Wolfgang bei Rhein, Herzog in Bayern. Holzschnitt, 1545

76 Unbekannter Holzschneider, Deutscher Landsknecht, 1. Hälfte 16. Jh.

schrift »vom zerluderten, zucht- und Ehrverwegenen pludrichten Hosenteuffel« nichts ändern.

Aber nicht nur durch die Schlitzung wurde die Einengung des Körpers beseitigt, sondern auch durch Änderung der Oberkleidung. Die knappe Jacke, die Schecke, die nur einen sehr kurzen oder gar keinen Schoß besaß, wurde vom Wams, das einen Schoß aufwies, der bis zum Knie reichen konnte, abgelöst. Bildete der Schoß einen sehr weiten und reich in Falten gelegten Schurz, so wie er häufig unter dem Brustpanzer der Ritter zu sehen ist, so nannte man ihn Waffenrock. *Wams* *Abb. 75* *Abb. 76* *Waffenrock*

Die Entblößung von Hals und Brust verschwand sehr langsam, sie hielt sich hie und da bis in die dreißiger Jahre des 16. Jahrhunderts. Die Bilder des jugendlichen Karl V. zeigen den Hals noch bis unter die Schlüsselbeine, während man bei den Portraits von König Franz I. beobachten kann, daß ein Modewechsel nahe war. Schon begann man den Ausschnitt mit dem Hemd zu bedecken. Der eitle König folgte bald dieser, bald jener Mode; es gibt ungefähr gleichzeitige Bilder von ihm, von denen ihn die einen mit bloßem Hals, die andern mit zugedecktem zeigen. Im allgemeinen wuchs die Tendenz des Bedeckens. Das Wams bekam einen miederartigen Abschluß nach oben. Es endete an der Brust mit einem horizontalen Streifen, aus dem das dichtgefältelte Hemd zum Vorschein kam, und umschloß immer enger den Hals mit einem Stehkragen. Das Hemd wurde sichtbar auf der Brust getragen und somit auch hübsch ausgestattet. Der Kragen wurde bestickt, bunt oder gold, ein Objekt, mit dem großer Luxus getrieben wurde. Die Damen ließen es sich nicht nehmen, diese männlichen Zierden mit eigenen kunstfertigen Händen herzustellen und zu verschenken. Kaiser Maximilian bedankte sich 1511 bei seiner Tochter Margarete, der Regentin der Niederlande, für die schönen Hemden, die sie ihm genäht hatte. Der Bräutigam erwartete von der Braut die Gabe eines gestickten Hemdes als selbstverständlich. Das Bräutigamshemd Felix Platters, der am 22. Oktober 1557 in Basel Hochzeit hielt, hatte einen »güldenen kragen und vil guldenen spengelen, wie domolen brüchlich«. Die Magistrate fühlten sich sogar bemüßigt, Vorschriften darüber zu erlassen, wie mehr oder weniger kostbar diese Gabe sein sollte. *Hals-ausschnitt* *Hemd und Kragen* *Abb. 75*

In dieser Kragenmode liegt der Ursprung der Kröse, die für das letzte Drittel des Jahrhunderts so überaus charakteristisch wurde. Das Leinen des Hemdes wurde in tiefen Falten über die Brust gelegt, und um dieses enge Gefältel hergeben zu können, mußte der Stoff um den Hals fest eingenommen werden. Dieses Bündchen brauchte man nur abzuschneiden und hatte eine kleine Krause fertig in der Hand. Auf vielen zeitgenössischen Gemälden läßt sich die Entwicklung der Kröse *Kröse* *Abb. 77*

77 Heinrich Aldegrever, Johann von Leyden, König der Wiedertäufer. Stich, 1536

vom faltenreichen Hemdkragen, der sich krausenartig um den Hals legt, über eine kleine Rüsche als Abschluß des Kragens bis zu einer kleinen flachen Kröse, deren Gefältel rings von dem hohen Stehkragen absteht, verfolgen. Je mehr Wert auf den Kragen gelegt wurde und sich aus ihm die Krause entwickelte, desto gleichgültiger wurde man gegenüber dem Bruststück des Hemdes, so daß allmählich das Wams höher geschlossen wurde. Es verlor den miederartigen Ausschnitt.

Ärmel Sehr wesentlich für das Aussehen des Wamses war der Ärmel, mit dem ein großer Luxus getrieben wurde, so daß er die Eleganz dieses Kleidungsstücks mehr oder weniger aufwendig mitbestimmte. Man *Abb. 75* versuchte, den Ärmeln nicht nur eine möglichst aparte Form zu geben, sondern verzierte sie durch Schlitze, Puffen, Besätze und Stickereien, soweit irgend Platz dafür vorhanden war. Zuerst bauschte sich der Stoff bis zum Ellbogen, dann verlängerte man ihn bis zum Handgelenk, um den großen Umfang entweder wie einen gewaltigen Sack erscheinen zu lassen oder ihn durch wulstförmige Abteilungen zu gliedern. Der Stoff wurde geschlitzt, längs oder quer oder beides. Die Erfindungsgabe, welche die Schneider den Ärmeln zuwandten, scheint unerschöpflich gewesen zu sein. Die Ärmel wurden ganz selbständig und emanzipierten sich völlig von dem Kleidungsstück, zu dem sie gehörten; man fertigte sie einzeln zum Annesteln an. In den Inventaren der Garderobe König Heinrichs VIII. befanden sich viele solcher Ärmel, die einzeln zu verwenden waren.

Beim Beinkleid vollzog sich eine Trennung in zwei Teile. Aus der *Kniehose* langen enganliegenden Hose des 15. Jahrhunderts wurde am Unter- *und Strumpf* schenkel der Strumpf, am Oberschenkel die Kniehose. Der Strumpf *Abb. 75* modellierte die Wade, während die Kniehose in ihrer Ausgestaltung mit den Ärmeln rivalisierte und wie diese geschlitzt, gebauscht und gebunden wurde. Man befestigte sie am Wams mittels Nesteln, die – gewöhnlich zwölf – aus Bändern mit Metallenden bestanden. Man schätzte vorzüglich die italienischen; so brachte etwa Andreas Masius 1549 dem Herzog von Jülich zwölf Dutzend neapolitanischer Nesteln von seiner Romreise mit.

Durch den Latz der Schamkapsel wies das Beinkleid fast ein ganzes *Schamkapsel* Jahrhundert ein eigenartiges Aussehen auf. Die Schamkapsel wurde in der Größe eines Kinderkopfes zu einer aufrechten Form ausgestopft, daß sie, wie Montaigne bemerkt, »das wahre Modell eines Gliedes wurde, das wir anständigerweise nicht einmal nennen dürfen«. Diese Mode stammt aus Frankreich und wurde überall aufgenommen. Sie machte sich sogar bei den Rüstungen geltend und wurde immer umfangreicher und schließlich sogar noch mit Schleifen kunstvoll besetzt, um *Abb. 73* Aufmerksamkeit zu erregen. Die Braguette hielt sich bis gegen Ende *Abb. 75* des Jahrhunderts. Rabelais beschrieb in seiner gewöhnlichen, skurrilen Art den Hosenlatz von Gargantua und Pantagruel, und man hört gut verbürgt, daß dieses Anhängsel der männlichen Kleidung mit der Zeit soweit jeden anstößigen Charakter verlor, um als Tasche zu dienen, in der die Herren ihr Sacktuch und ihre Börse verwahrten, sogar Orangen, die sie vor den Augen der Damen herausholen und diesen anbieten durften. Die männliche Kleidung wäre unvollständig gewesen ohne den mantelartigen Oberrock, die Schaube, die den Tappert *Schaube* des 15. Jahrhunderts verdrängte. An ein glattes Schulterstück wurde *Abb. 78* der Stoff in Falten angesetzt, der anfänglich bis zu den Knöcheln, spä- *Abb. 80* ter nur bis knapp über die Knie reichte. Die Ärmel fehlten entweder ganz, dann kam durch das Armloch der Ärmel des Wamses hervor, oder sie hingen lang und weit hinter dem Armloch als bloße Zierstücke herab. Gelegentlich waren sie auch ihrer ganzen Länge nach geöffnet und nur am Ellbogen und dann wieder am Handgelenk geschlossen, um sie ihrer ganzen oder halben Ausdehnung nach über die Wamsärmel bei Bedarf anzulegen. Die Schaube war das Hauptkleidungsstück des Mannes, sein eigentliches Ehrenkleid, auf dessen Ausstattung größte Sorgfalt verwendet wurde. Hauptsächlich war sie in den Kreisen der besseren Bürgerschaft beliebt – so wurde ein Gelehrter niemals anders als in der Schaube porträtiert –, und die Schaube hat sich sogar, weil sie natürlich auch Luthers Tracht war, bis heute im Talar der *Abb. 59* protestantischen Geistlichkeit im Gebrauch erhalten. Wären all die vielen Kleiderordnungen durchgeführt worden, so hätten zum Beispiel Handwerker die Schaube gar nicht tragen dürfen. Sie wurde außen und innen gern mit Pelz besetzt, was ein kostspieliges Vergnügen bedeutete. Anton Tucher kaufte 1507 einen getragenen schwarzen Rock mit Futter von Marderfell, für den er 35 Gulden bezahlte, 1518 schenkte Lucas Rem seinem Bruder, Doktor Gilg Rem, eine schöne Marderschaube, die 75 Gulden kostete.

Stoffe Diese Kleidung, wie sie bis weit über das erste Drittel des Jahrhunderts hinaus getragen wurde, war reich und voll durch ihren Schnitt. Man trug dazu so viel Seide und Samt, daß Luther in seinem Sermon von den guten Werken, den er im März 1520 herausgab, die Seiden- und Samthändler geradezu als heimliche Räuber brandmarkte. Aber nicht genug damit, die broschierten Gewebe, die Brokate, Gold- und Silberstoffe, von denen die billigeren im Durchschnitt 10 bis 18 Gulden die Elle kosteten, waren noch bevorzugter, und wenn man erwägt, daß eine Kuh dazumal etwa um 4 Gulden zu haben war, so kann man sich vorstellen, was solche Preise bedeuteten. Diese reichen Stoffe kamen aus Italien. Von Nürnberg aus vertrieben italienische Händler die Stoffe innerhalb Deutschlands. Für die Höfe der großen Potentaten war nichts kostbar und schön genug, und da Heinrich VIII. und Franz I. jung und stattlich waren, kleideten sie sich so prunkvoll, wie es die Mode nur irgend gestattete. Berühmt wurde die Zusammenkunft der beiden Monarchen im Jahre 1520, die an der normannischen Küste stattfand und von den englischen und französischen Chronisten nur das »field of the cloth of gold« genannt wurde. Engländer und Franzosen, ihre Herrscher voran, wetteiferten darin, sich in der Kleidung zu übertrumpfen; sie pflegten täglich zweimal

78 Christoph Amberger, Patrizier, 1525. Wien, Kunsthistorisches Museum

79 Hans Holbein d. J., König Heinrich VIII. von England, um 1537 Leicestershire, Belvoir Castle

ihre Anzüge zu wechseln und nichts anderes als damaszierten oder gekrausten Silberstoff, Goldgespinste und dergleichen köstliche Gewebe anzulegen. Als Franz I., von dieser (obengenannten) Heerschau kommend, nach Paris ging, wurde bei seinem Einzug in die Hauptstadt eine Pracht entfaltet, die beispiellos klingt. Der König selbst trug Silberstoff, die Edelleute, die ihn begleiteten, Goldstoff und weißen Atlas, die Marschälle Gold- und Silberbrokat, die Hauptleute Goldstoff und karmesinroten Samt, die Ritter ebenfalls karmesinroten oder schwarzen Samt, mit Goldflittern bestickt, die Bogenschützen weißes Tuch und weißen Atlas mit silbernen Lilien bestickt, und die Bürger von Paris schließlich schwarzen, scharlachfarbenen oder karmesinroten Samt. (Dagegen verblassen die militärischen Einzüge der Wilhelminischen Ära freilich zu nichts.) Anläßlich der ersten Zusammenkunft Heinrichs VIII. mit der Prinzessin Anna von Cleve trug der König einen Anzug aus Samt, der so reich mit Gold bestickt war, daß man den Grund des Stoffes nicht mehr sehen konnte, die Knöpfe waren von Diamanten, Rubinen und Perlen. Alle seine Hemden und Strümpfe waren ebenfalls mit Gold bestickt. Dieser Kleiderluxus setzte sich auf der sozialen Stufenleiter abwärts fort. Franz I. aber fand es in volkswirtschaftlichem Interesse am Ende doch geraten, 1543 den Herren den Gebrauch von Gold- und Silberbrokat zu verbieten. Mit einem ähnlichen Verbot, das auch auf die Stickerei in diesem Material ausgedehnt wurde, war Spanien schon vorangegangen, hatte seine Gesetze aber bereits 1534 erneut verschärfen müssen; doch 1555 mußten die Cortes darum bitten, die Verbote lieber ganz aufzuheben, denn befolgt würden sie ja doch nicht.

Mi-parti

Das lustigste Bild aber müssen die Farben gewesen sein. Die geteilte Kleidung – das sogenannte Mi-parti, das sich auf lange Jahre hielt – erlaubte es, jedem Ärmel, jedem Hosenbein, jedem Strumpf und jeder Puffe eine andere Farbe zu geben. Matthäus Schwarz ließ sich zum Beispiel 1521 grüne Hosen machen, bei denen die Puffen um die Hüften rechts gelb, links blau waren. Besonders stolz war er auf eine Erfindung, die er allem Anschein nach selbst gemacht hatte; 1525 nämlich besaß er »ein Rock, den kunt man umbkeren« und entweder Leibfarben oder Grün tragen. Das Mi-parti blieb merkwürdig lange in Gunst; noch Mitte des Jahrhunderts ist davon die Rede. Später war das Mi-parti schon aus der Eleganz der oberen Klassen zu den unteren Ständen herabgesunken und ein unterscheidendes Merkmal der Kleidung der Subalternbeamten geworden. Es hielt sich als solches in den süddeutschen Reichsstädten noch bis zum Ende des 18. Jahrhunderts, wo Friedrich Nicolai auf seiner großen Reise durch

Abb. 78

Deutschland mit Erstaunen Notiz von diesen seltsamen Erscheinungen nahm.

Farben Man häufte die Farben vielleicht, weil sie eine symbolische Bedeutung hatten, und wer seinen Mitmenschen viel auf diesem Weg zu sagen hatte, der mußte mehrere Nuancen auf seinem Körper vereinen. Männer, die die Mode nicht mitmachten und sich unscheinbar kleideten, wurden verhöhnt. Rot gehörte allgemein zur Lieblingsfarbe. Cosimo de Medici pflegte zu sagen: zwei Ellen rotes Tuch machten einen Menschen schön. Die Fürsten und Fürstinnen des Hauses Sachsen, die Lucas Cranach so oft porträtierte, trugen zum weitaus größten Teil Rot. Rot hatte den Beigeschmack des Vornehmen; nur die besseren Stände durften es tragen. Als sich im Bauernkrieg die gemeinen Leute in Langensalza empörten, lautete eine ihrer Hauptforderungen, sie wollten jetzt auch rote Schauben wie die Reichen.

Bart Bei der Haartracht des männlichen Geschlechts fällt vor allem auf, daß nach einer langen Periode der glattrasierten Gesichter der Bart wieder zu Ehren kam. Zu dem am Anfang des Jahrhunderts üblichen Halsausschnitt hätte er nicht gepaßt und so kam er erst wieder auf, *Abb. 77* als dieser verschwand. Der Bart wurde zunächst mit Hohn belegt und von einigen Sittenpredigern, wie dem Straßburger Geiler von Kaisersberg, merkwürdigerweise als »weibisch« bezeichnet. Vielleicht nur wegen der kapriziösen Art, in der man ihn wachsen ließ. »Es sein danach andre Narren«, schrieb der gleiche Kanzelredner, »die tragen halbe Bärte, sein uff einer Seiten geschoren, etliche tragen Knebelbärt, etliche hond ein klein Stücklein an den Backen ston, es will jeglicher etwas besunders tragen.« Graf Eitelfritz von Zollern zum Beispiel trug die linke Seite seines Bartes fußlang, die rechte ganz kurz geschnitten, aber derartige Extravaganzen blieben Ausnahmen. Es setzte sich allmählich ein unter dem Kinn waagrecht gestutzter Vollbart durch.

Frisur Das Wiederauftreten des Bartes erfolgte parallel mit einer Verkürzung des Haares, die langen Locken wurden unmodern. *Im zweiten Viertel des 16. Jahrhunderts wurde das glatt heruntergekämmte Haar* von Ohr zu Ohr und über der Stirne gerade abgeschnitten; so entstand die Frisur, die man die Kolbe nannte. Maximilian, der jugend-*Abb. 63* liche Karl V., Kurfürst Ferdinand der Weise, Kardinal Albrecht von Mainz, Ulrich von Hutten, Franz von Sickingen trugen in dieser Art ihre Haartracht.

Kopfbedeckung Als Kopfbedeckung diente das Barett, sehr groß, sehr flach und sehr phantastisch. Kopf und Krempe waren geschlitzt, gepufft, bestickt und besetzt, bei reichen Leuten immer mit Kleinodien geschmückt, die wie manche Medaillen und dergleichen eigens für diesen Zweck angefertigt

80 Hans Schäufelein, Hochzeitstänzer-Paar. Holzschnitt, um 1538

wurden. Manchmal befestigte man sie auf der breiten Krempe, manchmal hingen sie frei an kleinen Kettchen davon herab; Perlenschnüre, Rosenkränze, alles diente dazu, die männliche Kopfbedeckung zu schmücken und interessant zu machen. Das Barett wurde immer schräg, ein Ohr bedeckend, aufgesetzt, und damit es in dieser Stellung bequem getragen werden konnte, wurde es auf eine am Kopf enganliegende Haube, die Calotte, genäht. Diese Calotten waren von Seide und in Netzform, häufig auch sehr kostbar, von Gold-

Abb. 80

Abb. 76

81 H. Krell, Herzogin Anna von Sachsen, 1551. Dresden, Staatliche Kunstsammlungen

oder Silberstoff. Auch der Stoff des Hutes selbst war oft sehr kostbar. 1524 bekam Matthäus Schwarz ein »scharlich baret superfin de Valentz aus ispania« geschenkt.

Der Schuh des Herrn wurde treffend als Bärentatze oder Ochsenmaul wegen der unmäßigen Verbreiterung bei den Zehen charakterisiert. Der Schuh wurde sowohl aus Stoff wie aus Leder angefertigt, und wenn er im Grund auch eigentlich nur aus einer Sohle bestand, so war es doch möglich, das schmale Vorderteil noch mit den beliebten Puffen oder Schlitzen zu versehen. *Schuhe* *Abb. 78*

Die Frau trat mit einer Kleidung in das Jahrhundert ein, die nicht weniger absonderlich war als die des Mannes; sie trug langschleppende Kleider, tiefen Halsausschnitt und verhüllte den Kopf mit Hauben und Schleiern. *Dame* *Abb. 67*

Wie sich die Männermode bald nach der Jahrhundertwende änderte, so fanden auch in der Frauenkleidung Neuerungen statt.

Vor allem verschwand die Schleppe, der Rock wurde kürzer und erhielt die runde Form, die überall den Boden erreichte, ohne aufzuliegen. Diese Form wurde mit besonderem Nachdruck als deutsche Mode bezeichnet. Als Prinzessin Anna von Cleve ihrem königlichen Bräutigam zum ersten Male vorgestellt wurde, eine Brautschau, die für die Bedauernswerte so übel ausfiel, trug sie nach Angabe der englischen Chronisten »ein Kleid von reichem Goldstoff, ganz rund gemacht, ohne jede Spur von Schleppe, nach der deutschen Mode«. Dafür wurden die Röcke weiter und faltenreicher und erhielten vielfach einen Besatz von Samtblenden in abgestufter Breite. Die Taille, die bis dahin sehr hoch gesessen hatte, rückte an die richtige Stelle, und den Halsausschnitt deckte man zu. *Rock* *Oberteil*

Das Bruststück des Oberteils wurde durch Stickerei und Besätze gern reich verziert.

Die Frau ließ das Hemd bis zum Kinn heraufsteigen und legte es genau wie das Männerhemd in einem schön verzierten Stehkragen um den Hals. Manche trugen den Goller (später: Koller), einen breiten Schulterkragen, der Hals und Brust verhüllte. *Hemd* *Abb. 80* *Goller*

Die Ärmel wurden sehr lang geschnitten. Sie reichten bis zum Ansatz der Finger und wurden gebauscht, gepufft und geschlitzt wie die Wamsärmel des Mannes. Gerade wie der Mann an Wams und Schaube doppelte Ärmel übereinander trug, die zugleich sichtbar waren, ließ auch die Frau die Ärmelpaare an Ober- und Unterkleid zur Geltung kommen. Der obere war ein offener Hängeärmel, oft von solcher Länge, daß er auf dem Boden schleppte. Man arbeitete die Ärmel auch einzeln, so daß es möglich war, durch Gebrauch verschiedener Ärmel die mannigfaltigste Abwechslung zu bringen. *Ärmel*

82 *Hans Muelich, Herzogin Anna von Bayern, 1556. Wien, Kunsthistorisches Museum*

83 *Enea Vico, Deutsche Tracht. Stich, 1556*

Ein runder Gürtel trennte Ober- und Unterkörper, an ihm hing gewöhnlich eine Tasche herab, die sich in dieser Zeit als neues Stück der weiblichen Tracht ankündigte. Sie war von Leinen und wurde durch die Kunst der weiblichen Handarbeit mit Stickerei und Durchbruch geschmückt. *Gürtel und Tasche* *Abb. 83*

Der Parallelismus in der Kleidung der beiden Geschlechter zeigte sich *Stoffe* ferner in der Verwendung der gleichen Stoffe und Farben; auch den Frauen war nichts zu schön und zu kostbar, und sie fanden anscheinend am häufigen Wechsel noch mehr Gefallen als die Männerwelt. König Franz I., der ein großer Liebhaber des andern Geschlechts war und alle seine Luxusverbote nur gegen die Männer richtete, machte sich ein Vergnügen daraus, die Damen seines Hofes mit den köstlichsten Brokaten zu beschenken. Als er seine 13 Jahre zählende Nichte Margarete an den Herzog von Cleve verheiratete, trug sie eine Robe von Goldstoff mit Silberblumen, die mitsamt dem Schmuck ein solches Gewicht hatte, daß sie nicht imstande war, sich zu rühren, sondern vom Connétable von Montmorency in die Kirche getragen werden mußte. Man ließ die köstlich teuren Gewebe noch mit echten Perlen aussticken. Die Inventare der Erzherzogin Katharina von Österreich in Innsbruck verzeichnen 1549 28 reich mit Perlen gestickte Kleider. Dieser Luxus beschränkte sich indessen keineswegs auf die fürstlichen Damen; eine pommersche Edelfrau, Frau von Finike, erschien einmal bei einer Hochzeitsfeier in der St. Georgenkirche in Lübeck in einem mit Perlen bestickten Rock, der auf 15 000 Gulden geschätzt wurde und so steif war, daß er sie hinderte, bei der Wandlung während der Messe niederzuknien.

Abb. 81
Abb. 82

Kopfbedeckung

Die phantastisch geformten Kopfbedeckungen des Mittelalters verschwanden allmählich. Sie nahmen in ihrer Größe immer mehr ab, so daß sie, was bis dahin stark verpönt gewesen war, das Haar zum Vorschein kommen ließen. Dieser Bruch mit der Tradition ging nicht sehr schnell vonstatten, denn als Kaiser Maximilian kurz vor seinem Ableben in Augsburg weilte und 1518 dort Fastnacht feierte, ließ er die Augsburger Damen der vornehmen Geschlechter durch den Kardinal Lang bitten, sie möchten doch ihm zu Liebe unverschleiert zum Tanz kommen; Konrad Peutinger mußte aber seine ganze Beredsamkeit aufbieten, um sie zu diesem Entgegenkommen zu bewegen. Die Frau legte auch die eine Kopfbedeckung nur ab, um sie mit einer anderen zu vertauschen, sie nahm Haube und Barett der männlichen Mode an. Sie trug sie in gleicher Art und Weise, ebenso schön und kostbar wie der Mann, ja sie übertraf ihn darin. Die Perlenhauben der Kurfürstin Elisabeth von Brandenburg waren als »dänische Mützen« geradezu berühmt. Sie nannte unter anderem eine Haube mit 27 Diamanten, 38 Rubinen, 15 Smaragden und 6 Türkisen ihr eigen. In Italien nahm die Kappe – Balzo genannt – eine eigentümlich hohe und runde Wulstform an; Tizian porträtierte zum Beispiel Isabella d'Este damit.

Abb. 80
Abb. 84

Schuh

Der Schuh der Frau war dem des Mannes völlig gleich, das Ochsenmaul entstellte auch ihren Fuß.

84 Lucas Cranach d. Ä., Drei junge Damen, um 1530. Wien, Kunsthistorisches Museum

Das Bild der Mode, wie es eben besprochen wurde, entspricht ungefähr dem der ersten Hälfte des Jahrhunderts, mit dem Hauptaugenmerk auf Deutschland. Es versteht sich beinahe von selbst, daß sich ältere Schnitte auch während dieser Zeit noch behaupteten, am meisten in Gegenden, die der Verkehr weniger stark berührte oder die von den Hauptpunkten der deutschen Kultur am weitesten entfernt waren.

Spanische Mode

Im dritten Jahrzehnt des Jahrhunderts begann sich bereits der spanische Einfluß geltend zu machen, der nach der Mitte desselben vorherrschte. Um die Macht Spaniens zu ermessen, muß in Erinnerung gebracht werden, daß die spanische Monarchie soeben die politische

Einheit erreicht hatte, daß ihr durch die Entdeckungen der Besitz einer neuen Welt zugefallen war und daß der Inhaber der deutschen Kaiserkrone Reiche in seiner Hand vereinte, in denen, wie man so bezeichnend sagen durfte, die Sonne nicht unterging. Die politische Wichtigkeit der Pyrenäenhalbinsel war nicht geringer als ihre wirtschaftliche. Man erhoffte und erwartete vom Handelsverkehr mit den überseeischen Kolonien die größten Vorteile, und wenn das spanische Gefolge und die Heere, mit denen Karl V. Europa durchzog, die Welt mit den Sitten, Gewohnheiten und Trachten dieses bisher so gut wie unbekannt gebliebenen Landes vertraut machten, so brachten auch Kaufleute, die aus Augsburg, Ulm und Nürnberg stammten und die Pyrenäen überschritten, ebenso viele Anregungen für die Mode mit wie jene. Dieser Einfluß macht sich schon recht früh geltend; bereits 1524 kleidete sich Matthäus Schwarz »auf hispanisch«.

Karl V. Es ist nicht ohne Interesse, daß der Kaiser selbst gar nichts dazu tat, um diese Richtung des Modegeschmacks zu begünstigen. Er hielt so gut wie gar keinen Hof. Seine portugiesische Gemahlin kam selten aus Toledo heraus und starb früh, und er selbst legte auf großen Kleidungsaufwand nicht den geringsten Wert. Der Kaiser sei sehr genau, berichtet der venezianische Gesandte Mocenigo an die Signorie: er merke, wenn ihm ein Hemd oder ein Schnupftuch fehle, und ließe seine Kleider sogar ausbessern. Leonhart Widmann sah ihn bei seinem Einzug in Regensburg 1541 und notierte: »Sein Pferd war das teurest, er hat sonst wenig geldwerth von kleidung an seinem leib.« Bartholomäus Sastrow sah am 24. Juni 1547 mit an, wie Karl V. vor Naumburg eine Truppenschau abhielt. Der Kaiser trug einen Samthut und einen schwarzen Mantel, der zwei Finger breit mit Samt besetzt war. Plötzlich begann es zu regnen, da nahm der Kaiser seinen Hut ab und bedeckte ihn mit seinem Mantel und während man ihm aus der Stadt einen grauen Filzmantel und Filzhut holte, regnete es ihm auf den bloßen Kopf. Man schrieb dieses Verhalten der Absicht des Monarchen zu, ein gutes Beispiel geben zu wollen, aber es wich von allem Brauch der Zeit so weit ab, daß Karl V. die merkwürdigsten Erfahrungen deswegen machte. 1543 ärgerte er sich am Rhein über einen schwäbischen Fuhrknecht, der ein Geschütz zu transportieren hatte, und versetzte ihm im Zorn einige Schläge mit seinem Stock. Der Kerl aber verstand das falsch, nahm seine Peitsche und schlug sie dem römischen Kaiser rechts und links um die Ohren. Er sollte diesen Mangel an Respekt, den die Unscheinbarkeit der kaiserlichen Garderobe verschuldet hatte, mit dem Strang büßen, aber die Fürsprache der Kurfürsten rettete ihm das Leben. Karl V. trug anfangs auch noch deutsche Kleidung. Erst während seiner län-

85 François Clouet, Karl IX. von Frankreich, 1561. Wien, Kunsthistorisches Museum

geren Aufenthalte in Spanien freundete er sich mit der spanischen Tracht an und ließ sich auf seinen Porträts auch stets in ihr malen.

Herr Das Hauptcharakteristikum der spanischen Tracht ist die Einfarbigkeit, wenn man will Düsterkeit, und die Rückkehr zum Engen, Knappen, Gespannten, im Gegensatz zu dem etwas Schludrigen der deutschen Mode. Von Rechts wegen hätte die spanische Tracht gar keine Falten werfen dürfen. *Abb. 85*

Wams Das Wams wurde abgesteppt, verlor die Schöße und erhielt wesentlich engere Ärmel, die mit einem Wulst an den Schultern ansetzten. Der Stoff wurde zwar noch geschlitzt und mit anderem Zeug sichtbar unterfüttert, aber doch nicht mehr herausgebauscht, sondern glatt getragen.

Strumpf Das Auffallendste am männlichen Anzug aber waren die Beinkleider, die durch ihre Enge das ganze Bein fast bis zur Hüfte modellierten. Nun begann der gestrickte Strumpf – ob von Spanien oder Italien aus, ist unklar geblieben – seinen Siegeszug. Seidene Strickstrümpfe wurden als Fürstengeschenke gehandelt. Je nach Kürze der modischen Hose wurden Strümpfe, die innen an die Oberhose genestelt wurden, oder Strumpfhose getragen.

Heerpauke *Abb. 85* Nicht einmal bis zur Hälfte des Oberschenkels reichte ein rundes Beinkleid, das ausgestopft wurde, um ihm eine feste Form zu geben. Man nannte diese Hose spanische Heerpauke. Sie erhielt in den verschiedenen Ländern verschiedene Formen. Man bildete sie in Frankreich in breiten Bauschen oder rundwulstig, in Italien trug man sie etwas länger, in England bauschte man sie zu derartigem Umfang auf, daß unter Königin Elisabeth die Sitze im Parlament verbreitert werden mußten, und in Deutschland gestaltete man dadurch, daß man die Auspolsterung fortließ, Schlumperhosen daraus, die oben ebenso weit waren wie unten. Man vereinfachte die Mode nur dadurch etwas, daß man statt des unteren Beinkleids die Strumpfhose anlegte und sie fest mit der Oberhose verband. Bitter beklagte sich Paulus Behaim 1572 bei seiner Mutter, daß ihm der Nürnberger Schneider die Strumpfhosen zu lang gemacht habe, »sie schlottern wie eim bauern seine Stifel«. 1573 entschloß er sich dann dazu, »neue Strümpf an ein jedes bar hosen« machen zu lassen. 1577 erhielt Hans Ulrich Krafft in Marseille von Georg Prunnenmayer »ein schwarz Paar Hosen mit angenähten Strümpfen, wie mans dazumal getragen«.

Gegen das Ende des Jahrhunderts erfand der Engländer William Lee den mechanischen Strumpfstrickerstuhl, eine Erfindung, die ihm den Haß seiner Landsleute in so hohem Maße eintrug, daß er nach Rouen auswandern mußte und Frankreich den Vorteil davon hatte. Das ist nicht so erstaunlich wie es scheint, denn um dieselbe Zeit ließ der Rat

86 Henricus Hondius, Heinrich III., König von Frankreich. Stich, 1647

der Stadt Danzig den Erfinder der Bandmühlen heimlich ertränken, weil ihm nur durch Beseitigung eines so gefährlichen Intellekts der Schutz des ehrsamen Handwerks gewährleistet schien.

Die spanische Mode gab die Schaube auf und ersetzte sie durch ein kurzes, vollrundes Mäntelchen, das knapp bis zu den Hüften reichte. Der Schuh verlor die unförmige Breite und wurde verhältnismäßig spitz. Unter der Regierung der Königin Maria wurden in England die breiten Ochsenmäuler sogar ausdrücklich verboten. *Mantel* *Abb. 85* *Schuh*

87 Heinrich Goltzius. Der Fahnenträger. Stich, 1587

In der Farbe bevorzugte die spanische Mode düstere Nuancen, vor allem Schwarz. *Schwarz*

Aber die Vorliebe für Schwarz war nicht allein in der spanischen Mode entstanden, sondern auch unabhängig davon in Italien und in Deutschland durch die reformierte Kirche, wo Schwarz besonders in der Festkleidung verwendet wurde.

Hermann von Weinsberg trug 1537 bei Annahme der Magisterwürde schwarzes Kammgarn und auch als er 1543 den Grad eines Lizentiaten erwarb, schwarze Wolle. Felix Platter machte 1557 seinen medizinischen Doktor in Basel in einer schwarzen, mit Samt verbrämten Schaube und Veit Konrad Schwarz ging 1560 als Brautführer in Hosen und Wams von schwarzem Atlas und einer schwarzwollenen Schaube dazu, mit Samt verbrämt.

Die spanische Mode wurde überall zwar angenommen, aber sie mußte sich doch in allen Ländern gewisse Änderungen gefallen lassen und verlor gerade in bezug auf die Farbe des Anzugs diesseits der Pyrenäen viel von ihrer Strenge; nirgend mehr als in Frankreich. König Heinrich III. hatte sich sehr mit Mode beschäftigt. Es genügte ihm keineswegs, die spanische Tracht anzunehmen, er änderte sie und wurde in wesentlichen Dingen selbst ein Modeschöpfer. Das Wams verlor die Schöße und wurde mit einer langen Spitze bis zwischen die Schenkel fortgeführt. Diese Spitze wurde ausgestopft und erhielt Form und Namen des Gänsebauches, der sich in vielen Landen durchsetzte. Die Schamkapsel fiel fort; eine Nuance von so ausgesprochener Männlichkeit paßte nicht zu dem Wesen des Monarchen und seiner Umgebung. Eigentlich hatte der Herrscher die meisten Formen den Damen abgeschaut. Hut, Frisur, Krause, Wams entlehnte er der weiblichen Toilette, so daß Agrippa d'Aubigné einmal schreibt, man sei immer im Zweifel gewesen, ob man einen König als Frau oder einen Mann als Königin vor sich hätte. Er selbst wie seine Günstlinge, die Mignons, waren geschnürt, frisiert, geschminkt, gepudert, parfümiert wie die Pariser Huren, und wenn sie sich dann, mit Ohrringen und Ketten geschmückt, mit ihrem zappelnden Gang öffentlich sehen ließen, dann konnte man, wie Scaevola de St. Marthe bemerkte, Herren und Damen nicht mehr unterscheiden. Vor allem liebten sie die Farben so hell wie möglich; weiß, hellblau, lichtgrün und acht bis zehn, meist aber zehn bis zwölf verschiedene Nuancen auf einmal. »Die Franzosen sind gewöhnt, sich kakelbunt anzuziehen«, schrieb Montaigne mißbilligend. Aber nicht nur die Hofkavaliere, sondern auch sehr ernsthafte Persönlichkeiten trugen bunte, auffallende Kleidung.

Frankreich · *Heinrich III.* · *Abb. 87* · *Abb. 86*

Auch in England folgte man der spanischen Tracht mit jenem starken *England*

Schuß von Übertreibung. «Wir tragen so phantastische Schnitte«, schreibt Coryate, »wie kein anderes Volk in der Welt, ausgenommen die Franzosen.« Die Trikothosen waren allen Männern willkommen, die hübsche Beine hatten und glücklich waren, diese zeigen zu dürfen, während die anderen die Pumphosen bevorzugten, von denen es hieß, sie seien so weit, als wolle man darin Korn in die Mühle bringen. Philipp Stubbs hielt sich in seiner »Anatomie der Mißbräuche«, die 1583 erschien, darüber auf, daß die Herren jetzt so viel Kleidungsstücke haben müßten, wie das Jahr Tage zähle. Sie hätten französische, spanische, venezianische Hosen, alle in teuren Stoffen, und Wämser, die nach Stoff, Schnitt, Aufputz und Farbe verschieden seien. Ebenso lehnte man in England die spanische Farblosigkeit ab und manche Orte genossen einen besonderen Ruf wegen der Farben, die sie herstellten. So war Bristol-rot und Kendal-grün sehr beliebt, und Coventry-blau war in den Tagen der Königin Elisabeth so waschecht, daß es sprichwörtlich für treu gebraucht wurde. Allerdings war Blau der dienenden Klasse vorbehalten; Howe bemerkte in seinen Annalen, daß die Londoner Lehrjungen Sommer und Winter Blau trugen, denn Blau sei ein Abzeichen der Dienstbarkeit.

Italien Da die Spanier in Mailand und Neapel herrschten und in Florenz eine Großherzogin aus spanischem Geblüt auf dem Thron saß, überwog im Lauf des Jahrhunderts in der Tracht die spanische Mode, und nur Venedig erhielt sich eine gewisse Sonderart, in die aber allerlei Einflüsse aus dem Osten hereinspielten. So werden wir in der venezianischen Zimarra, einem offenen weiten Talar von schwarzer Seide, der sich als Bühnenkostüm des Pantalone einbürgerte, wohl eine Erinnerung an den Orient und seine langen Kaftane erblicken dürfen. Rom war schon damals die Weltstadt, in der sich, wie Montaigne hervorhebt, das Volk beim Anblick französischer, deutscher oder spanischer Trachten durchaus nicht mehr aufregte. Es gab auf der Apenninen-Halbinsel wohl viele kleine Höfe, aber keinen großen, so blieben die Ansprüche, was den Wechsel anlangt, hinter denen anderer Länder weit zurück. Der Mensch müsse mit vier Kleidern zufrieden sein, schreibt Hieronymus Cardanus, oder nur mit zweien, wenn man die Unterkleider nicht dazuzähle. »Ich glaube«, fügt er hinzu, »vier Anzüge genügen, damit kann man 14 Zusammenstellungen (mit Hilfe verschiedener Ärmel) erzielen.«

Deutschland Wie früh sich auch in Deutschland schon die spanische Tracht geltend gemacht hatte, erlitt sie doch auch wesentliche Einschränkungen. Einmal hielt sich zum Beispiel neben der spanischen Heerpauke die deutsche Pluderhose; zum anderen vermochte das runde Mäntelchen von Seide die Schaube nicht von ihrem Ehrenplatz zu verdrängen, und auch die bunten, lauten Farben ließen sich die Deutschen nicht nehmen. Man verzichtete zudem nur ungern auf die schweren Stoffe, die zum Schnitt eigentlich nicht mehr recht passen wollten. Auch hörte man keineswegs auf, seinen Anzügen durch Ärmel von anderem Stoff und anderer Farbe größeren Reiz zu verleihen; Erzherzog Ferdinand von Tirol, der Mann der Philippine Welser, besaß einen großen Vorrat einzelner Ärmel. Veit Konrad Schwarz kleidete sich zwischen 1555 und 1560 in Inkarnat, »sehr eng und knapp«, wie er hinzufügt – also nach spanischem Schnitt – »ganz in weiß Taffet, ganz in roth Atlas«.

Stoffe

Die Stoffe blieben die gleichen schönen Seidenzeuge wie früher, nur verzichteten die Herren mehr und mehr auf die Gold- und Silberbrokate. Damit man nicht mehr nötig hatte, die Seide etwa aus Venedig, Genua, Florenz oder Mailand kommen zu lassen, wurden Fabriken im Inland gegründet. In Meißen gründete Kurfürst August von Sachsen eine Samt- und Seidenfabrik, in Dresden ließ sich 1569 Ambrosio Spiritello nieder, um eine Manufaktur seidener Stoffe in Gang zu bringen. Die Kosten des männlichen Anzugs blieben hoch, und schöne Kleider hatten einen großen Wert, der schon allein aus der Tatsache, daß Kleidungsstücke als Staatsgeschenke verwendet wurden, zu ersehen ist. In den Testamenten verfügte man über jedes Kleidungsstück besonders. Die spanische Mode wurde ebenso getragen wie der französische Schnitt des Gänsebauches. Mit der Zeit kürzte man auch die Schaube in Deutschland immer mehr; sie büßte die Ärmel ein und wurde zur Puffjacke oder Harzkappe, auch Gestaltrock genannt, und wurde in ganz der gleichen Form auch von der Frau angenommen.

Harzkappe

Abb. 88

Dame

Bei der Damentracht kam das Knappe und Gespannte, das eigentliche Formelement der spanischen Mode, viel mehr zur Geltung, als beim männlichen Anzug. Der Eindruck der menschlichen Formen ging bei der Frau auch entschieden mehr verloren als bei der Männerkleidung, die die Modellierung des Beines genau zeigte. Der Frau gab die spanische Mode eine steife und abgezirkelte Hülle. Keine Konturen der Gliedmaßen waren zu erkennen, Ober- und Unterkörper wurden zu Kegeln gepreßt, die mit den Spitzen aufeinander gestellt schienen, keine Falte entstellte die geometrische Regelmäßigkeit. Das Oberteil schloß am Hals, um den sich die Kröse legte. Doppelärmel, die oberen rückwärts herabhängend, deuteten auf ein zweites inneres Kleid, das auch in einem dreieckigen Ausschnitt sichtbar wurde, mit dem sich der obere Rock über dem unteren öffnete. Von einem Dekolleté war in Spanien selbstverständlich keine Rede. Um die angestrebte Form herauszubringen, wurde alles wattiert, gepolstert und geschnürt. Den

Oberkleid

Abb. 89

88 Jost Amman, Frau aus Frankreich. Holzschnitt aus Hans Weigels Trachtenbuch, 1577

89 Alonso Sánchez Coëllo, Elisabeth von Valois, Königin von Spanien, 1564

90 Diego Velazquez, Infantin Maria, Königin von Ungarn, 1630. Berlin-Dahlem, Gemäldegalerie

Oberkörper umschloß das Korsett wie ein Panzer; mit erbarmungsloser Härte drückte die Planchette, die man anfangs sichtbar und oft schön gearbeitet trug, die Weichteile in eine anormale Lage. Umsonst, daß Ärzte wie Ambroise Paré dagegen protestierten und auf die schädlichen Folgen hinwiesen. Der Rock wurde ebenfalls gefüttert, um die glockenförmige Gestalt zu bewahren; erst versuchte man es mit Filz, dann mit Eisenreifen, schließlich mit Stahlbügeln. Im »Hoffartsteufel« heißt es, die Weiberröcke starrten von Draht. Dazu trug die Dame das kurze runde Mäntelchen des Herrn und sein Barett, manchmal, aber nicht immer, Kniehosen und farbige seidene Strümpfe, spitze Schuhe und die Haare, schon der Kröse wegen, hochtoupiert. *Accessoires*

Die Kröse, die sich – wie bereits beschrieben – aus dem männlichen Hemdkragen entwickelte, war zunächst ein Charakteristikum der spanischen Mode. *Kröse*

Um 1560 war sie da und hatte um 1580 die Form erreicht, die bis zum Schluß des Jahrhunderts den Umfang eines »Mühlenrades« annahm, um sich noch lange bis tief in das 17. Jahrhundert hinein zu behaupten. *Abb. 92* Wegen der rasch zunehmenden Größe der Halskrause sah man sich bald genötigt, die Löffelstiele zu verlängern, weil man beim Essen sonst nicht mehr den Löffel an den Mund hätte führen können. Fertige Krösen scheint man zuerst in Italien hergestellt zu haben, in der Form eines abstehenden, vorn geteilten Stehkragens, der den größten Beifall fand. Katharina von Medici erteilte dem Italiener Vinciola ein Privileg darüber, und Balthasar Paumgartner mußte 1584 aus Lucca gleich zwei Dutzend Krösen mitbringen. Bald hatte man freilich auch in anderen Ländern die Kunst des Anfertigens erlernt. Die brettartige Steifheit war am wichtigsten. Sie wurde auf verschiedene Arten erreicht. Feines oder grobes Leinen wurde enger oder weiter getollt, ein andermal knapp gefaßt in dichten Falten gereiht, dann wieder in platten Quetschfalten zu vielen Lagen aufeinandergelegt, oder aus mehreren Lagen nur fächerförmig gekniffter flacher Scheiben übereinander angeordnet. Da jedoch die Steifheit durch die Art der Stofflegung nicht erzielt werden konnte, legte man anfänglich Draht zwischen die Falten und trug dünne, mit leichtem Stoff bezogene Drahtgestelle als Unterlage der dicken Krösen. Schließlich wurde die Reismehlstärke erfunden und das Stärken der Wäsche zur großen Kunst ausgebildet. Königin Elisabeth von England ließ sich 1564 eine Flamländerin kommen, die den Krösen der Königin die richtige Fasson verlieh. Die Flämin gab auch öffentlichen Unterricht in ihrer Kunst. König Heinrich III. von Frankreich nahm ein solches Interesse daran und gab sich Allerhöchstselbst solche Mühe mit

91 Alonso Sánchez Coëllo, Anna von Österreich, Königin von Spanien, 1571. Wien, Kunsthistorisches Museum

92 Peter Paul Rubens, Isabella Clara Eugenia, Infantin von Spanien, Gemahlin Erzherzog Albrechts. Stich, 1615

seinen und seiner Gemahlin Krösen, daß er am Tag seiner Krönung die Zeit versäumte und bei seiner Vermählung zu spät in die Kirche kam.

Margarete von Valois

In Frankreich war Margarete von Valois die tonangebende Initiatorin gefälliger Abwandlungen des spanischen Stils.

Sie konnte sich einmal nicht mit den hochgeschlossenen Oberteilen

93 Crispin van de Passe, Margarete von Valois, Königin von Navarra, Gemahlin König Heinrichs IV. Stich, um 1580

Abb. 93 befreunden, »sie bedeckte«, bemerkte Brantôme, »nie ihren schönen Hals und Busen«, und sie war sehr farbenfreudig. Sie trug zwar auch die Kröse, aber sie ließ diese vorn offen, so daß sie den viereckigen Ausschnitt umrahmte, eine Mode, die ebensoviel Beifall wie Nachfolge fand. Die Stoffe, die sie bevorzugte, waren so bunt wie reich und kostbar. Als eine polnische Gesandtschaft kam, ihrem Bruder Heinrich die Krone anzubieten, trug sie Robe und Barett von rosa spanischem Samt, mit Federn und Steinen reich garniert; der Eröffnung der Ständeversammlung in Blois wohnte sie in einem Kleid bei, das auf schwarzem Grund ein orangefarbenes Muster zeigte. »Niemand hörte dem König zu«, schreibt Brantôme, »jeder sah nur sie an.« Einmal brachte ihr der französische Gesandte aus Konstantinopel ein Kleid von Goldbrokat mit von außerordentlicher Schwere, »eine andere als eine so vornehme Prinzessin wäre unter der Last erlegen«.

Elisabeth von Valois Abb. 89

Margaretes Schwester Elisabeth, die das wenig beneidenswerte Glück genoß, den spanischen Thron an der Seite Philipps II. teilen zu dürfen – sie ist die Königin in Schillers »Don Carlos« –, hätte es ihrer Schwester Margarete gern gleichgetan, aber der spanische Hof war nicht der französische. Sie fand 1559 in ihrem Trousseau 23 kostbare Roben, darunter vier von Goldstoff, doch was nutzte ihr ein solcher Vorrat, wenn sie nicht einmal die Freiheit besaß, den Schnitt ändern zu dürfen? Was halfen ihr die hübschesten Einfälle, wenn dem Hof verboten wurde, dem Beispiel der Königin zu folgen? Als sie 1565 mit ihrer Mutter in Bayonne zusammenkam, wurde ihr zwar gestattet, ihren Anzug ganz nach ihrem Wunsch einzurichten, die Hofdamen und Kavaliere des Gefolges durften sich aber keine neuen Kleider für diese Gelegenheit anschaffen. In dieser Öde half sich die Königin, wenn man Brantôme Glauben schenken will, auf eine ebenso wunderliche wie verschwenderische Art: sie soll keine ihrer Roben mehr als einmal angezogen haben! – eine Tatsache, die man dem Chronisten angesichts der sich bereits verschlechternden Staatsfinanzen eigentlich nicht glauben kann.

Elisabeth I. von England

In England hielt die spanische Mode ihren Einzug, als Maria Philipp II. ihre Hand reichte, doch die Königin war alt, kränklich und hatte andere Sorgen als die um Putz und Tand. Ganz anders stand es um ihre Schwester, die jungfräuliche Königin. Elisabeth war keineswegs hübsch, machte aber daher um so größere Ansprüche darauf geltend und war selbst für eine gekrönte Frau ungewöhnlich eitel und putzsüchtig. Der schottische Gesandte, Sir James Meville, berichtete 1564 aus London nach Hause: die Königin tanze vor ihm, zeige sich ihm täglich in neuen Gewändern, lasse ihr goldenes Haar bewundern und fordere, ebenso schön gefunden zu werden wie ihre Rivalin auf dem schottischen Thron. Sie unterstützte ihr Aussehen durch alle Künste der Toilette, besaß 80 Perücken und ihre Kleider und ihr Schmuck waren so wohl im Stande, daß sie fremden Reisenden als Sehenswürdigkeit gezeigt wurden; bei ihrem Tod fanden sich in ihrer Garderobe 6000 Kleider. Die Luxus-Verordnung, die sie 1579 erließ, verbot ihren getreuen Untertanen all die Toilettenstücke, die die Königin selbst trug, wie die Kröse, den Reifrock und andere modische Dinge. Soweit sich der Anzug Elisabeths nach den Bildern be-

94 Crispin van de Passe, Königin Elisabeth I. von England. Stich, 1603. Nach Isaac Olivier, 1588

urteilen läßt, die von ihr erhalten sind, gefiel sie sich in gewissen Übertreibungen am Schnitt, die zu ihrer Zeit freilich weniger aufgefallen sein werden als einem heutigen Betrachter. Der Reifrock erhielt eine Form, die ihn einer kleinen Tonne annäherte; die an und für sich schon recht umfangreiche Kröse wurde durch sonderbare halbmondförmige Scheibenflügel förmlich gepflastert. In einem solchen Aufputz sah sie zum Beispiel Lupold von Wedel 1584. »Die Königin war in Trauer«, schreibt der pommersche Reisende, »schwarz Sammet mit Silber und Perlen gar kuniklich gestickt, sie hett umhenget ein silber Stücke, welches durchaus locherich und durchsichtig, dergestalt, als man eine Leinwant mit hohlen Nähten benähet, doch hat es einen Schein von sich gegeben, als were es durchaus mit Flittern besetzt. Solches ist ihr über ihre Kleider wie der Rock lang gehangen«. Je älter Elisabeth wurde, desto mehr nahm ihre Putzsucht zu. Hans Jakob von Breuning sah sie 1595 erstmals »in ein silbern Stückh bekleidet mit herrlichen Cleinotten, ohnsäglichem Geschmuck geziert, eine Perlenkrone auf dem Haupt«. Im dritten Jahr ihrer Regierung hatte die Königin von Mrs. Montague ein Paar schwarze gestrickte Seidenstrümpfe zum Geschenk erhalten, an diesen hatte sie soviel Gefallen gefunden, daß sie seit der Zeit keine anderen mehr trug. *Abb. 94*

Maria Stuart

Neben Elisabeth regierte noch eine Königin auf der englischen Insel: Maria Stuart, der sicher die Rolle einer Herrscherin auf dem Gebiet der Eleganz und der Mode besser gelegen wäre als der englischen Cousine und Feindin. Maria war seit ihrem sechsten Jahr am französischen Hof erzogen worden und hatte eine Schule weltläufiger Bildung hinter sich. Kaum neun Jahre alt, erhielt sie von Katharina von Medici eine fürstliche Ausstattung. Als sie, zur Witwe geworden, ihre Residenz nach Edinburgh verlegen mußte, kam sie sich gewiß wie in der Verbannung vor; alle Freuden des Lebens, wie sie sie verstand, und dazu gehörten selbstverständlich schöne Kleider, wurden ihr durch die Anpöbelungen von Knox und anderen zelotischen schottischen Pfaffen verleidet. Sie kam, als sie am 16. Mai 1568 über den Solway flüchtete und sich in den Schutz ihrer Cousine begab, so von allen Notwendigkeiten des Daseins entblößt in England an, daß sie Elisabeth direkt darum bitten mußte, ihr mit Garderobe auszuhelfen. Da hatte sie allerdings Gelegenheit, die Trägerin der englischen Krone gleich von ihrer schwächsten Seite kennenzulernen. Elisabeth schickte ihr zwei alte Kleider, zwei Paar getragene Schuhe und ein Stück Samt. Mehr von ihren Vorräten herzugeben, konnte sie sich nicht entschließen. Die Stuart-Haube, die nach der unglücklichen Schottenkönigin genannt zu werden pflegte, war natürlich nicht von *Abb. 95*

95 François Clouet, Maria Stuart, 1575. Leningrad, Eremitage

ihr erfunden worden, sondern bildete in der kleidsamen Umrahmung, die sie dem Gesicht zuteil werden ließ, einen Putzartikel, der von den französischen Damen ebenso gern getragen wurde wie von den englischen. In ihrer langjährigen Gefangenschaft brauchte Maria dann wenigstens nicht ganz auf die Mode zu verzichten. Zu ihrer Hinrichtung am 8. Februar 1587 legte Maria Stuart eine Robe von schwarzem Samt über einem Unterkleid von purpurrotem Samt an, der Henker entfernte in roher Weise Wams und Oberteil, so daß Hals und Brust entblößt wurden. Als das Haupt gefallen war, ergriff es der Henker an den Haaren, um es hochzuheben und zu zeigen, da blieb ihm eine Perücke in der Hand und der kahle Kopf rollte in den Sand.

Italien

In Italien emanzipierte man sich ebenfalls von den Diktaten der spanischen Mode. Die Damen konnten sich durchaus nicht dazu entschließen, auf das Dekolleté zu verzichten und selbst das strenge Gebot von Innozenz IX., der 1591 allen Frauen befahl, Hals, Busen und Arme zu bedecken, und durchsichtige Stoffe nicht als Verhüllung betrachtet wissen wollte, vermochte die Vorliebe für den Halsausschnitt nicht zu beseitigen. Der viereckige Ausschnitt ging vorn ziemlich tief hinunter und nur rückwärts deckte die hochstehende Kröse den Kopf schützend wie eine Mauer ab. Der Schnitt des Kleides näherte sich dem spanischen, nur schnürten sich die Italienerinnen nicht so spitz wie die spanischen Damen und trugen den oberen Rock, der sich auch bei ihnen über dem unteren öffnete, gern etwas länger. *Abb. 72* *Abb. 96*

Auch in der Frisur schlugen die italienischen Damen neue Wege ein. Während Spanierinnen, Französinnen, Engländerinnen, Deutsche sich nie mit bloßem Kopf zeigten, sondern entweder Baretts oder Hauben trugen, war die Italienerin die erste, die auf diese Beschränkung Verzicht leistete und es wagte, sich mit ihrem Haar zu präsentieren. Sie trug es offen, in langen Locken, wenn irgend möglich blond, und in der zweiten Hälfte des Jahrhunderts halbmondförmig über der Stirn arrangiert, was man a corna hieß. Es war eine Frisur von sorgfältig gebrannten kleinen Löckchen, in die Perlen eingeflochten wurden. Kämme, Zitternadeln und dergleichen Schmuckstücke bereicherten sie mit dem Glanze von Juwelen.

Kostbare Stoffe standen den italienischen Damen in reicherer Auswahl zu Gebot als anderswo, sie saßen ja an der Quelle der Fabrikation. Auf die Verzierung, die natürlich mit den köstlichen Geweben in Einklang stehen mußte, wurde von jeher in Italien großer Wert gelegt. Die Stickereien wurden oft als beziehungsreiche Symbole und Mottos arrangiert. In Pavia machte der Marschall von Foix einer Dame der Aristokratie sehr lebhaft den Hof. Um ihren Anbeter von der Frucht-

96 Peter Paul Rubens (nach Tizian), Venezianerin, um 1545. Wien, Kunsthistorisches Museum

losigkeit seiner Bemühungen zu überzeugen, legte sie auf dem nächsten großen Ball ein Kleid von himmelblauem Atlas an, das über und über mit einer Stickerei in Gold und Silber bedeckt war, die brennende Lichter und daneben Schmetterlinge mit versengten Flügeln darstellte.

In der Öffentlichkeit zeigte sich die wirkliche Dame in Italien selten, man konnte sie nur an den Fenstern oder auf dem Balkon der Paläste sehen.

Deutschland

Verhältnismäßig die wenigsten Abweichungen vom spanischen Modell sind in Deutschland festzustellen, wo die Frauen die Schnitte übernahmen, aber sich deswegen doch von manchen Eigenheiten der heimischen Tracht, wie der Schaube, nicht zu trennen mochten. Moralisten und Satiriker der Zeit sind sich darin einig, die Deutschen des 16. Jahrhunderts als besonders versessen auf Kleiderprunk darzustellen; Konrad Pellicanus konnte sich nicht zu einer Heirat entschließen, denn »die Putzsucht und das wenig sittsame Auftreten der Züricher Frauen und Jungfrauen erregten mein Mißfallen«, schrieb er aus Zürich.

War diese Gesinnung wirklich vorhanden und in Deutschland stärker ausgeprägt als in anderen Ländern, so mußte sie allerdings der Aufnahme fremder Moden besonders günstig gewesen sein. Dazu taten dann die vielen kleinen deutschen Höfe noch ein übriges, an denen zuerst die ausländischen Moden erschienen und sich von dort aus strahlenförmig über Land und Leute verbreiteten. In Deutschland selbst galten die Sachsen als putzsüchtig; so schreibt der Verfasser der Zimmerschen Chronik, wenn er auf Andreas von Könneritz – »ein recht seidins Mendle, herausgestrichen und gebutzt« – zu reden kommt: »der Sachsen und insbesonderheit der Meißner Art und Manier ist es, daß sie viel auf die Kleider und hoffart legen«.

Vermümmelung

Seit dem vierten Jahrzehnt des Jahrhunderts beobachtet man, daß die Formen der weiblichen Tracht steifer wurden und sich im Umriß dem spanischen Vorbild näherten. Es war nirgends mehr von einem Dekolleté die Rede, im Gegenteil, es trat nun das ein, was man in Deutschland halb ironisch die Vermümmelung nannte, das heißt, die Frau verhüllte sich wie eine Nonne. *Abb. 97*

Schmuck

Man trug noch sehr viel prächtigen Schmuck, sowohl Herren wie Damen; Ohrringe, Halsketten, Fingerringe und Armbänder waren beiden Geschlechtern gemeinsam. *Abb. 98*

Uhren

Sehr beliebt wurden auch Uhren. Karl V. soll einen Ohrring besessen haben, der eine kleine Uhr mit Schlagwerk enthielt.

Flohpelzchen

Um den Hals trug die Dame gern einen Pelzkragen, den man Flohpelzchen nannte, weil man ihn dazu bestimmt glaubte, die lästigen

97 Bernart van Orley, Margarete von Österreich, zw. 1516–1530. Paris, Sammlung Carvalho

98 Barth. de Bruyn, Patrizierin, 1523–30. Frankfurt, Städelsches Kunstinstitut

Insekten anzulocken. Man stopfte die Pelzkrägen aus in der Gestalt von Zobel, Marder, Iltis, Wiesel und stattete sie an Schnäuzchen und Klauen oft kostbar aus. Philippine Welser besaß ein Flohpelzchen in Zobelform mit goldenem Kopf und goldenen Klauen, die mit Perlen, Rubinen und Diamanten besetzt waren. Auf italienischen Porträts aus der Mitte des Jahrhunderts sieht man sie oft, meist an kleinen goldenen Kettchen befestigt, als führe die schöne Trägerin wirklich ein lebendiges Tierchen mit sich. *Abb. 99*

Fächer Ein häufiges Accessoire war auch der Fächer, der auf den Bildern der Venezianer meist als kleines Fähnchen erscheint. *Abb. 96* Der heute bekannte Faltfächer gehört erst dem 17. Jahrhundert an.

Maske In Frankreich und England schützte die Dame das Gesicht mit einer Maske, erst viel später mit einem Schleier. Die Maske war von schwarzem Samt und wurde an einem Knopf im Mund festgehalten. In Italien fiel es Montaigne auf, daß die Damen keine Masken trugen wie seine Landsmänninnen, und auch die Deutschen nahmen diesen Brauch nicht an.

Taschentuch In diesem Jahrhundert wurde die feine Wäsche um das Taschentuch bereichert, das aus Italien stammte. Es blieb ein kostspieliger Gegenstand und war den meisten wenig vertraut. In England bestimmte noch 1540 ein gewisser Nicolas Dyer in seinem Testament ausdrücklich, wer der glückliche Erbe seiner beiden holländischen Taschentücher sein sollte. Taschentücher waren im Lauf der Jahrzehnte zu sehr kostspieligen Toilette-Artikeln geworden. Aus diesem Grund wurde in Dresden den unteren Ständen verboten, sich Taschentücher zu schenken.

Hemd Die Leibwäsche beschränkte sich auf das Hemd; es war keineswegs allgemein und wurde in den romanischen Ländern, wo es des Klimas wegen am nötigsten gewesen wäre, am seltensten angetroffen. Es ist schon gelegentlich des Entstehens der Kröse erzählt worden, daß man das Hemd in der 1. Hälfte des Jahrhunderts gern schön bestickte: die römische Königin Anna besaß im Jahr 1545 17 Hemden mit in Gold und Silber ausgenähten Krägen.

Kleiderordnungen Die Sorge um das Wohl der unteren Klassen zieht sich wie ein roter Faden durch die Kleiderordnungen des Jahrhunderts. Mit Erstaunen sahen die einen, mit Mißbilligung die andern, daß alle Standesunterschiede, soweit sie im Anzug zum Ausdruck kommen sollten, verschwanden. Dem reisenden Montaigne fiel in der Schweiz auf, daß in der Frauenzimmertracht kein großer Unterschied sei, um den Stand auszudrücken, und in Schwaben bemerkte er, »an der Kleidung sind die Adligen nicht zu erkennen«. Was der große Skeptiker einfach konstatierte, erfüllte die deutschen Sittenprediger mit stärkstem Miß-

99 Parmigianino, Antea, um 1540. Neapel, Museo di Capodimonte

vergnügen. »Es ist jetzt kein Bürger so arm, kein Handwerksgesell und Pflugbengel so gering«, schrieb Milichius im »Schragteufel«, »daß er nicht wolle, Sammet und Seide tragen; Barchent, Harras und gemeines tuch ist alles zu schlecht worden.« Im Jahr 1500 wurde auf dem Reichstag in Augsburg daran erinnert, daß alle Obrigkeiten unverzüglich die Bestimmungen auszuführen hätten, die der Reichstag in Freiburg 1498 hinsichtlich der Kleidung erlassen habe. Sie müssen sich wohl nicht sonderlich beeilt haben, denn der berühmte Reichstag in Augsburg 1530 fand sich bemüßigt, die Angelegenheit ganz neu zu ordnen, »damit in jeglichem Stand unterschiedlich Erkenntnis sein möge«. So ging denn eine Kleiderordnung in die deutschen Lande, die Grafen, Edelleuten, Bürgern und Bauern bis in jede Kleinigkeit hinein genau vorschrieb, was sie selbst sowie ihre Frauen, Töchter, Mägde und Gesellen an Stoffen und Besätzen tragen und in welcher Art sie es machen lassen dürften. Nur den Landsknecht schloß das Gesetz von seiner Fürsorge aus, er war der einzige Deutsche, der sich kleiden durfte, wie es ihm gefiel. Wie seit je war auch diese Kleiderordnung ein Schlag ins Wasser; schon 1548 mußte der nächste Reichstag die Verordnungen von 1530 in Erinnerung bringen, aber es blieb alles beim alten. Daran änderten auch die zahlreichen Einzelordnungen der Länder und der Reichsstädte nichts. Sie setzten diesen Kampf gegen die Mode bis zum Ende des 18. Jahrhunderts fort.
Außerhalb der deutschen Grenzen war es natürlich genau dasselbe, ob man nach Frankreich oder nach England blickt. König Heinrich VIII. wünschte, daß gewisse Sorten Pelz den Angehörigen der königlichen Familie vorbehalten blieben, und roten oder blauen Samt und Goldstickereien sollte niemand tragen, der nicht wenigstens ein Ritter des Hosenbandordens sei. Elisabeth erließ zum Unterschied von allen sonst bekannten Kleiderverordnungen, die immer nur negativ ausfielen, eine ganz positive. Außer verschiedenen Verboten, die sich auf den üblichen Pfaden bewegten, erließ sie auch das Gebot, daß jeder Engländer, um die heimischen Manufakturen zu unterstützen, eine wollene gestrickte Mütze zu tragen habe, die von Shakespeare an mehr als einer Stelle erwähnte »statute cap«. Jeder Tag der Unterlassung solle mit einer Strafe von 3 bis 4 Shilling gebüßt werden.

Amtskleidung

Eine Differenzierung der Kleider nach Funktion oder Beruf des Trägers war nicht üblich; nicht einmal die Geistlichkeit befliß sich ihrer Amtskleidung. Der hohe Klerus gab sich im Äußeren durchaus weltlich; als auf dem Nürnberger Reichstag von 1487 der Bischof von Augsburg in einem Anzug erschien, der seiner Würde angemessen war, machte er sich viele Feinde, denn seine Amtsbrüder, die gekleidet waren »wie Spielleute«, verdächtigten ihn als üblen Streber.

Hofuniform

Der gleichförmige Anzug, um den Ausdruck Uniform zu vermeiden, spielte auch im 16. Jahrhundert noch dieselbe Rolle wie früher, wenn es galt, Zusammengehörigkeit, sei es freundschaftlicher oder dienstbarer Art, zu kennzeichnen. Man stellte diese auch bei verschiedenen Stoffen und Schnitten durch Devisen her. So trugen zum Beispiel alle, die zum Hofstaat Kurfürst Friedrichs des Weisen gehörten, auf dem Ärmel eingestickt die Buchstaben V D M I E, was eine Abkürzung des Spruches »Verbum Domini Manet In Eternum« (Das Wort Gottes bleibt in Ewigkeit) war. Auch Landgraf Philipp von Hessen gab dieses abgekürzte Symbol seinem Gefolge auf die Ärmel. Als er mit den Seinen 1530 in Augsburg einzog, lösten, wie Clemens Sander erzählte, »die alten Christen« die Abkürzung aber in ganz anderem Sinne auf, denn sie lasen: »Und Du Mußt Ins Elend«. Auch Leonhart Widmann sah das Motto des evangelischen Landgrafen nicht mit freundlichen Blicken an; als Philipp 1541 nach Regensburg kam, bemerkte der Chronist zu der Stickerei: »ja, aufm ärmel, und im herzen nichts dann raub, mordt und brandt, o des wortes Gottes.« Meist aber wählte man gleiche Stoffe und Schnitte, die ja viel leichter kenntlich machen, und Kurfürst August von Sachsen ordnete zum Beispiel 1568 an: »Es soll auch jedes Jahr ein gemalt Menlein an die Hofstuben angeschlagen werden zu einem Muster, wie die Hofjunker ihre Knechte kleiden lassen sollen, damit die Kleidung übereingemacht werde und sich im felde vergleiche.« Die Fürsten, deren Stellung ja in diesem Jahrhundert an Bedeutung so sehr zunahm, hielten auf die Livree ihres Hofes große Stücke. Konrad Pellicanus bewundert in Rom die päpstliche Leibwache, »gleichmäßig gekleidet mit scharlachenen Hosen und schwarzsammeten Wämmsern«, deren Schnitt und Farbe noch heute als eine Erfindung Michelangelos gelten.

Rabelais sah 1536 den Einzug des Kardinals Khlesl in Rom. »Sein Aufwand war größer als der des Papstes«, schreibt er. »Mehr als hundert Deutsche in roten Kleidern mit gelben Binden folgten ihm, auf dem rechten Ärmel in Stickerei eine Getreidegarbe mit dem Motto unitas.« Sogar die Herzoge von Liegnitz, die in der zweiten Hälfte des Jahrhunderts aus den peinlichsten Geldverlegenheiten nicht herauskamen, versäumten nie, ihrem Gefolge, wenn sie auf Reisen gingen, eine Art Hofuniform zu geben. Aus dieser Sitte gingen dann die Militär-Uniformen hervor; die Notwendigkeit, die Parteizugehörigkeit zu erkennen, führte schon in den französischen Bürgerkriegen dazu, daß die Anhänger der katholischen Ligue rot wählten, während die Hugenotten weiße Röcke trugen.

VIERTES KAPITEL

Wohnkomfort

Man huldigte in den Reichsstädten des deutschen Südens in weitestem Umfang der Fassaden-Malerei, die bei den klimatischen Verhältnissen unserer Heimat nur eine kurze Existenz zu fristen hatte, aber eine Verbesserung der Bauart kam gar nicht in Frage. Der Verfasser der Zimmerschen Chronik hält sich mehr als einmal über die üble und unpraktische Bauart der deutschen Häuser auf, deren Feuergefährlichkeit er rügt, zumal sie oft nur eine hölzerne Wendeltreppe zur Verbindung der Stockweke besaßen. Es sind in Nürnberg, München, Rothenburg und andere Orten noch Häuser erhalten aus dem 16. Jahrhundert beziehungsweise wiederhergestellt, die allen Umbauten späterer Jahrzehnte zum Trotz noch heute erkennen lassen, wie unbequem man damals wohnen mußte. Die Grundstücke waren sehr schmal und lang, sie ergaben große, aber schlecht erhellte Zimmer nach der Straße und nach dem Hof kleine Räume, die mit Fenstern und Türen auf offene Galerien mündeten.

In nichts unterscheiden sich die Schlösser in dieser Beziehung vom Bürgerhaus. Die Zimmer gehen eines in das andere, die Wendeltreppen sind außen angestellt und in besonderen Türmen untergebracht, oft genug sucht man vergeblich nach Festsälen. Selbst der französische Hof sah sich genötigt, wenn es galt, große Feste zu veranstalten, das Parlament auszuquartieren, um den großen Saal des Justizpalastes zur Verfügung zu haben.

Glasfenster waren noch keineswegs die Regel; Montaigne trägt als Besonderheit 1580 in sein Reisetagebuch ein, daß jenseits von Epinal (er kommt aus dem Innern Frankreichs) auch das kleinste Haus Glasfenster aufweise; er ist aber sehr mißvergnügt über die Zustände in Italien, wo die Fenster im allgemeinen ganz ohne Glas seien und man im Dunkeln sitzen müsse, wenn die Läden wegen Kälte und Wind geschlossen seien; die Impannate, die mit Stoff bezogenen Klappläden, waren eben ein schlechter Schutz.

Derselbe Reisende lobt die deutschen Kachelöfen, bei denen man nicht durch den Rauch belästigt werde wie bei den französischen Kaminen oder auch den italienischen, hat doch Mercantello das Schloß in Urbino unter ganz besonderer Hervorhebung der vierzig Kamine besungen, die nicht rauchten! Dabei waren selbst in kalten Gegenden Öfen eine Einrichtung, die sich nicht immer von selbst verstand.

Innenausstattung

Die Zimmer waren leer und kahl, in den Schlössern womöglich noch mehr als im Bürgerhaus. Die großen Herrscher des 16. Jahrhunderts hatten keine festen Wohnsitze, sondern zogen dauernd von einer Stadt zur andern. Wo sie Schlösser besaßen, ähnelten sie mehr kleinen Festungen als Aufenthaltsorten glänzender Hofhaltungen. Die Kinder der Königin Katharina von Medici wohnten im Zeitraum von neun Jahren in 70 verschiedenen Residenzen, und es versteht sich fast von selbst, daß solche nicht möbliert sein konnten. Karl V. ließ sich, des Umherziehens müde, auf der Alhambra ein prächtiges Schloß errichten, aber er erlebte die Vollendung nicht mehr. Man half sich, indem man sich beim Mobiliar auf das Nötigste beschränkte und zur Dekoration Wandteppiche verwendete, die man zusammenrollen und mitnehmen konnte, um sie jeden Augenblick an einem anderen Ort aufhängen zu können. Kiechel bemerkt, daß in den Zimmern der Königin Elisabeth von England nichts zu sehen sei, »da, wenn sie fort ist, alle Tapezereyen fortgenommen werden«. Dieser herrliche Wandschmuck war überall geschätzt; König Franz I. besaß eine Folge flandrischer Wirktapeten, auf denen die Geschichte Scipios dargestellt war, und seine Schwiegertochter nannte 129 Hautelissen ihr eigen und dazu 134 Tapeten von vergoldetem Leder. Im Schloß Joinville, das der Familie Guise gehörte, hingen 77 Gobelins. Es gab keine angesehene Familie, die es nicht als einen Ehrenpunkt betrachtet hätte, so viele Gobelins zu besitzen, als immer möglich war. Man behalf sich auch mit Stoffen, die ebenso schnell anzubringen waren. So schildert die Königin von Navarra die Wohnung, die man in aller Eile in Namur für sie eingerichtet hatte: »Die Tapeten waren alle von Sammet oder Atlas zwischen großen Säulen von Silberstoff, mit weißer Stickerei von dicken Schnüren und Leisten von Goldstickerei«, schreibt sie sehr befriedigt von dem Prunk, den man ihr zu Ehren entfaltete.

Wandteppiche

Täfelung

Im deutschen Bürgerhaus liebte man die Holzvertäfelung in schöner Maserung, oft mit Schnitzereien oder Einlegearbeiten reich verziert. Manches schöne Zimmer stammt aus der Schweiz oder aus Tirol, wo die Kunstschreinerei sich zu bedeutenden Leistungen entwickelt hatte. In den großen alten Handelsstädten Deutschlands gab es genug reiche Leute, die Wert darauf legten, sich mit allem Luxus der modernen Kunst im Überfluß zu umgeben. Joachim Brandis besuchte 1574 Lüneburg und war vom Haus des Hieronymus Wintzendorp, »dergleichen ihm noch nicht vorgekommen«, ganz entzückt; »ein Fürst hätte sich seiner nicht zu schämen«, fügte er hinzu. Sprichwörtlich aber wurde die Verschwendung der Fugger, die ihren großen Reichtum gern an den Tag legten. Beatus Rhenanus sah 1531 mit Erstaunen die köstlich eingerichteten Häuser der Fugger in Augsburg, die ihm mit ihren Marmorsäulen, Gemälden und Statuen weit schöner vorkamen als die Schlösser des Königs von Frankreich in Blois und Tours. Graf Waldeck bewunderte 1548 das Haus, das Anton Fugger sich in Wörth erbaut hatte; »es dürfte einem König gehören«, schreibt er, so kostbar seien die Kamine von italienischem Marmor, die Vergoldungen, Mosaiken, Holz- und Lackarbeiten und dergleichen mehr. Bei Max Fugger sah Hans von Schweinichen 1575 »ein Thürmlein, so mit guten Thalern – 27 000 Stück – gedeckt«. Aber damit nicht genug, die Fugger ließen einen Saal ganz mit silbernen Medaillen pflastern, was 1580 dem durchreisenden Montaigne sehr starken Eindruck machte. – Mit diesen Schätzen räumte der Dreißigjährige Krieg gründlich auf.

Möbel Das Mobiliar war an Typen nicht sehr reich: Sofa, Kommode, Schreibtisch, Büfett fehlten noch. Große Schränke waren in Deutschland sehr beliebt, wenn auch noch nicht überall verbreitet. Man wußte sie mit Schnitzereien und Intarsien glänzend auszustatten. In Italien bevorzugte man die Truhe, ebenso in Spanien und in Frankreich. Sie diente den gleichen Zwecken wie die großen deutschen Kastenmöbel und war zugleich zum Transport bestimmt; in Ober- und Mittelitalien blieb die Hochzeitstruhe noch lange das wichtigste Ausstattungsmöbel einer jungen Ehe und wurde demzufolge auf das reichste und künstlerischste gestaltet.

Hygiene Das Kunsthandwerk blühte, Teppichweberei, Glasmalerei, Möbelschreinerei, Töpferei, Gold- und Silber-Schmiedearbeiten brachten glänzende Leistungen hervor, aber was nützte es, wenn die äußere Schönheit von Haus und Heim gewann, aber niemand an Hygiene dachte. Der Schmutz in den Straßen überstieg jede Vorstellung. Johannes Butzbach schildert die Ortschaften, die er auf seiner Wanderung kennenlernte, als »so schmutzig und kothig, daß ich bis an die Knöchel, sogar bis an die Waden im Koth watete«. Über drei Menschenalter später machte Hans von Schweinichen dem Herzog von Braunschweig in Wolfenbüttel seine Aufwartung, und da er genötigt wurde zu Fuß zu gehen, geriet er zu seinem großen Mißvergnügen »bis an die Knie in den Koth«. Die Abfallstoffe der Haushaltungen und Werkstätten wurden auf die Straße geworfen, die Gräben, welche die Stadtmauern umgaben, waren mit faulem, stehendem Wasser gefüllt. Anton Tucher ließ 1508 das »heimlich Gemach« in seinem Hause ausräumen, was seit 1499 nicht geschehen war. Was wollten bei einer solchen Vernachlässigung der primitivsten Reinlichkeit die Räucherungen mit Thymian und Wacholder bedeuten, die im Übermaß vorgenommen wurden und den Gestank doch unmöglich verstecken konnten! Man schaffte damit einen der besten Nährboden für alle Epidemien, und erst als in Mailand 1576 die große Pest ausgebrochen war, fiel es dem Magistrat ein, daß man die Straßen und die Häuser am Ende doch einmal reinigen lassen könnte. Es war bereits bemerkenswert, daß Markgraf Johann von Küstrin in seiner Hofordnung anordnete, die Tische und Bänke in der Hofstube (der Kavaliere) sollten einmal in der Woche gesäubert werden und zweimal müßten Eß- und Trinkgefäße wöchentlich gescheuert werden.

Körperpflege

Ebenso schlecht war es um die Reinlichkeit des Körpers bestellt. Hieronymus Cardanus schrieb in seinen Erinnerungen: »Männer und Frauen, auch solche, die zu gefallen pflegen, wimmeln von Flöhen und Läusen, andere stinken aus den Achselhöhlen, andere von den Füßen, die meisten aus dem Munde.« Ebenso meinte Agrippa d'Aubigné einmal, den französischen Edelmann kenne man schon von weitem an seinem schlechten Geruch. Der gänzliche Mangel an Körperpflege und Reinlichkeit begann erst im 16. Jahrhundert; bis zum Ende des 15. Jahrhunderts trugen die öffentlichen Badestuben für die Sauberkeit des Körpers Sorge. Die Badestuben aber wurden geschlossen, weil sie sich als Seuchenherde erwiesen. Die Syphilis hatte sich tatsächlich mit Windeseile verbreitet und spottete aller Gegenmittel. Die Vermutung des Veroneser Arztes, Pietro Mainardi, der das Aufhören der Krankheit für das Jahr 1584 aus einer günstigen Konstellation der Planeten heraus prophezeite, traf natürlich nicht ein, und die Heilkunst tappte völlig im dunkeln. Durch die Abschaffung der öffentlichen Bäder verzichtete man darauf oder vergaß vollkommen, sich des öfteren zu waschen. Man suchte dem üblen Geruch, der sich naturgemäß einstellte, durch starke Parfüms zu begegnen, und gebrauchte Moschus, Bisam, Ambra, Lavendel, Benzoe und andere aufdringliche Wohlgerüche im Übermaß.

Ungeziefer

Mit der Unreinlichkeit nahm auch das Ungeziefer zu. 1535 beklagte Joachim von Wedel in seinem Hausbuch, daß sich »sonderlich viel Läuse an den Menschen« zeigten. Schließlich genierte es die Menschen nicht mehr, und sie gewöhnten sich daran. Hans Ulrich Krafft erzählt, daß sich Gefangene damit unterhielten, einen Wettlauf unter ihren Läusen abhalten zu lassen. »Wann denn eine zu faul, ist ime erlaubt gewesen, eine andre herfür zu ziehen, ist einem aber nitt mehr dan zwo zugelassen worden.«

Manieren

In Roheit und Unmanierlichkeit sah man so etwas wie ein besonderes

Merkmal echter Männlichkeit. Auf dem Reichstag in Regensburg, während der Kaiser mit allen Fürsten die Messe hörte, geschah es, daß Herzog Heinrich von Braunschweig in der Kirche mit dem Markgrafen Georg von Brandenburg eine Rauferei begann. Auf einem Ball, den König Ferdinand 1526 in Augsburg gab, kam es unter den geladenen Gästen zu Mord und Totschlag, so daß die Königin mit ihren Damen die Flucht ergreifen mußte. Wenn Herzog Ulrich von Württemberg zu viel getrunken hatte, liebte er es, den Jagdhund zu spielen und die Tischgenossen mit wütenden Bissen anzufallen. Im Haus des Grafen Andreas von Sonnenberg herrschte die ansprechende Sitte, daß am letzten Fastnachtsabend nach dem Essen Hundedreck hereingebracht wurde, mit dem Herren und Damen einander scherzeshalber bewarfen. »Dieser Gebrauch«, bemerkt die Zimmersche Chronik, »ist zu unseren Zeiten abgestellt worden, dann die Kleider und Gemächer damit verwüstet werden.«

Zucht und Sitte

»An Orten, an denen die Hoflager seien gemainlich impudici und corruptissimi mores«, schreibt die Zimmersche Chronik. Mit Erstaunen sah Sastrow 1548 in Augsburg mit an, wie »junge Fürsten sich zu fürstlichen und gräflichen Fräulein im Gemach aufs Pflaster legen, sich halsen, küssen, betasten und begreifen«. Die Hofordnungen versuchten diese Besuche bei den Hofdamen denn auch zu reglementieren. »Bis um 8«, schreibt die Hofordnung des Kurfürsten Joachim II. von Brandenburg vor, »dürfen die Herren zu den Junckfrauen in das Frauenzimmer gehen. Die Junckfrauen sollen alle auf eine Rige beieinander sitzen, sich sampt den gesellen züchtiglich halten«. Noch viel besorgter zeigt sich die Frauenzimmer-Ordnung« des Herzogs Albrecht von Preußen. Da durften die Hofdamen von 12 bis 2 und von 6 bis 8 Uhr Herrenbesuch empfangen, aber »die Jungfrauen sollen uff der langen banck nacheinander, wie ihr ordnung ist, sitzen, nicht hin und wieder lauffen, noch keine mit denen vom Adel von den andern jungfrauen abesitzen oder vor den Edelleuthen stehen, desgleichen sollen die vom Adel züchtig neben ihnen niedersitzen und alle unzüchtige geberden und wort vermeiden«. Wunderlich genug scheint es manchmal hergegangen zu sein. Hans von Schweinichen erzählt von einem Abendtanz am Braunschweigischen Hof, wo die Junker sich mit ihren Tänzerinnen in Kleidern und Mantel auf die Betten legten, »jedoch in allen Ehren. Das heißen sie auf Treu und Glauben beigeschlafen«. Die Doppelehe des Landgrafen Philipp von Hessen, die Luther und auch Melanchthon gutheißen mußten, war eine »partie honteuse« (ein Schandfleck) der deutschen Reformation, und beinahe noch größeres Aufsehen erregte das Bekanntwerden des Verhältnisses, das Herzog Heinrich von Braunschweig mit Eva von Trott unterhielt.

100 Vom Ehebruch. Holzschnitt, 16. Jh.

Diese Hofdame seiner Frau war als angeblich gestorben in Gandersheim feierlich begraben worden, indessen lebte der Herzog höchst vergnügt mit ihr, und während die Herzogin ihrem Gemahl sieben Söhne und vier Töchter schenkte, ließ auch die schöne Eva die Wiege nicht leer werden und gab sieben Kindern das Leben. Vom Kurfürst Joachim I. von Brandenburg schreibt Georg Butze in seiner Chronik, »es dorfte schier keine schene frau zu Berlin sich auf der Gassen sehen lassen, er lies sie zu sich fordern und machte sie zuschanden«. Daß der Pariser Hof weder unter König Franz I. noch unter seinen Nachfolgern das Beispiel eines besonders sittlichen Lebenswandels gab, wurde schon erwähnt, und an König Heinrich VIII. braucht man ja nur zu erinnern. Die Herrscher hielten sich noch nicht für verpflichtet, ein Beispiel zu geben, sondern lebten nach ihren Instinkten ohne Rücksicht auf die öffentliche Meinung. In Italien war es nicht viel besser. Dem Mantuaner Gesandten fiel auf, daß die römischen Kurtisanen sich am liebsten in männlicher Tracht öffentlich zeigten und auch in solcher die Messe besuchten. Das eigentliche Paradies dieser Damen aber war Venedig, die große Vergnügungsmetropole der damaligen Zeit. 1509 wollte man dort bei 300 000 Einwohnern 11 654 Dirnen gezählt haben. Sie übten ihre Tätigkeit anscheinend sehr ungeniert aus, denn in der Mitte des Jahrhunderts erschien zum Besten der reisenden Fremden ein Adreßkalender der Dirnen erster Klasse, worin sie nicht nur mit ihren Wohnungen, sondern auch mit ihren Preisen aufgeführt waren. Veronica Franco betrieb das »Aufreißen« sehr raffiniert, sie schickte Fremden von Distinktion ein Bändchen ihrer gedruckten Verse. Montaigne wunderte sich über die vielen Kurtisanen der Lagunenstadt; etwa 150 von ihnen, meinte er, trieben einen Aufwand wie Prinzessinnen.

Spanische Grandezza

Die immer mehr ausartenden Koketterien verschlechterten die Moral, und so war das Vordringen der strengen spanischen Manieren und der steifen Etikette von Vorteil. Lag auch der spanischen Grandezza ein guter Teil Hochmut und unberechtigter Stolz zugrunde, so wirkte sie doch veredelnd auf das äußerliche Gebaren und die Formen des gesellschaftlichen Verkehrs. Manchmal allerdings verstand man diesseits der Pyrenäen die spanischen Sitten falsch und karikierte die Vornehmheit zur Grimasse. Als Sully seine erste Audienz bei König Heinrich III. hatte, hielt sich der Monarch so völlig unbeweglich, daß er während der ganzen Dauer des Empfanges weder den Kopf bewegte, noch Hände und Füße regte, was den Eindruck der Würde allerdings verfehlte und dem Untertan, dem die Feinheiten des höfischen Tones noch nicht erschlossen waren, nur komisch vorkam. Die Herrscher richteten die Etikette um sich auf wie einen Wall, der sie gegen Roheit und Unmanier zu schützen hatte, und vielleicht hielten die Herrscherinnen aus diesem Grunde noch mehr auf sie als die Männer. Katharina von Medici achtete streng auf die Befolgung der Etikette; in ihrer Gegenwart durften die Damen nur auf der Erde sitzen. Mit der Königin von England durfte man nur auf den Knien sprechen, und allen deutschen Reisenden fiel auf, daß, wo immer sich Elisabeth sehen ließ, das Volk auf die Knie fiel. Den Hut in Gegenwart eines Höherstehenden aufbehalten zu dürfen, wurde eine wichtige Angelegenheit, um so mehr, als man stets eine Kopfbedeckung trug. Hermann von Weinsberg betonte, daß am Tisch des Kurfürsten von Köln alle Gäste barhaupt sitzen mußten und nur der Kurfürst seine Kopfbedeckung behielt; es war die größte Ehre für Erasmus von Rotterdam, daß der Kardinal Grimani ihn nötigte, nicht nur sich zu setzen, sondern auch den Hut aufzubehalten.

Sozialer Rang

Mit der Etikette, die ihre Vorschriften streng nach der sozialen Stellung einrichtete, hing denn auch das Bestreben nach höherem Rang und größerer Geltung zusammen, das sich erst im 16. Jahrhundert tiefgreifend geltend machte. So wollte denn die hergebrachte Einteilung in den Lehr-, Wehr-, Nähr- und Hörigen-Stand, unter denen man Geistlichkeit, Adel, Bürger und Bauer verstand, nicht mehr ausreichen. »Es will jetzt bei diesen letzten Tagen«, schreibt B. Herzog 1592 in seiner Straßburger Chronik, »je einer den andern mit Kleidung und Titeln übertreffen und sonderlich diejenigen, denen es nit gebürt, zum höchsten geachtet werden.«

Hofhaltung

Im ersten Viertel des Jahrhunderts waren es noch die kleinen italienischen Höfe der Este, Gonzaga, Montefeltre, die das Vorbild eleganter Kultur abgaben, ab der Mitte des Jahrhunderts fiel diese Rolle Frankreich zu. Unter Franz I. zog der Hof noch dauernd umher. »Das war eine rechte Qual«, schreibt Benvenuto Cellini; es schleppte sich, nach seiner Beschreibung, hinter dem König beständig ein langer Zug, denn in Friedenszeiten zählte der französische Hof 18 000 Köpfe, darunter waren mehr als 12 000 Berittene. Wie ein Heuschreckenschwarm fiel eine so zahlreiche Gesellschaft über die Orte her, an denen sie sich längere oder kürzere Zeit aufhielt; um Unterkunft und Verpflegung war es dann schlecht bestellt. Erst Katharina von Medici wußte dem Hof das Ansehen der Eleganz zu verschaffen, denn wenn sie auch noch darauf angewiesen war, ihre Residenz bald hier, bald dort aufzuschlagen, so verstand sie doch, den Zusammenkünften der Hofgesellschaft Regelmäßigkeit und Glanz zu verleihen. In ihrem Gefolge befanden sich stets 40 oder 50 der schönsten Damen, alle zu Pferd in den reichsten Toiletten, deren Anziehungskraft dafür sorgte, daß es nie an Kavalieren mangelte. »Der Hof der Königin Katharina«, schreibt Brantôme, »war ein wahres Paradies.« Die Tochter der Medici besaß nicht nur das Geschick, die vornehme Gesellschaft anzuziehen, sie war auch klug genug, sie zu fesseln. Sie war erfinderisch in Zerstreuungen und gab mit vollen Händen, kein Wunder, daß sie von ihrer Umgebung geliebt wurde und der Stil des französischen Hofes Nachahmung fand.

Die deutschen Kaiser und Könige suchten den Ruhm nicht, auf dem Gebiet höfischer Kultur Entdeckungen zu machen. Karl V. war ein viel zu großer Freund von Zeremonien, um Unbefangenheit um sich dulden zu können; er ordnete gewöhnlich selbst an, in welcher Weise die Städte, die er besuchte, ihn zu empfangen hätten. Er war außerdem kein besonderer Verehrer des anderen Geschlechts. Die schönen Frauen, die der Magistrat in Antwerpen bei seinem Einzug 1520 ihm zu Ehren ganz nackt aufgestellt hatte, würdigte er keines Blickes. Es herrschte um ihn eine eisige Temperatur, die nur der erwärmen konnte, der ihm Geschenke brachte wie Bargeld, Wein, Geschirr aus Edelmetall und so weiter. Karls Bruder Ferdinand war eine ganz andere Natur, heiter, lebenslustig, gesellig, »der Mund stund ihm nie still«, schreibt Sastrow. Er lud alle Abend Gäste ein, veranstaltete Bälle und Feste, aber der Hof erhob sich weder bei ihm noch bei seinen Nachfolgern über den Durchschnitt dessen, was auch sonst üblich war. Hier und da gab es wohl unter den deutschen Fürsten besonders prachtliebende, wie zum Beispiel Kurfürst Joachim II. von Brandenburg, der mit einem Gefolge von 68 Grafen und Herren zur Königswahl des Erzherzogs Maximilian nach Frankfurt am Main zog; im großen und ganzen aber scheint es an den kleinen und mittleren deutschen Höfen sehr bürgerlich zugegangen zu sein. Markgraf Johann von Küstrin erließ 1561 eine Hofordnung »weil ein Unterschied sein müsse zwischen Fürstenhäusern und gemeinen Wirtshäusern«.

Familienfeste

Fürst, Edelmann und Bürger betrachteten die Familienfeste von Taufe, Hochzeit und Leichenbegräbnis als die Höhepunkte des Daseins; ein jeder beging sie mit einer geradezu konzentrierten Lebensfreude. Fürstliche Hochzeiten wurden monatelang vorbereitet und versammelten oft mehrere hundert Gäste. Herzog Friedrich von Bayern ließ 1535 in Heidelberg, während seiner Vermählungsfeste täglich an 50 Tafeln decken. Die Hochzeiten dauerten manchmal Wochen und verschlangen gewaltige Summen; Herzog Friedrich von Liegnitz, dessen pekuniäre Verhältnisse keineswegs glänzend waren, gab 1594 für seine Hochzeit 14 000 Taler aus, abgesehen davon, daß er noch für 6000 und seine Braut für 7000 Taler Samt und Seidenwaren zur Ausstattung ihres Gefolges kauften. Berühmt durch die Verschwendung des Bräutigams wurde die Hochzeit Wilhelms von Rosenberg, die 1578 in Krumau in Böhmen stattfand; sie dauerte 7 Tage und kostete über 100 000 Taler. Diese Feste kamen um so teurer zu stehen, als der Bräutigam nicht allein für seine eigene und seiner Braut Toilette sorgen mußte, sondern auch die Anverwandten mit Kleidern, wenigstens mit den Stoffen dafür zu beschenken hatte. Da sich keiner lumpen lassen wollte, erschütterte eine prunkvolle Hochzeit oft genug den Wohlstand einer Familie. Als Sastrow 1551 in Greifswald eine standesgemäße Hochzeit gehalten hatte, blieb ihm gerade noch ein Goldgulden in der Tasche. Für die Patrizierfamilien

101 Philipp Galle, Das Gastmahl. Stich, 2. Hälfte 16. Jh.

der Reichsstädte waren Hochzeiten die Gelegenheiten, um ihren Reichtum zur Schau zu stellen. Die Magistrate suchten die Verschwendung zu steuern und untersagten zum Beispiel in Augsburg 1536, Hochzeiten im Haus abzuhalten, sie verboten den Brautleuten, Geschenke zu machen, aber es nutzte nichts. Lukas Rem bemerkt in seinem Tagebuch 1532 und 1534 »da was geben scharpff verboten« und fügt hinzu »darnach schenkt ich ihr (seiner Braut) zum neuen Jahr« und zeigte damit an, wie man die bestgemeinten Verordnungen zu umgehen wußte. Die niederen Klassen sahen die Entfaltung dieses Luxus mit scheelen Augen an. Jörg Breu bemerkte zu der Verehelichung Christophs von Knörringen mit Regina Paumgartner

1532: »köstliche Hochzeit mit mechtiger hoffart.« Lukas Rem notiert, daß er 1518 von seinen Gästen 422 Gulden erhalten habe, und Hans von Schweinichen, den die Taufe seines Sohnes 1584 auf 103 Taler zu stehen kam, bemerkt, daß die Geschenke 42 Taler betrugen. Er bekam dabei zwar das Lob, im ganzen Winzigschen Kreise die schönste Taufe abgehalten zu haben, aber es war so schön, »daß ich«, schreibt er, »die Gäste, sonderlich meine Schwäger, nicht los werden konnte«. Gab es keine freudigen Ereignisse, die zur Zerstreuung Anlaß gaben, so benutzte man die traurigen dazu. Als das Leichenbegängnis des Herzogs Johann Friedrich von Pommern 1599 vorüber war, da waren, wie Joachim von Wedel schreibt, nicht nur alle Vorräte verbraucht und alles Geld zu Ende, man hatte sich auch noch 10 000 Gulden leihen müssen, um den standesgemäßen Aufwand zu bestreiten.

Vergnügungen

Da sich Familienfeste der erwähnten Art doch nicht alle Jahre zu wiederholen pflegen, mußte, wer sich unterhalten wollte, meist selbst für Feste sorgen. Von außen wurde ihm sehr wenig geboten. Im Vergleich zu heute, das muß man immer wieder betonen, war das Leben in der alten Zeit sehr einfach und verlief regelmäßig und von alledem, was jetzt selbst an den Bewohner der Kleinstadt an Vergnügungen herantritt, war nicht die Rede.

Im Mittelalter hatten die Feste immer kirchlichen Charakter getragen, und dem machte auch die Trennung der Bekenntnisse im 16. Jahrhundert nicht sogleich ein Ende. In katholischen Gegenden blieben die Wallfahrten das gleiche große Vergnügen, das sie gewesen waren, als der Metzer Bürger Philipp von Vigneulles 1510 eine Heiligtumsfahrt nach Aachen, Cornelimünster, Düren und Köln machte. Man hielt auch in der Bevölkerung, die sich zum Protestantismus bekannte, noch an der Kirchweih und Fastnacht fest, auch wenn diese die alte Bedeutung verloren hatten. Jede Zunft hatte die ihr eigentümliche Belustigung, wie denn in Nürnberg die Messerer, Tuchknappen, Schreiner, Rotschmiede ihre Tänze, die Fischer ein Stechen abhielten und die Metzger einen großen Maskenzug aufführten, den sogenannten Schembart. 1539 fand er zum letzten Mal statt, denn die Veranstalter hatten es gewagt, die geheiligte Person des Stadtpfarrers Andreas Osiander lächerlich zu machen, der darauf ein Verbot der ganzen Belustigung durchsetzte. Aus alter Zeit waren die Maifeste übriggeblieben, das Einholen des Mai durch den Maigrafen oder Maikönig, das mit Umzügen und Tänzen verbunden war. In Stralsund ritten noch im Jahr 1564 200 Bürger und Junggesellen in den Mai. Allmählich aber kam diese Sitte ab, weil die Würde des Maigrafen zwar als große Ehre galt, aber doch mit hohen Kosten verbunden war; es

102 Heinrich Goltzius, Der Morgen, aus der Folge der vier Tageszeiten. Stich

kam sogar vor, daß der Erwählte aus der Stadt flüchtete, weil er die Ausgaben scheute. In anderen Städten, etwa in Anklam und Greifswald, verwandelte der Rat das Maifest auf Kosten der Gemeinde in eine große Schlemmerei.

Für den Adel waren die Turniere noch ein wesentlicher Bestandteil *Turniere*

103 Albrecht Dürer (?), Das deutsche Turnier. Holzschnitt

jedes größeren Festes, aber auch diese änderten im Lauf des Jahrhunderts ihren Charakter. Die Hauptsache war anfänglich noch das *Abb. 103* Lanzenrennen, bei dem die Ritter zu Pferd aufeinander losstürmten; wer am meisten traf und am seltensten vom Pferd fiel, galt als Sieger. Gingen die Teilnehmer mit dem Schwert gegeneinander an, so war vorgeschrieben, wieviel Streiche jeder tun durfte. Die Fürsten, selbst *Abb. 104* Kaiser Maximilian, taten mit, aber die höfische Sitte begann sich bereits stark geltend zu machen. Die Beschädigungen, denen Menschen und Tiere sich aussetzten – die Pferde wurden oft für immer unbrauchbar –, waren doch so groß, daß die sogenannten Scharfrennen aus der Mode kamen, und als vollends König Heinrich II. bei einer solchen Gelegenheit tödlich verwundet wurde, hörten diese ganz auf. Man verzichtete jedoch nicht ganz auf ritterliche Spiele zu Pferde;

104 Albrecht Dürer (?), Der Zweikampf zu Fuß. Holzschnitt

noch die Einweihung der Universität Jena wurde 1558 mit einem solchen begangen, aber aus dem Zweikampf wurde ein Scheingefecht, bei dem die Maskerade die Hauptsache war.

Ritterspiele

In Italien kam es auf, dramatische Elemente einzumischen und Programme für die Abwicklung des Festes aufzustellen, bei dem die ritterliche Geschicklichkeit sich schließlich auf das Ringelrennen – auch Ringstechen oder Karussell genannt – beschränkte. Hier mußte im Galopp ein kleiner Ring oder Kranz heruntergestochen werden. Als Herzog Albrecht von Bayern 1560 in Wien zu Besuch weilte, wurde ihm zu Ehren ein Turnier veranstaltet, bei dem es sich um einen Kampf um den Liebesgott und dessen Befreiung handelte. Dazu waren Schaugerüste mit mythologischen Figuren aufgeschlagen, komische Masken in Pluderhosen traten auf, endlich wurde Kupido von Merkur befreit, da alle Damen Fürbitte für ihn einlegten. Kurfürst August von Sachsen lud einmal unter dem Namen »Hannibal von Karthago« zu einem Ringelrennen ein, bei dem alle Teilnehmer vermummt erschienen. Diese Mode stammte aus Italien, verbreitete sich aber überall. 1584 sah Lupold von Wedel in London ein solches Turnier mit an. »Jeder Herr, so tornieret«, schreibt er, »sich in sonderlige Muster gekleidet, etzliche sich und ihr Gesinde wie wilde leutt, etzliche wie irlendische leutt mit langen Haaren bis auf den Gürtel wie die Weiber, etzliche Halbmönde auf dem Kopfe gehabt, etzliche auf die bahn kommen, ire Pferde wie Elephanten zugericht« und so fort. Alle begrüßten die Königin mit zierlichen Reden und überreichten ihr Geschenke. Felix Platter beschrieb ein ähnliches Ritterspiel zum Ringelrennen, das bei der Taufe eines württembergischen Prinzen 1596 in Stuttgart abgehalten wurde. Alle Teilnehmer waren maskiert, als Mohren, Planeten, Türken, Mönche und Nonnen »in ristung nach alter Manier«, »auf die neue Gattung« als zweifache Menschen.

Schützenfeste Was die Turniere für die vornehme Gesellschaft, waren für die unteren Stände die Schützenfeste und das Gesellenstechen. Die letzteren waren Ritterspiele der Bürgersöhne unter sich, zu denen keine Einladungen nach auswärts erfolgten. Anders die bürgerlichen Schützenfeste, auch Stahlschießen genannt, weil dabei mit einer Armbrust mit stählernem Bogen nach der Scheibe geschossen wurde; sie waren Veranstaltungen, die sich in allen Kreisen großer Beliebtheit erfreuten. Zum Schützenfest in Straubing 1528 stellten sich acht Fürsten ein, in Straßburg ließen sich 1576 70 verschiedene Orte vertreten, in Regensburg 1586 35 Städte, und die Stadt Halle lud 1601 zu ihrem Vogelschießen 156 Orte ein. Das Schützenfest in Straßburg 1576 erlangte gewissen Ruhm durch die Beteiligung der Schweizer Kantone.

Glücksspiele Die Lust war natürlich nicht auf das Schießen allein beschränkt, bereits waren die Glückshafen eingerichtet. Erst konnte man nur Waren gewinnen, dann aber auch bares Geld. In Straßburg hatte man 1576 nur 275 Gewinne vorgesehen, aber der Andrang war so groß, daß die Lose vermehrt werden mußten; Pfalzgraf Johann Sasimir nahm allein 1100 Lose – und zog damit lauter Nieten. 1578 kostete in Augsburg das Los 15 Kreuzer, mit denen man den Hauptgewinn in Geld von 500 Gulden oder ein Wirtshaus mit Wiesen und Äckern im Werte von 4500 Gulden ziehen konnte. 1589 kamen Nürnberger Silberschmiede mit einem »luckepot« nach Hildesheim; man konnte, wenn man Glück hatte, für ein Los zu drei Groschen die schönsten Becher und Gefäße gewinnen.

Freifechter *Abb. 105* Da man sich in den Turnieren zu schonen begann, traten Fechtkünstler auf. Die Markusbrüderschaft, meist »Marxbrüder« genannt, war über West- und Süddeutschland verbreitet und pflegte die Fechtkunst in den Kreisen der niederen Bürgerschaft. Ihre Zusammenkünfte fanden auf den Messen in Frankfurt am Main statt, wo sie mit Aufzügen

105 Tobias Stimmer, Freie Fechter, aus dem Fechtbuch des J. Meyer, Straßburg, 1570

und Wettkämpfen hervortraten; bezahlt wurde aber nur, wer einen anderen blutig schlug, »sunst galt es nit«. In Stuttgart wurden 1596 zehn verwundet und einem ein Auge ausgeschlagen.

Theatralische Kampfspiele *Abb. 106*

Kriegsspiel mit Kampf und Sieg verherrlichte manches bürgerliche und ritterliche Fest. In der Fastnacht 1531 wurde auf dem Marktplatz in Zittau ein Haus von zwei Parteien gestürmt und verteidigt; als Karl V. 1530 auf der Reise nach Augsburg durch München kam, hielt man ein militärisches Schauspiel im großen Stil ab. 1500 Mann stürmten eine Festung, die mit 100 Geschützen bestückt war und nach tapferer Verteidigung krachend zusammenstürzte. Herzog Moritz von Sachsen ließ auf der Elbe ein schwimmendes Türkenschloß erbauen, das gestürmt und beschossen wurde und schließlich in einem großartigen Feuerwerk zugrunde ging. Diese theatralischen Kampfspiele zu Wasser waren auch im Ausland sehr beliebt. *Abb. 107*

106 Albrecht Dürer, Entwurf eines Triumphwagens mit Tretradantrieb für Kaiser Maximilian I. Holzschnitt, 1526

Mythologische Huldigungsspiele

Bei allen diesen Festen bildeten die Frauen nur Zuschauer, aber sie wollten nicht länger außerhalb des Rahmens der Veranstaltungen bleiben, sondern mitwirken.

Da kamen ihnen die allegorisch-mythologischen Huldigungsspiele entgegen. Meist waren es Hochzeiten, die den Anlaß zu solchen Trionfi gaben, wie sie in Italien schon seit der zweiten Hälfte des 15. Jahrhunderts stattfanden. Kein geringerer als Leonardo da Vinci hatte 1490 Szenarium und Kostüme zur Hochzeit Galeazzo Sforzas mit

107 Theatralisches Wasserfest im Schloß Fontainebleau mit Heinrich III. und Louise de Lorraine als Zuschauer. Entwurf François Quesnel, um 1575. Wandteppich. Florenz, Uffizien

Isabella von Aragonien entworfen. Es ging in den Huldigungsspielen nicht mehr um Moralitäten von allgemein menschlicher Bedeutung wie im Spätmittelalter, sondern um Verherrlichungsszenen, die sinnbildliche Effekte zugunsten des Gefeierten enthielten.

Bei der Vermählung Cosimos de Medici mit Eleonore von Toledo, die 1539 in Florenz stattfand, traten Sirenen, Nymphen, Meerungeheuer, Silene, Satyre, Faune und Hirten mit Gesängen und Tänzen auf; als sich Francesco de Medici mit Johanna von Österreich vermählte, erschienen Venus mit den Grazien, Jupiter, Juno, Saturn, Mars, Amor mit Hoffnung, Furcht, Fröhlichkeit und Schmerz, und bei ihrem Auftreten verbreiteten sich Wohlgerüche im Saal. Diesseits der Alpen wurden für das neue Genre die berühmten Feste maßgebend, die Königin Maria von Ungarn, Statthalterin der Niederlande, ihrem Bruder, Kaiser Karl V., und ihrer Schwester, der Königin Eleonore von Frankreich, in Bains gab. Lange Jahre waren sie sprichwörtlich, und wer den Gipfel des Herrlichen bezeichnen wollte, sagte wohl: »mas brava que las festas de Bains« (prächtiger als die Feste von Bains). Auch hier war ein festes Schloß von tausend Mann erstürmt worden, und die Damen hatten sich als Nymphen, Jägerinnen, Oreaden, Najaden stark an der Mitwirkung beteiligt. Donna Beatrix Pacheco gewann die Palme als Pomona, aber auch die anderen Schönen, in Silber und Grün »à la nymphale« bekleidet, das heißt mit Röcken, welche die Waden sehen ließen, wußten sich geltend zu machen. Von diesem Augenblick an fiel den Damen der Hauptanteil der Feste zu, besonders wenn diese auf dem Parkett stattfanden. Als Maria Stuart sich am 24. April 1558 mit dem Dauphin vermählte, wurde der Ball durch mythologische Intermedien belebt. Auf sechs Galeeren mit silbernen Segeln zogen die Fürsten in den großen Saal des Louvre, raubten die Prinzessinnen und brachten sie nach Kolchis, wo Jason dem König die Universalmonarchie und der Dauphine Maria Stuart die englische Krone verhieß. Bei einem Fest im Palais Bourbon, das bei der Hochzeit Margaretes von Valois mit dem König Heinrich von Navarra stattfand, war eine drehbare Maschinerie aufgestellt, die das Paradies vorstellte, in dem 12 Nymphen saßen. Auf der andern Seite des Saales befand sich die Hölle, von Teufelchen belebt, dazwischen die elysäischen Gefilde mit Bäumen und Blumen, durch Sterne von Kristall, in denen Kerzen brannten, beleuchtet. Der König und seine zwei Brüder in voller Rüstung verteidigten das Paradies gegen irrende Ritter, die unter Anführung des späteren Heinrich IV. die Nymphen entführen wollten. Schließlich erschien Kupido, versöhnte die Streitenden, Ritter und Nymphen tanzten, und ein Feuerwerk, das im Saal abgebrannt wurde, beschloß den Zauber.

Auch Englands Königin Elisabeth liebte diesen Stil nicht weniger als ihre französische Cousine; in den Annalen der englischen Hofgeschichte ist ja das Fest berühmt, das ihr Lord Leicester 1575 in Kenilworth gab; es gab Walter Scott den Vorwurf zu einem seiner berühmtesten Romane. Ihre Untertanen gewöhnten sie an Huldigungen in mythologischer Gestalt; wenn die Königin irgendeinen ihrer Edelleute auf seinem Landsitz besuchte, wurde sie von »Göttern«

empfangen und bedient; Venus, Kupido, Apollo, Merkur begrüßten sie, Nymphen und Faune, von Pagen und Stallknechten gespielt, huschten durch die Gärten, kurz, es geschah alles, um Elisabeth die Vorstellung beizubringen, ihretwegen sei der klassische Olymp auferstanden.
Man nahm auch in Deutschland diese Spiele an. Erzherzog Ferdinand und Philippine Welser begingen zum Beispiel die Vermählung des Freiherrn Johann von Kolowrat mit großen Festlichkeiten, die durch lebende Bilder eingeleitet wurden. Der Erzherzog trat als Jupiter auf, der Herzog von Braunschweig als Apollo, Jaroslaw von Kolowrat als Ceres, der Bräutigam als Mars, Karl von Schurff als Odysseus an der Kette der Circe und so weiter.
Bis nach dem fernen Schlesien drang der Sinn für das Klassische; 1581 wirkte Hans von Schweinichen in einer heidnischen Mummerei mit, bei der die Kostüme aber nicht aus Seide und Goldstoff, sondern aus Glanzkattun mit langen Binden von allerlei Farben und Zindel gemacht wurden. Bei einer solchen Maskerade, die am 7. Februar 1570 auf dem Schloß Waldenburg stattfand, verbrannten die Grafen Georg und Eberhard von Hohenlohe, die im Kostüm wilder Männer, das aus Werg bestand, einer Fackel zu nahe gekommen waren.
In diesen Festen, die unter Heranziehung von Gesang und Tanz in prachtvoller Ausstattung ein freie Schöpfung der Phantasie hervorbrachten, erkennen wir eine Wurzel der Oper. Diese Veranstaltungen, die jedem der Teilnehmer eine bestimmte Rolle aufnötigten, trugen den Charakter sorgfältig einstudierter Theatervorstellungen, deren Schauplatz der ganze Hof war. Sie wurden im Lauf des 16. Jahrhunderts zur Vollendung ausgebildet und beibehalten, bis erst Ludwig XIV. die Sache satt bekam und das Genre an die Berufsschauspieler überging, die aus der Hand der Hofgesellschaft eine neue Kunst empfingen.
Die Oper setzte sich aus verschiedenen künstlerischen Komponenten zusammen. *Oper*
Wenn man auch in Florenz den Gottheiten, die man auftreten ließ, Gesangspartien übertrug, so waren dies Chöre, die hinter der Szene gesungen wurden – die Partie der Venus wurde achtstimmig, die des Amor fünfstimmig gesungen –, während man auf der Bühne die Rollen nur mimisch darstellte.
Im Kreis des Grafen Giovanni Bardi versuchte man nachhaltig den Sologesang von der Chormelodie zu unterscheiden. Jacopo Peri gelang dies 1594 in »Dafne«, wo er den Gesang mit Rinuccinis Text übereinstimmte. Freilich ist dieses Stück noch kaum als »Oper« zu bezeichnen – dieser Begriff kam auch erst im 17. Jahrhundert auf –,

108 Meister der weiblichen Halbfiguren, Musizierende Mädchen, 1530. Wien, Harrachsche Gemäldegalerie

denn es war mehr eine musikalische Deklamation des Textes als ein echter Gesang. Die Thematik dieser Stücke entnahm man wieder der Mythologie, vielfach auch der Schäferpoesie.

Musik Die Italiener waren es, welche die Ausübung der Musik gesellschaftsfähig machten. In Italien liebte man es auch, in Gesellschaft mehrstimmig zu singen, und die Sitte war zu hübsch, um nicht auch bei uns Anklang zu finden; man sang vielstimmig zur Laute, und es finden sich noch Tischplatten aus jener Zeit mit eingeschnittenen oder

5 Jörg Breu, Rat der Stadt Augsburg, Anfang 16. Jh. München, Bayer. Nationalmuseum

6 *Lucas van Valckenborch, Picknick im Freien, 1587 (Ausschnitt). Wien, Kunsthistorisches Museum*

aufgemalten Noten und Texten. Die Reformatoren unterstützten diese Geschmacksrichtung. »Musican habe ich allezeit lieb gehabt«, sagte Luther, »wer diese Kunst kann, der ist guter Art und zu allem geschickt.«

Als die freie Kunst dann in die Hände von Handwerkern geriet, war es freilich um sie geschehen, denn sie büßte mit der Freiheit auch die Schönheit ein. Der höfische Minnesang hatte sich im Volk verloren und war bei der Ausübung durch Schneider, Kürschner, Bäcker, Glaser und anderer ihresgleichen zum Meistergesang entartet. *Meistergesang*

Dort betrachtete man die Kunst als Handwerk. Poesie und Musik wurden als lehrbare Techniken in feste Regeln gefaßt und später in Schulen weitergegeben.

Mechanische Künstelei und ausgeklügelte Spielereien wurden das Wichtigste, die Verse entbehrten den Rhythmus, der musikalische Charakter des stumpfsinnigen Psalmodierens wurde mit schwerfälligen Kadenzen überladen; eine Volkskunst, aber beileibe keine Kunst für das Volk, denn die Meistersinger von Augsburg, Nürnberg, Ulm waren ängstlich darauf bedacht, daß ihre Schöpfungen nur ja nicht in den Volksmund kämen. Sie verboten ihren Mitgliedern ausdrücklich, solche in den Schenken oder auf der Gasse zu singen.

Unter den deutschen Fürsten gab es viele Musikfreunde. Die Kurfürsten von Sachsen ließen sich von ihren Kapellen auch auf die Reichstage begleiten, in Speyer erregte der Kurfürst von Sachsen 1544 förmlich Aufsehen durch die Musik, die er bei dem Gottesdienst mit Lauten, Querpfeifen, Zinken und Geigen und Trommeln spielen ließ. München hatte den Ruhm, unter den 60 Sängern der Hofkapelle des Herzogs Albert bereits sechs Kastraten besessen zu haben, die ersten, von denen man in diesem Zusammenhang hört.

Die Aufführungen der Mysterien, die bis dahin eine Lieblingsunterhaltung und Betätigung ganzer Bürgerschaften waren, fanden allmählich ihr Ende, obwohl oder weil sie gerade jetzt mit dem allergrößten Prunk gespielt wurden, wie zum Beispiel in Bourges 1536, wo man die Ausgaben für Kostüme und Schmuck auf Millionen schätzte. 1514 stiftete Herzog Georg von Sachsen noch 2000 Goldgulden, um alljährlich am Gründonnerstag die Passion aufführen zu lassen, aber kaum ein Jahrzehnt später machte die Reformation diesen Veranstaltungen ein Ende. Die Zünfte spielten zwar noch immer gern Theater und mit Vorliebe religiöse Stoffe, aber das Ganze verlor den naiven Zug der alten Zeit. Die Bühne wurde zu einem pädagogischen Moment. Schon Luther liebte das Komödienspiel, weil es gleich einem Spiegel lehre, wie sich ein jeglicher halten solle. Als er das Schultheater empfahl, ließ sein Freund Melanchthon an seiner Privatschule *Theater*

109 Jakob de Gheyn, Maskeraden. Stich, 16. Jh.

antike Dramen von den Schülern spielen, so zum Beispiel »Hekabe« von Euripides, Senecas »Thyestes« und den »Miles Gloriosus« von Plautus.

Auch die Jesuiten waren viel zu klug, um sich ein so wertvolles Mittel der Propaganda entgehen zu lassen. Sie hatten in Deutschland kaum noch Fuß gefaßt und Schulen einzurichten begonnen, als sie auch schon mit Theateraufführungen vor das Publikum traten, die alles von protestantischer Seite Gebotene tief in den Schatten stellten.

110 F. Bertelli, Dottore und seine Dame aus der Commedia dell'arte, Stich, 1590

In München führten sie ein Drama »Constantinus« auf, in dem 400 Reiter in schimmernden Rüstungen das Bühnenbild belebten. 1577 wurde mit Hunderten von Mitwirkenden das Drama »Esther« aufgeführt und 1597 zur Einweihung der Michaelshofkirche »Triumph des hl. Michael«, in dem 900 Choristen mitwirkten und die Schlußszene mit dem Sturz von 300 Teufeln in die hochauflodernden Flammen der Hölle endete.

Diese oft mehrtägigen Münchner Massen-Freilichtinszenierungen hat-

111 Niklaus Manuel Deutsch, »Der Ablaßkrämer«. Zeichnung aus dem Originaltext des Dichters, um 1523. Bern, Stadtbibliothek

ten die Aufgabe, zur Loslösung von jenem isolierenden Individualismus zu führen, der zu den Kennzeichen des jungen Protestantismus gehörte.

Ein weiterer Faktor unterschied das Theaterspielen des 16. Jahrhunderts maßgebend von den vorhergehenden Jahrhunderten:

das Auftreten des Berufsschauspielertums, das sich, wenn auch nicht auf deutschem Boden, nunmehr einen festen Platz errang. In Italien wurde die Commedia dell'Arte geschaffen, die ohne festumschriebenen Text, nur nach einem verabredeten Szenarium gespielt wurde, wobei der Dialog mit allen Pointen in das freie Ermessen der Spielenden gestellt schien. Der Beifall, den sie errang, war so groß, daß im 17. Jahrhundert die Typen der Stegreifkomödie von München aus Deutschland und von Paris aus Frankreich eroberten.

Berufsschauspieler
Abb. 110

Spanien war das erste Land, das bereits im 16. Jahrhundert Frauen auf der Bühne sah und die Berufsschauspielerin kannte; in allen anderen Ländern wurden die weiblichen Rollen von jungen Männern gespielt, und erst das 17. Jahrhundert erlebte, daß in Deutschland, England und Frankreich die Frau die Bühne eroberte.

England hatte bereits 1576 den ersten feststehenden Theaterbau. Samuel Kiechel beschreibt 1585 das Globe Theatre und die Bären-Arena und schreibt weiter: »In London werden teglich comoedien gehalten, sonderlichen ist lustig zusehen, wann der königin comedianten agiren.« Den braven Schwaben Kiechel wurmte es nur, daß bei Novitäten die doppelten Eintrittsgelder erhoben wurden. Unter der Regierung Elisabeths schenkte England der Welt in Shakespeare den größten dramatischen Dichter.

Seine Theaterstücke, in denen er alle Höhen und Tiefen menschlicher Seele durchmaß, zeugen vom Geist der Renaissance, aber auch bereits von dem des Barock.

Die englischen Komödianten kamen in mehreren Truppen nach Deutschland, gerufen von theaterliebenden Fürsten, wie dem Herzog von Braunschweig, dem Landgrafen von Hessen-Kassel, dem Kurfürsten von Brandenburg und auf eigenes Risiko. Balthasar Paumgartner schreibt 1592 seiner Frau aus Frankfurt am Main, daß er dort englische Komödianten getroffen, »so perfect mit springen und tanzen, dergleichen ich noch nie gesehen oder gehört habe«. Er rühmt auch ihre köstliche und herrliche Kleidung, die allerdings auffallend genug gewesen sein muß, da sie das stärkste Mißfallen der Moralprediger erregte.

Herzog Heinrich Julius von Braunschweig hatte auch selbst Dramen in Anlehnung an die englischen Stücke geschrieben.

Aber eine über lokale Bedeutung hinausreichende deutsche Bühnendichtung gab es noch nicht. Die Bürgerspiele, wie das »Wilhelm Tell«-Spiel, Fastnachtsspiele und Meistersingerstücke, wie »Der farent Schuler im Paradeis«, »Der Krämerkorb«, »Der hürnen Sewfried« und andere von Hans Sachs, blieben auf einen engen Inszenierungsraum beschränkt.

Gesellschaftstanz

Ob mehr oder weniger theatralisch, bei keinem größeren Fest fehlte der Tanz. Er bestand seinen ursprünglichen Zuschnitt nach in Springen, Drehen, Rennen und Laufen, bei dem die Teilnehmer sich anscheinend oft sehr ungebärdig benahmen, sie schrien aus vollem Halse und warfen ihre Tänzerinnen so hoch, daß ihnen die Röcke über den Kopf fielen. Die Magistrate erließen manche Verordnung darüber, daß Manns- und Weibspersonen beim Tanzen züchtig und gebührlich bekleidet sein sollten, kein Mann ohne Rock, nur in Hosen und Wams tanzen dürfe und Frauen und Jungfrauen nicht gedreht und herumgeschwenkt werden dürften. Daß die Paare sich umfaßten und miteinander drehten, gab starken Anstoß; das »unverschämte Ummekuseln«, wie es plattdeutsch hieß, war dauernd mit Strafen bedroht. Sastrow empörte sich, daß er auf seiner eignen Hochzeit deswegen von dem Magistrat in Greifswald gestraft wurde. Die Reformatoren waren in ihren Anschauungen weitherzig. »Tänze sind eingerichtet und zugestanden worden«, sagte Luther 1540 bei Tisch, »damit artiges Benehmen gelernt werde im Verkehr, und Freundschaft und Bekanntschaft geschlossen werde unter Jünglingen und Jungfrauen.« Melanchthon tanzte selbst mit Vergnügen, was ihm von seiner Umgebung allerdings verübelt wurde, denn unter der protestantischen Geistlichkeit machte sich bereits ein sauertöpfisches Wesen bemerkbar. Der Pfarrer Melchior Ambach in Frankfurt am Main erklärte das Tanzen für Sünde, denn es gründe sich auf kein Gotteswort, und seine Amtsbrüder wetterten gegen »die adligen, tollen, bübischen, unzüchtigen Tänze«. In den Reichsstädten hatten die oberen Stände ihr eigenes Tanzhaus; das in Augsburg wurde erst 1632 abgerissen. Montaigne, der 1580 in Augsburg war, beschrieb, wie es bei den Geschlechtertänzen zuging: »Sie nahmen das Frauenzimmer bei der Hand, die sie ihr zugleich küßten, legten sodann ihre Hand auf ihre Schulter, faßten sie um und drückten sie dermaßen an sich, daß die Backen zusammen lagen. Das Frauenzimmer legt unterdessen ihre Hand auf seine Schulter und in dieser Stellung gehen sie herum.«

Im Gegensatz zum Naturtanz der Deutschen pflegten die romanischen Völker den Tanz als Kunst.

Im 16. Jahrhundert war der italienische Tanz am hoffähigsten, während im 17. Jahrhundert Frankreich tonangebend im Gesellschaftstanz wurde.

112 H. Brosamer, Hans Sachs. Holzschnitt, 1545

Aus Italien kam die Mode, Komplimente einzumengen, aus Spanien der Gebrauch der Sprünge. Vivès, der Erzieher der Töchter der Königin Isabella, sprach sich gegen die Tanzwut aus und tadelte das Hüpfen der Mädchen und das dabei erfolgende Küssen. »Welches Vergnügen«, rief er aus, »liegt darin, sich nächtelang mit Sprüngen anzustrengen, als könne man nie genug davon bekommen?« Die Jugend gab dem alten Mann unrecht, und wenn wir uns auch nur schwer vorstellen können, wie die Damen in ihrer behindernden Kleidung es fertigbrachten, große Sprünge beim Tanzen zu machen, so war zum Beispiel die spanische Algarde ein Tanz, bei dem dies erforderlich war und der vielleicht deswegen in Deutschland sehr beliebt war. Auch am französischen Hofe waren die ausländischen Tänze en vogue. Brantôme begeisterte sich über den Anblick, den Margarete von Navarra darbot, wenn sie mit ihrem Bruder, König Heinrich III., die spanische Pavane tanzte, einen Tanz, »bei dem Grazie und Majestät sich liebenswürdig miteinander paaren, oder eine majestätische Ruhe, wenn sie stehen blieben, worin bald eine angenehme Munterkeit, bald ein schöner und ernster Stolz zum Ausdruck kamen«. Sonst tanzte man Pazzameno, Volten, Couranten, Gaillarden, die auch Platter lernte, als er sich in Montpellier aufhielt.

Ballett *Die Tänze des französischen Adels waren oft in theatralische Ballettaufführungen eingefügt, die sich in der Art der Aufmachung mit den Huldigungsspielen vergleichen lassen. Berühmt wurde das »Ballet comique de la Reine«, das Heinrich III. und die Königin 1581 in Versailles für die Hochzeit des Duc de Joyeuse mit Maragarethe von Lothringen veranstalteten und das Balthasar de Beaujoyeulx arrangierte. Da kamen Bühnenwagen, 18 Fuß lang und 12 Fuß breit, angefahren, auf denen sich zum Beispiel eine wie von Diamanten glänzende Grotte befand, in der Nymphen und Dryaden tanzten. Es traten auch Sirenen und Tritonen mit goldenen Schuppen auf, und Thetis wurde von drei Meerpferden hereingezogen. An den Tänzen selbst aber nahm häufig der ganze Adel teil.*

Spiel Nach dem Tanz kam wie immer das Spiel; Würfel und Karten waren am beliebtesten. Die in Ulm fabrizierten Spielkarten gingen fässerweise ins Ausland. Es gab leidenschaftliche und vermessene Spieler genug in Deutschland. Die Pfalzgrafen Otto Heinrich und Philipp bei Rhein mußten infolge ihrer Spielverluste bei einem Nürnberger eine Summe von 200 000 Gulden aufnehmen; der Landgraf Philipp von Hessen war so daran gewöhnt, immer zu verlieren, daß er, als er einmal bei einem Spiel mit den Kurfürsten im Römersaal in Frankfurt am Main gewann, das Geld zum Fenster hinauswarf. Von Hieronymus Welser hört man, daß er 1530 auf einen Sitz 120 000 Gulden verspielte.

Jagd Die Jagd war eine Zerstreuung, welche die Fürsten und der reichsunmittelbare Adel immer mehr für sich allein in Anspruch nahmen. Graf Oettingen ließ Schärtlin wissen, den kleinen Edelleuten stünde nur die Jagd auf Eichhörnchen und Igel zu. Das Wild wurde so gepflegt, daß schon im 16. Jahrhundert die Frage laut wurde, wer es wohl besser habe, das lang gehegte und kurz gehetzte Wild oder der ewig gehetzte und nie gehegte Bauer. Der Herzog von Württemberg konnte 1574 in Blaubeuren an einem Tage 100 Stück Wild erlegen,

113 Hans Sebald Beham, Der verlorene Sohn (Ausschnitt), 1526–30. Holzschnitt

so daß Joachim von Wedel mit Recht bemerkte: »Die großen Herrn übermachens gar mit dem jagen und wildbahnen. Was sie damit bei der armuth für seufftzen und wehklagen erwecken, kann nicht genug gesagt werden.« Manche Hofordnungen befahlen zwar, es solle beim Jagen »den armen leuten an getreide und vieh kein Schade beschehen«, aber es wurde bis Ende des 18. Jahrhunderts nur schlimmer damit.

Die beliebteste Unterhaltung aber war Essen und Trinken. In Deutsch- *Essenssitten* land aß man viermal am Tag und ging um 7 oder 8 Uhr spätestens schlafen; am französischen Hof nahm man in der ersten Hälfte des Jahrhunderts das Mittagessen um 10 Uhr und das Abendessen um 4 Uhr ein. Mit diesen Zeiten rückte man vor; Karl V. zum Beispiel aß um 11 Uhr zu Mittag und speiste um 7 Uhr zu Nacht, man ging an seinem Hof im Sommer um 10 und im Winter um 11 Uhr zu Bett. Im 16. Jahrhundert verbreitete sich der Teller als Unterlage für die Speisen. 1517 kaufte Anton Tucher sich 100 geschlagene zinnerne Teller, »die man an tellerprot stat auflegt«. Wie in den vorhergehenden Jahrhunderten mußte man das Messer zum Essen mitbringen. Gabeln waren zunächst nur zum Tranchieren bestimmt.

Um die Küchen scheint es nicht immer sehr gut bestellt gewesen zu sein; Kurfürst Joachim II. von Brandenburg befiehlt, »daß die Köche reiniglicher kochen als bisher«, und Herzog Albrecht Friedrich von Preußen hält für nötig anzuordnen, »daß der Koch in keinem Topf koche, er habe ihn vor rein ausgewaschen«. Der Haushalt der Kinder Katharinas von Medici umfaßte ein Küchenpersonal von 57 Köpfen, das Tag für Tag 23 Dutzend Brote, 18 Rinderbraten, 8 Schafe, 4 Kälber, 20 Kapaune, 120 Hühner, 3 Lämmer, 6 Gänse und 4 Hasen verbrauchte. Unter diesen Umständen wirkt die Erscheinung eines Mäßigkeitsapostels, wie Luigi Cornaro, geradezu wie eine Wohltat; er erzählte den Zeitgenossen, wie alt er geworden sei und wie gesund und frisch er sich fühle, und er hoffte, sie dadurch ebenfalls zur Enthaltsamkeit bewegen zu können. Man erfährt nicht, ob es etwas nützte.

Trinksitten

War man im Mittelalter im Trinken noch mäßig, so nahm es nun um so mehr zu. In bezug auf das Trinken behauptete Deuschland die erste Stelle, aber leider keinen Ehrenplatz. Eher hätte man sich aller sieben Todsünden schuldig machen dürfen als einen Verstoß gegen den Trink-Komment zu begehen. Einen Trunk schuldig bleiben, war die gröbste Beleidigung, die man jemandem zufügen konnte, sie zog die schwersten Händel nach sich oder üble Strafen. Auf dem Reichstag zu Augsburg 1558 lud der Kaiser die anwesenden Fürsten zu sich und bat sie, sie möchten doch wenigstens für die Dauer dieses Reichstages sich des Volltrinkens enthalten, damit die Verhandlungen besser vonstatten gingen. Es wurden in dieser Zeit immer mehr Trinkgemeinschaften gegründet, und es war eine Schande für den Wirt, wenn sein Gast nüchtern blieb. Wollte ein Ausländer einen Deutschen ehren, so gab er ihm viel zu trinken. Man trank von den einheimischen Weinen Elsässer und Rheinwein – »die deutschen Fürsten ersäufen sich in Rheinwein«, schreibt Mykonius aus Frankfurt am Main –, versetzte die Egengewächse gern mit Salbei. Bier braute man noch selbst, im Lauf der Zeit aber gewannen einzelne Orte einen besonderen Ruf für ihr Erzeugnis, Anton Tucher in Nürnberg ließ sich Einbeckisch und Torgauer Bier in Fässern kommen.

Reisen

Bei dem Mangel an Wegen, der schlechten Beschaffenheit der existierenden Straßen und ihrer großen Unsicherheit waren wohl Vergnügungsreisen im 16. Jahrhundert nicht allzu häufig, aber sie waren weit weniger eine Ausnahme, als man glauben sollte. Noch hatten merkwürdigerweise nicht einmal die Pilgerfahrten nach dem Heiligen Land ihr Ende erreicht, die meist von Venedig auszugehen pflegten. Die Technik des Reisens war größtenteils auf Menschen- oder Pferdebeine beschränkt. Kutschen entbehrten, selbst da, wo sie existierten, jeder Bequemlichkeit. Der Prunk war die Hauptsache. Herzog Julius von Braunschweig und andere hohe Staatspersonen benutzten vergoldete Kutschen mit rotem Samt und Damast ausgeschlagen. Während besondere Verordnungen in Brandenburg und Braunschweig dem Adel die Benutzung der Kutschwagen untersagen wollten, bürgerten diese sich an den Höfen immer mehr ein.

Badereisen

Ein Mittelding zwischen Geschäfts- und Vergnügungsreisen waren die Fahrten zum Besuch der Bäder. Sie waren nicht immer ganz einfach, da in den Badeorten durchaus nicht für die Ankommenden gesorgt war. Aus Karlsbad schreibt Balthasar Paumgartner 1591, »allhier umbs geld garnichts zu bekommen«. So dauerten die Vorbereitungen, die zur Reise des Kurfürsten August von Sachsen nach Schwalbach im Mai 1584 getroffen wurden, ein volles Jahr. Die Brunnentherapie war wenig entwickelt; man hielt anscheinend jede Mineralquelle und jedes naturwarme Wasser für heilkräftig gegen alle Krankheiten. Philippine Welser besuchte Karlsbad zweimal wegen eines Unterleibsleidens. Die Kuren waren auf Schnelligkeit angelegt. Lukas Rem badete 1511 in Pfäffers 127 Stunden in drei Wochen, 1521 in Wildbad 162 Stunden in 14 Tagen; in Lucca sollten die Patienten 16 bis 17 Gläser Sprudel am Tag trinken, das heißt, acht Pfund Flüssigkeit zu sich nehmen.

Gasthaus

Die Wirtshäuser genossen, was die Sicherheit des einzelnen betraf, den schlechtesten Ruf, selbst die armseligen fahrenden Schüler, mit denen Thomas Platter sich durchbettelte, entgingen in einer Herberge bei Nürnberg nur durch Zufall den Händen von Mördern. Andere waren weniger glücklich; ein Wirt, der ein Gasthaus auf dem Weg von Wien nach Krems besaß, ließ seine Gäste in einen tiefen Turm fallen. Die italienischen Gasthäuser waren in der damaligen Zeit besonders berüchtigt; Balthasar Paumgartner wohnte auf seinen Geschäftsreisen in Italien am liebsten bei Bekannten, nur um nicht die Wirtshäuser aufsuchen zu müssen, »inn denen alle bett voller wantzen seind«. In

Deutschland war es nach den Gegenden verschieden, in den Dörfern der Mark konnte Kiechel weder Brot noch Essen für Geld bekommen. In der zweiten Hälfte des Jahrhunderts genoß das Gasthaus »Zur Linde« in Augsburg von Jorge Lindenmayer einen sehr guten Ruf. Hans von Schweinichen pries das gute Essen und die schönste Musik täglich, »wir soffen, spielten, waren lustig und guter Dinge, wie denn zu Augsburg solches wohl sein kann«.

Kloster Wo die Wirtshäuser fehlten oder den Ansprüchen der Reisenden nicht genügten, da nahmen diese gern in den Klöstern Aufenthalt, welche die Beherbergung der Wandernden als pflichtmäßiges Werk übten. Der Minorit Konrad Pellicanus, der 1517 nach Rom reiste, traf in einem italienischen Kloster seines Ordens eines Tages 300 Gäste, die alle mit Aufnahme und Verpflegung zufrieden waren. Man verstand in den Klöstern höchst vergnügt zu leben; wollte die Frau von Hermann Weinsberg sich einen guten Tag machen, so begab sie sich auf einige Zeit in das Kloster Gnadental bei Neuß. Diese Gastfreundschaft der geistlichen Herren wurde aber auch übel mißbraucht. Ein Herzog von Mecklenburg kam einst mit 60 Pferden in das Kloster Waldsassen und tat so, als wollte er nur übernachten, dann blieb er aber mit Gefolge 14 Tage. Zu den Mitteln, die dem braven Hans von Schweinichen dazu dienen mußten, sich und seinen Herzog über Wasser zu halten, gehörte dies natürlich auch. Er lud sich selbst zu Gaste und wich nicht von der Stelle, bis die Äbte seine Abreise mit Geld erkauften. Als der Abt in Braunweiler ihm nichts geben wollte, drohte er ihm, der edle Herzog von Liegnitz würde selbst kommen und lange bleiben. Da versteht man, daß Helena von Reischach, Äbtissin vorm Wald »die gest am allerliebsten het, die ausblieben«, wie die Zimmersche Chronik schreibt.

17. Jahrhundert

ERSTES KAPITEL

Dreißigjähriger Krieg

Die Trennung der Bekenntnisse, zu der die Reformation Luthers den Anstoß gab, spaltete die christliche Welt in zwei feindliche Heereslager, die nicht nur das 16., sondern auch noch das 17. Jahrhundert mit dem Lärm ihrer Kämpfe erfüllten. Je länger diese Feindseligkeiten dauerten, desto erbitterter wurden sie, aber desto mehr verwischte sich auch ihr ursprünglicher Charakter. Zu den Gegensätzen, die anfangs rein religiöser Art gewesen waren, traten viele Momente weltlicher Interessen. In dem Kampf um dogmatische Nichtigkeiten spielten schließlich so viele Fragen politischer Macht hinein, daß die Religionskriege des 17. Jahrhunderts einen wesentlich anderen Charakter trugen als jene des 16. Jahrhunderts. Man fragt sich, ob man den Dreißigjährigen Krieg noch als »Religionskrieg« bezeichnen darf. Ein merkwürdiger Religionskrieg, in dem der Papst mit seinen Sympathien auf seiten des Schwedenkönigs steht, in dem ein Kardinal der römischen Kirche und Premierminister des allerchristlichsten katholischen Königs den deutschen Lutheranern zu Hilfe kommt, in dem das Heer des kaiserlichen Generalissimus Wallenstein fast ausschließlich aus Protestanten zusammengesetzt ist und in seinen Reihen keine katholischen Priester duldet! Magdeburg wäre niemals von Tilly erobert worden, hätten nicht die protestantischen Kaufleute Hamburgs dem kaiserlichen Heer die Munition geliefert. Der böhmische Adel, der durch die Wahl des Pfalzgrafen Friedrich zum König von Böhmen den letzten Anstoß zu diesem Krieg gab, hatte dabei weniger die Religion, als die Vermehrung seiner Rechte und Privilegien im Auge und ließ den selbstgewählten Herrscher im Stich, als nichts mehr von ihm zu holen war. Wie der Dreißigjährige Krieg in Deutschland ein Ringen um die Macht zwischen Kaiser und Fürsten war, zu dem das Bekenntnis zu dieser oder jener Kirche nur den Vor-

114 Lucas Kilian, König Gustav Adolph von Schweden. Stich, 1632

wand bildete, so trugen auch die Bürgerkriege in England und Frankreich vorwiegend politischen Charakter. Die französischen Hugenotten blieben Feinde des Einheitsstaates auch dann noch, als sie schon längst völlige Duldung genossen, als die höchsten Ämter im Staat und bei Hofe in Händen ihrer Glaubensgenossen waren. Die Gegensätze zwischen den Protestanten Englands und ihren katholischen oder katholisierenden Herrschern waren letzten Endes weit mehr solche der Politik als des Glaubens. Die Stuarts hingen offen oder

115 Anton van Dyck (?), Graf Albrecht von Wallenstein, um 1630. München, Alte Pinakothek

versteckt der katholischen Kirche an, weil sie in ihr das Werkzeug des Despotismus erblickten, während die Protestanten für die bürgerliche Freiheit kämpften. Namen und Feldgeschrei leiteten die Parteien wohl aus ihren religiösen Gegensätzen ab, aber unter dem Schild des Glaubens fochten sie um die Macht.

Standesunterschiede

Nachdem die Völker länger als ein Jahrhundert scheinbar um die Freiheit des Bekenntnisses gerungen hatten, stellte sich heraus, daß während dieses Krieges ganz andere Faktoren zur Geltung gelangt waren. Die Gegensätze von katholisch und protestantisch hatten sich abgeschwächt, denn inzwischen war der Absolutismus erwachsen. Die unumschränkte Fürstenmacht trat an die Stelle einer ständischen Regierung und ordnete Welt und Menschen ganz anderen Gesichtspunkten unter als denen des Bekenntnisses. Während sich die Köpfe noch für den Glauben erhitzten, hatte dieser Wert und Wichtigkeit schon verloren, denn die Ordnung der Gesellschaft war eine andere geworden und gehorchte anderen Gesetzen. Der dritte Stand war noch tiefer heruntergedrückt worden, zu einem Dasein verurteilt, das in einer unbegrenzten Knechtschaft nichts Menschenwürdiges mehr behielt. Das Bürgertum hatte zwar an Bedeutung gewonnen, denn allerorten fielen ihm jene Posten des immer größer werdenden Beamtenkörpers zu, die Anforderungen an Kenntnisse und Leistungen stellten.

Adel Die größte Veränderung im Lauf des 17. Jahrhunderts erlitt der Adel. Seine Bedeutung wurde geringer, sein scheinbares Ansehen dagegen größer. Welch ein Unterschied zwischen den Aristokraten, die Ludwig XIII. noch die Krone streitig machen konnten, und ihren Nachkommen, die keine größere Ehre kannten, als Ludwig XIV. bei der Toilette zu bedienen! Am Anfang des Jahrhunderts war der Adel stolz auf seine Macht, am Ende desselben auf seine Titel; einst fand er seine Ehre und sein Ansehen in sich, jetzt suchte er sie bei Hofe. Diesen Umschwung führte das Zusammenwirken verschiedenster Faktoren herbei: einmal die durch endlose Kriege veranlaßte Verarmung des Adels, dann aber auch die schrankenlose Vergötterung der Fürsten, die mit deren Machtzunahme in der öffentlichen Meinung parallel ging. Das Volk blickte auf die Höfe wie auf das irdische Paradies aller Vollkommenheit und auf die Häupter der Fürsten wie auf übermenschliche Wesen; schreibt nicht ein Publizist selbst an einen so unbedeutenden Fürsten wie Ernst Ludwig von Hessen: »Wenn Gott nicht Gott wäre, wer sollte billiger Gott sein, als Eure hochfürstliche Durchlaucht?« Die Fürsten standen nicht nur über dem Gesetz, sie standen auch jenseits der Schranken von Moral und Sitte. Aus dem ehemals fürstengleichen Adelsmann wurde ein dem Fürsten untergebener und letztlich ein besserer Bedienter des Herrschers. Ebenso führte die Vermehrung der Adelstitel zu einer Herabwürdigung des Standes als solchem. Kaiser Ferdinand II. allein kreierte 30 neue Reichsfürsten, 70 Reichsgrafen und 100 Reichsfreiherrn, und diese Vermehrung nahm unter seinen Nachfolgern zu. Die Herzogin Sophie von Hannover schrieb 1680, die Titel im Reich nähmen wohl zu, Macht und Wohlstand aber ab. Ludwig XIV. verlieh während der wiederholten Geldverlegenheiten seiner Regierung Adelstitel

7 Unbekannter Meister, Die Kinder Herzogs August von Wolfenbüttel, 1637. Wolfenbüttel

8 Peter Paul Rubens, Der Liebesgarten, um 1635. Madrid, Prado

zwangsweise; so mußten unter anderem im Jahr 1695 500 Adelstitel zu je 6 000 Livres von reichen Bürgerlichen erworben werden. Am verhängnisvollsten wurden diese Zustände für Deutschland, das seit dem Frieden von Münster und Osnabrück 1 800 Souveräne besaß, von denen noch immer mehr als 300 auf dem immerwährenden Reichstag in Regensburg wenigstens miteinander Rat hielten, da es nichts zu tun gab. Die Hofhaltung dieser Duodezmonarchen, deren Zahl Gustav Freytag auf 5000 bis 6000 veranschlagt, förderte die Titelsucht. Der äußere Schein wurde für Wahrheit gehalten. Eines der wenigen Positiva aber war vielleicht, daß die zahllosen kleinen Höfe in einem gewissen Sinn als Kulturzentren wirkten. Nicht als ob sie die schönen Künste gefördert oder sich mit Literatur befaßt hätten, mitnichten, aber sie wirkten ihrerseits mit, daß die durch die Schrekken eines so langen Krieges verarmte und verrohte Bevölkerung anfing, wieder an feinerer Gesittung Gefallen zu finden, wenn diese auch wohl noch lange auf Äußerlichkeiten beschränkt blieb.

Entvölkerung

Das Elend, in das der Dreißigjährige Krieg Deutschland versetzt hatte, war so groß, daß es um Jahrhunderte hinter seine glücklicheren Nachbarn zurückgefallen war. Es war nach dem Frieden um die Hälfte seiner früheren Einwohner, nach anderen Behauptungen sogar um zwei Drittel oder drei Viertel ärmer geworden. In Württemberg waren von 400 000 Einwohnern nur noch 48 000 übrig, in Böhmen von 3 Millionen nur noch 780 000; Berlin zählte 1648 nur 300 Bürger. In der Rheinpfalz soll es schon 1636 nur noch 200 Bauern gegeben haben. Am Schluß des Krieges waren im Kurkreis Sachsen 343 Ortschaften verwüstet. Äcker mit Haus und Hof wurden nur gegen die Verpflichtung weggegeben, Dienste zu tun.

Verarmung

So unermeßlich wie die Opfer an Menschen war die Einbuße an Vermögen, die Deutschland erlitten hatte.

Die verlassenen und zerstampften Felder trugen keine Ernten, so daß Hungersnöte eintraten, welche die zerrüttete Bevölkerung vollends dezimierten. Die Berichte sprechen davon, daß nicht nur totes Vieh, sondern selbst menschliche Leichen ausgegraben wurden, um gegessen zu werden, und daß man auf Kinder förmlich Jagd machte, um sie zu schlachten und zu verzehren. Bei der Belagerung Nördlingens war ein Turm eingestürzt und in Brand geraten, so daß die Besatzung verbrannte, da stürzte sich die hungernde Bevölkerung auf die halbgebratenen Leichen und balgte sich um die Fetzen ihres Fleisches.

Kriegsgewinnler

Verheerend und zerstörend schritt die Kriegsfurie über den deutschen Boden; sie hinterließ ein demoralisiertes Geschlecht. Die einen, verarmt und ausgesogen, waren stumpf geworden, die anderen, die sich an der Beute bereichert hatten, roh und brutal geblieben. Riesigen Verlusten der einen standen riesige Gewinne der anderen gegenüber. *Nicht nur Adelige, sondern auch Vertreter der untersten Bevölkerungsschichten verstanden es dabei sehr gut, zu Geld und Reichtum zu gelangen.*

Eine ungeheure Woge des Schicksals hatte plötzlich das Oberste zuunterst gekehrt und, nicht nur in Deutschland allein, Menschen an die Oberfläche gespült, die im gewöhnlichen Lauf der Dinge den bescheiden begrenzten Kreis von Tätigkeit und Besitz wohl nie verlassen hätten.

Völkergemisch

Die Kriege, die das zuwege brachten, und die in gleicher Dauer und in gleicher Heftigkeit wie in Deutschland auch in Frankreich und England wüteten, schadeten Deutschland doch so viel dauernder als den übrigen Ländern, weil sie den nationalen Kern tiefer trafen. In den englischen und französischen Bürgerkriegen stand Engländer gegen Engländer, Franzose gegen Franzose. Dank ihrer geographischen Lage waren diese Länder gegen die Invasionen Fremder geschützt, während Deutschland für alle benachbarten Nationen den willkommenen Schauplatz des Krieges abgab. Die beiden großen Parteien, die auf deutschem Boden miteinander rangen, wetteiferten geradezu in der Hereinziehung Fremder. Riefen die Protestanten Franzosen, Dänen und Schweden, so führte der deutsche Kaiser spanische und italienische Hilfsvölker herein, hatte Wallonen im Dienst und überschwemmte die deutschen Gaue mit den wilden Scharen halb barbarischer Kroaten, Slawonier und Magyaren. Dieses bunte Gemisch von Völkern aller Art ließ Spuren seiner Sprachen und Sitten zurück.

Sprache

In der deutschen Sprache dieses Zeitalters ist der fremde Einfluß am sichtbarsten. Von den Idiomen aller Völker, die sich im Dreißigjährigen Krieg auf deutschem Boden trafen – und welches Volk Europas hätte nicht dazu gehört! – blieb in Worten und Wendungen, in Konstruktion und Redeweise ein ungeheurer Niederschlag zurück. Aus diesem barbarischen Sprachgemisch rettete sich der Gelehrte zum Lateinischen, der Gebildete zum Französischen. Latein blieb weiterhin die Weltsprache der Gelehrtenrepublik. Das Buch, das Martin Opitz gegen die Vernachlässigung der deutschen Muttersprache verfaßte, mußte er lateinisch schreiben, wenn er von denen gelesen werden wollte, an die er sich wandte. Im Unterricht verwendete man, wie Comenius klagt, 15 bis 20 Jahre auf Latein und brachte es doch zu nichts, so daß der Schüler schließlich weder recht Deutsch noch gut Lateinisch konnte. Der Gebildete, der Mann von Welt, verachtete die deutsche Muttersprache als vulgär und die lateinische Gelehrtensprache als pedantisch; es blieb ihm also nur die Wahl, sich franzö-

116 Anton van Dyck, Prinz Wilhelm von Oranien und seine Braut Mary, 1641. Amsterdam, Rijksmuseum

sisch oder italienisch auszudrücken. Beide Sprachen hatten der deutschen Flüssigkeit und Eleganz des Ausdrucks voraus.

Frankreichs Dominanz

Wenn von all den ausländischen Einflüssen, die während des 17. Jahrhunderts in Deutschland miteinander rangen, der französische sich schließlich vor allen anderen behauptete, so erklärt sich das wohl aus dem engen politischen Zusammenhang mit Frankreich. Die deutschen Protestanten suchten schon im 16. Jahrhundert Fühlung mit den französischen Hugenotten. Heinrich IV. stand ihnen sehr nahe, selbst Richelieu versagte ihnen seine Unterstützung nicht. So waren es denn auch die Höfe der deutschen protestantischen Fürsten – vor allem der pfälzische –, an denen französisches Wesen zuerst und nachhaltig gepflegt wurde; Pfalzgraf Friedrich war in Frankreich erzogen worden. Herzogin Marie Eleonore von Preußen, eine Pfälzerin, liebte die französische Sprache mehr als ihre Muttersprache. Leibniz mißbilligte in den »Unvorgreiflichen Gedanken« die Vorliebe der jungen Kavaliere für das Französische, er selbst aber schrieb mindestens soviel Französisch wie Deutsch. Die Hofhaltungen der halbfranzösischen Oranier und der mit ihnen so nah verwandten nassauischen und hessischen Fürsten waren weitere Zentren, von denen aus sich französische Art verbreitete. So war in Deutschland der Boden schon bereitet, ehe noch das glänzende Gestirn Ludwigs XIV. aufging, um französische Sprache, französische Kunst, französische Mode in so blendendem Licht erstrahlen zu lassen, daß sie sich ohne Widerstand überall durchsetzten. In der zweiten Hälfte des 17. Jahrhunderts wurde schließlich an allen deutschen Höfen französische Kultur gepflegt, nur am Hof in Wien überwog der spanische und am kurbayerischen noch eine Zeitlang der italienische Einfluß. Vom Hof ihres Schwagers in Celle schreibt die Kurfürstin Sophie von Hannover 1680, er sei ganz schön französisch, und man sähe dort keine Deutschen mehr. Dem Hof in Hannover erteilte der »Mercure de France« das hohe Lob, er richte sich in allem und jedem nach französischem Muster. »Frankreich hat es weit gebracht, Frankreich kann es schaffen, daß so manches Land und Volk ward zu seinem Affen«, reimt Friedrich von Logau, der an anderer Stelle die deutschen Kinder bedauert, daß sie nicht gleich in Frankreich zur Welt kämen. Ohne allen Zweifel wäre das für ihr Fortkommen in Deutschland auch von größtem Vorteil gewesen, denn in der Wahl zwischen Franzosen und Deutschen hat letzterer in Deutschland dazumal immer zurückstehen müssen. Der Vorzug, der am Hof in Celle den Fremden zuteil wurde, sprach sich deutlich in den Gehältern aus. Der deutsche Oberforstmeister empfing 1162 Taler, der französische Jägermeister 1587 Taler; einem italienischen Federschützen gab man 494, einem französischen 421, einem deutschen 228 Taler.

Habsburger Der undeutscheste von allen aber war der Römische Kaiser Deutscher Nation. Er stand den Kurfürsten und Ständen nicht näher als der *Abb. 118* König von Frankreich, er bedeutete ihnen sogar weniger. Er hing nur noch ganz äußerlich mit seinem Reich zusammen. Sein Hof war in

117 Le Brun, Ludwig XIV., König von Frankreich. Stich

keiner Weise geeignet, für Deutschland ein Zentrum nationaler Kultur zu werden, wie es etwa der Hof von Versailles für Frankreich war. Schon die verschiedene Stellung, welche die Häupter dieser Höfe zur Kirche einnahmen, hätte das verhindert. Ludwig XIV. war im Herzen gut katholisch und erfüllte seine religiösen Pflichten mit größter Gewissenhaftigkeit; das hinderte ihn aber nicht, sich politisch vom Einfluß Roms zu emanzipieren, ja, den Widerstand seiner Landeskirche gegen den Römischen Stuhl tatkräftig zu unterstützen. Ganz im Gegensatz dazu erfüllte die Kaiser aus dem Haus Habsburg

118 Seb. von Dryweghen, Kaiser Leopold I., 1674. Stich

eine Bigotterie, die zu stumpfsinniger Unterwerfung unter die Gebote der Kirche führte. Kaiser Ferdinand II. hörte täglich zwei Messen, an Sonntagen drei, dazu noch zwei Predigten und den nachtäglichen Vespergottesdienst. Kaiser Leopold I. wohnte jeden Tag drei Messen auf den Knien bei und war so abhängig von seinen Beichtvätern, daß er ihnen sogar die Feldzugspläne seiner Armeen zur Begutachtung vorlegte. Kaiserin Eleonore ging in allen Prozessionen barfuß und ließ ihre Armbänder inwendig mit Stacheln besetzen, um das Himmelreich zu gewinnen.

Das starre und fortschrittshemmende Festhalten der christlichen Religionen an ihren Glaubenssätzen brachte der Menschheit den Vorteil, daß diese im Lauf des 17. Jahrhunderts zur Einsicht kam, eine Verbesserung der Kirche nütze nichts, sondern nur eine völlige Befreiung von ihr. Diesen Gedanken in ganzer Konsequenz durchzuführen, war erst im 18. Jahrhundert gelungen. Der Kampf, der sowohl zwischen Katholiken und Protestanten als auch zwischen Lutheranern und Calvinisten ausgetragen wurde, forderte viele Opfer. *Kirche*

Erst 1677 entzog das Parlament den Bischöfen das Recht, Menschen nur deswegen zu verbrennen, weil sie anderer Meinung waren. Angesichts der engherzigen Buchstabengerechtigkeit protestantischer Theologen erklärte Christian Thomasius, das Luthertum habe das hölzerne Joch des Papsttums mit einem eisernen vertauscht. Die Kirchenzucht war in den protestantischen Landesteilen Deutschlands ebenso rigoros wie in den katholischen. Am kursächsischen Hof mußte man am Sonntag, Mittwoch und Freitag in die Kirche gehen und die Predigt hören. Die lutherischen Hofprediger trachteten nach dem Einfluß, den die Beichtväter an katholischen Höfen ausübten; der Vorwand, für die Gewissen verantwortlich zu sein, gestattete ihnen, sich in alle Angelegenheiten des Staates und des Hofes einzumischen und mit der Unfehlbarkeit eines von Gott Gesandten aufzutreten. »Ich bin durchaus nicht neugierig darauf, den Papst zu sehen«, schreibt die Kurfürstin Sophie von Hannover 1664 aus Rom, »ich habe zuviel Päpste in Deutschland kennengelernt.« Wo die Geistlichkeit sich auch in den Besitz der bürgerlichen ausübenden Macht gesetzt hatte, wie etwa in Schottland oder den hugenottischen Provinzen von Frankreich, da lastete sie wie ein schwerer Alp auf dem Leben.

Schotten

Dickson fand zwar, die schottische Kirche sei das herrlichste Ding unter Gottes Himmel, ihre Geistlichen aber raubten dem Volk jede Lebensfreude und verbreiteten Trübsinn über das ganze Land. Die Festtage wurden aufgehoben, Spiele, Zerstreuungen, Vergnügen jeder Art, auch die harmlosesten wie Singen, Tanzen und Musizieren wurden untersagt. Es war Sünde, Geld zu verdienen, Sünde, für seine Kinder zu sorgen; keinem Christen dürfe sein Essen schmecken, erklärten sie, denn nur der Gottlose äße mit Genuß; Lachen und Scherz zu treiben, galt als größtes Unrecht. An Stelle alles dessen, was sie dem Volk nahmen, setzten sie den zwangsweisen Kirchenbesuch. Um 1670 wurden in den Kirchen Edinburghs wöchentlich 30 Gottesdienste gehalten, bei denen natürlich die Predigt den Hauptbestandteil bildete und die längste Zeit in Anspruch nahm, hielt es doch zum Beispiel der Reverend Forbes für eine Kleinigkeit, fünf bis sechs Stunden hintereinander zu predigen. Die Abendmahlfeier fesselte die Andächtigen zwölf Stunden in der Kirche. Während dieser Zeit gingen Männer herum und kontrollierten die Häuser, ob auch niemand wegbliebe. Anderer Meinung zu sein als ein Prediger, war Ketzerei. Ihn nicht zu grüßen, war ein schweres Verbrechen, das öffentliche Kirchenbuße, Brandmarkung, Stockprügel nach sich zog, wenn nicht noch infamierendere Strafen angewandt wurden, wie etwa halbseitiges Kahlscheren des Kopfes.

Hugenotten Ein Gegenstück zur schottischen bildete die Kirche der französischen Hugenotten. Das Edikt von Nantes hatte kaum den Protestanten Frankreichs die freie Ausübung ihrer Religion gewährleistet, als auch schon ihre Geistlichen begannen, das bürgerliche Leben in allen seinen Äußerungen ihrer Kontrolle zu unterwerfen. Sie waren nicht zufrieden, sagt Buckle, daß sie ihre eigene Religion ausüben konnten, wenn sie nicht zugleich die Religion anderer zerstören durften.

Pietismus Der Zustand des Unfriedens, der die Machthaber und Wortführer aller Parteien beseelte, mußte abstoßend und erkältend auf alle wirken, denen der Glaube die Sache des Gewissens und nicht nur der Rechthaberei war. Die sogenannte pietistische Bewegung, die Spener dadurch hervorrief, führte eine neue Spaltung der lutherischen Kirche herbei, wie denn auch in England die Bestrebungen der Puritaner nach einer Verinnerlichung des Glaubens zu einer Absonderung

Jansenismus von der Hochkirche führen mußten. Die gleiche Scheidung vollzog sich auch in der katholischen Kirche. In dieser hatte Cornelius Jansens Lehre von der Gnadenwahl eine Erschütterung bewirkt. Das Bedürfnis nach mehr und Besserem, als die Kirche bot, war allgemein, und während sich viele aus dem Lärm der streitenden Kirchen in die Einsamkeit ihres Kämmerleins flüchteten, so versuchten andere, nicht nur Lutheraner und Reformierte unter sich, sondern diese sogar mit der katholischen Kirche zu versöhnen. Ein Ideal, an das Leibniz glaubte und für das er wirkte. Kurfürst Karl Ludwig von der Pfalz baute in Mannheim bereits eine Konkordienkirche für Lutheraner, Reformierte und Katholiken.

Philosophie *Diese fortwährenden Streitigkeiten der Religionen gaben den Ausschlag für einen gesunden Skeptizismus. Für Descartes gab der Zweifel an allen Dingen den Anstoß zu seinen philosophischen Denkprozessen. Er wollte allein mit Hilfe logischer Schlüsse und des Verstandes zu den Erkenntnissen vorstoßen.*

Naturforschung *Von dem französischen Philosophen René Descartes ausgehend führte für Spinoza die mathematische Denkweise zur Wahrheit, womit er eine neue Naturphilosophie begründete. Lange genug hatte die Theologie die Menschheit für die Erkenntnis von Natur und Wirklichkeit blind gemacht. Durch die Kirche in Bann gewiesen, war die Mög-*

lichkeit zur eingehenden Erforschung der Dinge im Zeitalter Galileis verloren gegangen, während im 17. Jahrhundert Leibniz diese zur Wissenschaft erheben konnte, bis im 18. und 19. Jahrhundert die rein wissenschaftlichen Erkenntnisse Allgemeinwissen wurden.

Deutschland fällt das Verdienst zu, den ersten wissenschaftlichen Verein gelehrter Naturforscher begründet zu haben; die 1652 von dem Schweinfurter Arzt Lorenz Bausch ins Leben gerufene Leopoldinisch-Carolinische Akademie. 1662 wurde in London die Royal Society gegründet mit dem ausgesprochenen Zweck, das natürliche Wissen zu vermehren, im Gegensatz zum übernatürlichen, das bis dahin mit Ausschließlichkeit gepflegt worden war. 1665 stiftete Colbert die französische Akademie der Wissenschaften. Fürsten und Privatleute wandten ihre Liebhaberei den mathematisch-physikalischen Wissenschaften zu; Kaiser Rudolph berief Kepler an seine Prager Sternwarte. Der Danziger Hevelius, der Nürnberger Eimmert besaßen eigene astronomische Observatorien, der Große Kurfürst von Brandenburg und der Großherzog von Toskana chemische Laboratorien. Der Herzog von Orléans, der spätere Regent von Frankreich, widmete sich mit solchem Eifer chemischen Experimenten, daß er in den bei Hofe nur zu gern geglaubten Verdacht geriet, diese Studien bloß zum Zweck der Giftmischerei zu betreiben; denn die Kenntnis der Grundsätze des neuen Wissens blieb vorerst nur auf wenige beschränkt, während die große Menge in Unwissenheit und Aberglauben verharrte. Friedrich Lucae traf 1667 in Amsterdam einen kurländischen Edelmann, der in die größte Not geraten war, weil er sein ganzes Geld, 150 Dukaten, einem Goldmacher anvertraut hatte, der ihm versprochen hatte, aus je zwei Stücken drei zu gewinnen. Ähnliche Erfahrungen in größerem Stil machten damals die leichtgläubigen Fürsten Württembergs, Kursachsens, Kurbrandenburgs und Kaiser Leopold.

Aberglaube

Noch wütete auch der Aberglaube an die Wirksamkeit von Zauberern und Hexen, wobei Juristen und Theologen wie immer als die berufenen Vertreter alter Vorurteile auftraten. Nie hätten diese Prozesse den Umfang annehmen können, den sie zur Schande der irdischen Gerechtigkeit annahmen, wären die Richter nicht an ihrem Ausgang finanziell interessiert gewesen oder hätten sie an den Martern ihrer Opfer nicht ihre Lust gehabt. Königin Christine von Schweden war die erste Herrscherin, die 1649 befahl, die Hexenprozesse ein für allemal einzustellen.

Hexenprozesse

Grell offenbarte sich auch der Hang zur Roheit, betrachtet man etwa den Strafvollzug gegen Verbrecher. Freiheitsstrafen waren bis dahin nicht bekannt, man tötete wegen des geringsten Verbrechens

Strafen

oder verstümmelte die Verurteilten. Auch unter den Damen herrschte ein ausgesprochener Mangel an Zartgefühl; Madame de Sévigné schreibt an Gräfin Grignan: »Die Hängerei scheint mir die reine Erholung«. Wenn eine Dame der obersten Stände, im Besitz der feinsten geistigen Kultur ihrer Zeit, so schreiben kann, wie will man sich da wundern, wenn eine verrohte Soldateska voll Greueltaten war?

Seestaaten schickten Männer, die kräftige Arme hatten, auf die Galeeren; so waren 1617 auf den venezianischen Galeeren 2000 Sträflinge angeschmiedet, größtenteils deutsche Kriegsgefangene. Andere Landesherren trieben mit Gefangenen einen ertragreichen Handel. Kaiser Leopold verkaufte 1674 38 lutherische Geistliche aus Ungarn, den Mann für 50 Kronen, nach Neapel. König Jakob II. von England ließ den wegen Rebellion verurteilten Schotten die Ohren abschneiden, die Frauen auf Stirn und Wange brandmarken und verkaufte sie dann als Sklaven an Plantagenbesitzer in Jamaika und Barbados. Seine Gattin, Maria von Modena, beteiligte sich an diesem vorteilhaften Geschäft, weil sie einer Aufbesserung ihrer Finanzen dringend bedurfte. Der Landkomtur von Pilsen ließ, wenn ihm Räuber in die Hand fielen, Frauen und Kinder aufhängen und verkaufte die Männer, das Stück zu 10 Talern, an französische Werber. Maria von Medici besaß eine kleine Jacht, aber da ihr die Mannschaft fehlte, wandte sie sich an ihren Onkel, den Großherzog von Toskana, mit der Bitte, ihr dieselbe zu besorgen. Der aufmerksame Onkel ließ sofort 50 Türken fangen und schenkte sie seiner Nichte.

Sklavenhandel

Gefängnisse

Gefängnisse waren eigentlich nur für politische Verbrecher höherer Stände bestimmt. Sie waren in furchtbarem Zustand. Gräfin Leonore Christine Ulfeldt, die 22 Jahre unschuldig im Blauen Turm des Kopenhagener Schlosses gefangen war, hinterließ in ihrem »Leidensgedächtnis« eine Beschreibung des Kerkers. Der Boden ihrer Kammer, die sie mit einer Dienerin bewohnte, bestand aus festgetretenem Menschenkot, und nur einmal wöchentlich wurde der Nachtstuhl, der darin stand, geleert. Um das Talglicht mußte sie mit den hungrigen Ratten kämpfen, während sie selbst von Ungeziefer fast lebendig aufgefressen wurde.

Erziehung

Man wird die Ursache dieser so tief eingewurzelten Roheit in der Gesinnung der Menschen jenes Zeitalters in der Erziehung von Kindheit an suchen müssen.

Das Bestreben einer Verbesserung durch den Humanismus im 16. Jahrhundert fand leider keine allgemeine Nachahmung.

Prügel schienen in jener Zeit nicht mehr ein Mittel, sondern der Zweck des Unterrichts zu sein. Ludwig XIII. bekam auch als gekrönter König so viel Hiebe, daß er einmal mißmutig sagte: wenn man ihn nicht mehr schlagen wollte, so erließe er den Leuten dafür die tiefen Komplimente, die sie ihm machen müßten. Die spätere Marquise de Caylus erklärte sich bereit, zur katholischen Kirche überzutreten, wenn man ihr fest versprechen wolle, sie dann nicht mehr zu schlagen. Wenn es schon den Kindern der höheren Stände so ging, so waren die der weniger hochstehenden vollends wehrlos den Peinigungen brutaler Pädagogen ausgesetzt, die ihre Zöglinge oft zu Krüppeln schlugen. Mochte die Erziehung der Jesuiten einseitig das Gedächtnis und die äußere Form auf Kosten des selbständigen Urteils und der Gesinnung bilden, so hatte sie wenigstens das Gute, daß sie durch Abschaffung der Prügelstrafen das Ehrgefühl hob. Eine neue Unterrichtsmethode, die von der üblichen leeren Gedächtnisdressur absah, führte Comenius ein. Er übernahm die neuen Betrachtungsweisen der damaligen Naturforschung in den Unterricht. Die Menschen müßten angeleitet werden, sagte Comenius, ihre Weisheit nicht aus Büchern zu schöpfen, sondern aus der Betrachtung von Himmel und Erde, sie müßten die Dinge selbst kennen und erforschen, nicht bloß fremde Beobachtungen dieser Dinge und Zeugnisse von denselben. Comenius verlangte, daß auch Mädchen ordentlichen Unterricht erhalten sollten, damit ihr Wissen nicht auf die zufälligen Kenntnisse beschränkt bliebe, die sie allenfalls im Haus erwerben konnten.

Die Erziehung der Mädchen war primitiv genug. 1613 lernten sie zum Beispiel in den Schulen zu Naumburg nur Lesen, während Schreiben ihnen erst auf ausdrücklichen Wunsch der Eltern beigebracht wurde, erklärte doch 1643 auch Moscherosch seinen Töchtern: »In einer Jungfrau Hand gehören das Gebetbuch und die Spindel«. Dieser Auffassung schloß sich Fénelon durchaus an, der zur Erziehung junger Mädchen die Kenntnisse der Religion und der häuslichen Arbeiten für ausreichend hielt. Als Mlle. de Breze, 14 Jahre alt, 1641 den großen Condé heiratete, konnte sie weder lesen noch schreiben, sie lernte es erst nach ihrer Hochzeit bei den Karmeliterinnen in Saint-Denis, in deren Kloster ihr Mann sie unterbrachte, während er ins Feld zog.

ZWEITES KAPITEL

Kunst *Die barocke Kunst ist entscheidend der Gegenreformation und dem europäischen Absolutismus verflichtet. Sie verstand es, den Geist der Zeit auf das beste und eindeutigste wiederzugeben. Der Begriff »Barock« leitet sich aus dem portugiesischen »barocco« ab, was so viel* *Barock* *wie »unregelmäßige, schiefrunde Perle« bedeutet. Mit diesem Ausdruck wollte man im 18. Jahrhundert die vorhergehende Periode als »absonderlich«, »schwulstig« und »lächerlich« abtun. Barock war im 17. Jahrhundert nicht nur die bildende Kunst, sondern auch die Literatur sowie der gesamte Lebensstil.*

Wie die Dichter in geschraubten Wendungen, gesuchten Bildern, gehäuften Tropen und Metaphern schwelgten, bis das wenige, was sie sagen wollten, unter dem Schwulst ihrer gequälten Sprache verlorenging, so gaben die Baumeister ihren Fassaden Formen, die weder mit dem Zweck, noch mit der Größe ihrer Gebäude etwas zu tun hatten. Claudio Achillini fand es angezeigt, über seinen Gedichten den Gedankengang und Inhalt in schlichter Prosa mitzuteilen, denn aus den Versen selbst könnte es sonst niemand erfahren, was der Dichter eigentlich hatte sagen wollen. Die Poesie gebrauchte tönende Worte, nicht weil sie einen Sinn hatten, sondern weil sie schön klangen. So gestalteten auch die Architekten, als gelte es nicht, praktische Aufgaben zu lösen, sondern Architekturen um ihrer selbst willen zu erbauen.

Architektur *Das Grundprinzip der Baukunst – die Schwerkraft – schien im 17. Jahrhundert in der Bewegung zu liegen. An allen Stellen verdrängte die bewegte Linie die gerade, die Kurve den rechten Winkel, die Mauern schwangen, die Säulen krümmten sich. Die Fassade gab nicht mehr die wahre Größe und die Raumaufteilung des Gebäudes wieder, denn sie diente nur als Maske. Die Räume erhielten durch perspektivische Raffinements, durch illusionistische Malerei und durch ausgeklügelte Beleuchtung größere Dimensionen. Der erste Eindruck, mit dem die Beschauer überwältigt werden sollten, war am wichtigsten.*

119 J. Vivien, Jules Hardouin-Mansart, Stich, um 1690

Sie sollten nicht überzeugt, sondern verblüfft werden. Nicht dem Wahren, sondern dem Schein galten alle Anstrengungen, und dazu dienten alle Mittel, selbst die der Täuschung.
Die ersten Barockbauten entstanden in Italien. Hier waren die römischen Architekten Borromini, Bernini, Maderna und andere bereits auf dem Höhepunkt ihres Schaffens, als sich Deutschland erst langsam an den Frieden gewöhnen mußte. So waren es anfangs italienische Baumeister, die nördlich der Alpen den neuen Stil verkündeten; Solari in Salzburg, Barelli und Zucalli in München, Carlone in Passau und

St. Florian, Martinelli in Wien, Petrini in Würzburg, etc. Die ersten deutschen und österreichischen Barockarchitekten schulten sich in Italien, wie Balthasar Neumann, Fischer von Erlach und Lukas von Hildebrandt. Vielfach überboten sie ihre Lehrmeister, obgleich ihr Höhepunkt erst im frühen 18. Jahrhundert lag.

In Frankreich behielt die Architektur der Barockzeit etwas antikisch Kühles. Die Vernunft gab sich nie ganz der Phantasie hin. Der überwältigende Eindruck französischer Bauten – zum Beispiel Hardouin-Mansarts Invalidendom oder Versailles – liegt in ihrer Monumentalität, nicht im täuschenden Schein. Die französische Barockkunst blieb immer mit antiken Idealen verbunden.

Städtebau In der zweiten Hälfte des 17. Jahrhunderts fing man an, die Bebauungspläne ganzer Städte und Bezirke einheitlich künstlerischen Gesichtspunkten unterzuordnen. Nach dem großen Brand von London entwarf Sir Christopher Wren den Plan des Wiederaufbaus. In Paris entstand unter Ludwig XIV. die Place Royale mit ihren Nebenstraßen in völlig regelmäßiger Weise, ein Stadtteil, »dessen Schönheit nicht zu beschreiben«, wie Pfarrer Hartmann entzückt ausrief.

Malerei *Das 17. Jahrhundert ist nicht von ungefähr das der großen Porträtisten. Die Porträtkunst – sowohl in der Malerei, als auch in der Bildhauerei – drängte das religiöse Genre und das klassisch antike*
Porträt *Vorbild zurück. Die Menschen wollten sich in verschiedenen Altersstufen, zu verschiedenen Anlässen und in verschiedenen Kleidungen dargestellt haben, und zwar nicht als Idealfigur, sondern so wie sie annähernd wirklich waren.*

Abb. 116 Maler wie Rubens, van Dyck, Hals, Rembrandt und vor allem Velaz-
Abb. 120 quez erhielten uns ein Bild der höfischen und bürgerlichen Welt.
Abb. 121 Philipp IV. und sein Hof verdanken es vor allem Velazquez, heute noch nicht vergessen worden zu sein. Nicht einer von den Herrschern dieses Jahrhunderts, der nicht seinen Hofmaler ununterbrochen mit Porträts beschäftigt hätte! Wie oft malte Rubens die Infantin Isabella Clara Eugenia, Sustermanns die Medicis, Mignard und Rigaud Ludwig XIV.! Man kann von einer Porträtmanie sprechen, wenn man hört, daß van Dyck Karl I. 40mal, die Königin Henriette 30mal gemalt hat. Wenn die Eitelkeit solche Triumphe feierte, so berührt es ordentlich erfrischend, aus dem Munde der Pfalzgräfin Sophie das naive Geständnis zu hören, wie diese Bilder van Dycks ihr doch auch eine irrige Vorstellung von den Porträtierten vermittelt hatten. Als sie die Königin Henriette und ihre Hofdamen kennenlernen sollte, erwartete sie, auserlesenen Schönheiten gegenüberzutreten, und war arg enttäuscht, daß diese schöne Königin schief war, lange dünne Arme und vorstehende Zähne hatte.

120 Peter Paul Rubens, Selbstbildnis mit seiner Frau in der Geißblattlaube, um 1609. München, Alte Pinakothek

Die Freude am Bildnis war der ganzen Zeit und allen Ständen zu eigen. Wer sich nicht malen lassen konnte, ließ sich wenigstens in Kupfer stechen. In Nürnberg und Augsburg lebten Dutzende handwerksmäßiger Stecher, die mit nichts anderem beschäftigt waren, als Patrizier, Bürger und Handwerker zu porträtieren. Wenn die Leich- *Kupferstich* tigkeit des photographischen Verfahrens es 200 Jahre später den Damen gestattete, sich mit jedem neuen Hut vor das Objektiv zu begeben, so ließen auch damals Vermögende sich oft genug porträtieren; eine neue Frisur, ein neuer Spitzenkragen waren Anlaß genug dazu. Manchmal sieht man, wie der Stecher eine alte Platte änderte, um den altväterischen Schnitt von Bart und Haar nach der Mode zu ändern.

Holland *Diente das Porträt den Vornehmen immer mehr als Mittel der Überwältigung und als Konterfei der Eitelkeit, so galt dem holländischen Bürgertum das Bildnis als wahre Wiedergabe ihres Ichs.*

Wenn dort alles auf Mache eingestellt war, so erschien hier der Bürger völlig schlicht und einfach. Die Bildnisse von Jordaens, Cornelis
Abb. 126 de Vos, van der Helst und anderen, man braucht Künstler wie Rem-
Abb. 138 brandt und Frans Hals nicht einmal zu nennen, besitzen in ihrer lebendigen Auffassung einen so ehrlichen Charakter, daß selbst der bescheidenste von ihnen noch genial wirkt. Durch den realistischen Zug, der in Holland Malern und Bestellern zu eigen war, entstand das Sittenbild. Die Freude an der Umgebung in Haus und Stadt schärfte den Künstlern den Blick für die malerischen Reize des Interieurs und für die Spiele des Lichtes in geschlossenen Räumen ebenso wie für die reizvollen Perspektiven ihrer Straßen und Kanäle. Wie Holland im 17. Jahrhundert fast der einzige europäische Staat war, der von dem Krieg ausgeschlossen blieb, so ist auch die holländische Kunst dieses Zeitalters eine von der anderer Völker so grundverschiedene. Die Holländer, die mit unbefangener Freude um sich zu sehen gelernt hatten, waren denn auch die ersten, welche die Natur mit einer Liebe und Hingabe empfanden, die der Landschaftsmalerei eine neue Note gaben; van Goyen, Ruisdael, Cuyp, Hobbema und andere. So war Allart von Everdingen der erste, der auf einer Studienfahrt nach Norwegen dem Hochgebirge mehr absah als nur Furcht und große Schrecken.

Sammler In der Art, wie man die Kunst liebte und pflegte, nahm das 17. Jahrhundert einen ganz anderen Standpunkt ein als später. Wirkliche Kunstfreunde waren in der alten Zeit sehr selten gewesen, immer hatte auch bei den reichsten und gebildetsten Leuten die Freude an Kuriositäten überwogen. Die Kunst- und Wunderkammern fürstlicher und privater Liebhaber enthielten alles Mögliche und Unmögliche. Ausgestopfte Tiere, Versteinerungen, Spielereien, Dreharbeiten fanden sich zusammen mit Bildern hervorragender Meister, Antiken, Bronzen und dergleichen.

In Italien gehörte der Besitz einer Kunstsammlung schon seit langem zum guten Ton. Die päpstlichen Nepotenfamilien der Borghese, Barberini, Aldobrandini und anderer kümmerten sich in erster Linie um die Anschaffungen einer solchen. Bald darauf begannen auch die Grandseigneurs jenseits der Alpen und Meere, ihnen nachzueifern. Spanische, französische, englische Aristokraten vereinten hervorragende Kunstschätze in ihrem Besitz; der Earl of Arundel war der erste, der Expeditionen nach Griechenland sandte, um Ausgrabungen für sich zu veranstalten. Das Entstehen der großen Galerien, die als Quelle immer auf Italien angewiesen waren, begünstigte allerdings auch die Fälschung in unerhörter Weise. Da jeder Sammler Bilder der großen Meister sein eigen nennen wollte, war die Nachfrage nach Tizian, Giorgione, Palma und anderen ungemein stark, und die italienischen Händler sandten denn auch zu Dutzenden »Originale«.

Theater

Im Streben, für den stärkeren Empfindungsgehalt der Zeit auch einen stärkeren Ausdruck zu finden, mußte das 17. Jahrhundert notwendigerweise als Mittel dafür zu theatralischen Darstellungen gelangen. Schon in der Architektur machte sich in ihrer Ausrichtung bloß auf äußere Wirkung etwas Theatralisches bemerkbar. Das Arbeiten mit optischen Täuschungen zeigt, wie maßgebend die Grundsätze der Bühnenkunst in jener Zeit auch außerhalb des Theaters wurden, und so konnte nicht ausbleiben, daß die damals auf vollkommene Illusion ausgehende Bühnenpraxis den größten Vorteil von dieser Gesinnung ziehen mußte. Das 17. Jahrhundert war denn auch dasjenige, das die Kunst der Schaubühne bis zu einer Vollendung ausbildete, daß einer späteren Zeit nur noch die Einführung neuer Techniken, aber keine prinzipielle Änderung mehr übrigblieb.

Bernini, einer der Hauptmeister der Barockarchitektur, stellte seine Kunst auch in den Dienst der Bühne. Von seinen Dekorationen wird heute Unvorstellbares erzählt. Einmal stellte er eine Überschwemmung des Tiber vor, die mit ihren drohend hervorstürzenden Fluten so erschreckend wirkte, daß die Zuschauer aufsprangen, um sich zu retten; ein anderes Mal verdankte er diese Wirkung der täuschenden Vorführung einer Feuersbrunst.

Dramatik und Schauspielkunst

Dramatik und Schauspielkunst nahmen im 17. Jahrhundert einen enormen Aufschwung. Dichter wie Shakespeare, Calderon, Lope de Vega, Corneille, Racine, Molière bereicherten die Literatur. Es ist das Zeitalter des Höhepunkts der Commedia dell'arte und das der ersten stehenden Schauspielertruppen in Deutschland. Wie stark das Bedürfnis nach dem Theater war, geht schon daraus hervor, daß die ersten massiven Theaterbauten schon in Deutschland errichtet wurden, während noch der Dreißigjährige Krieg die Länder verheerte. So errichtete man 1606 das Ottonium in Kassel, den ersten feststehenden deutschen Theaterbau überhaupt; und in der zweiten Hälfte des Jahrhunderts wurde die Schauspielergesellschaft von Johann Velten, die großes Ansehen genoß, vom Dresdner Hof vertragsmäßig angestellt; sie durfte sich »Chur-sächsische Komödianten-Gesellschaft« nennen. Auf dem Spielplan standen Stücke von Shakespeare, Calderon, Lope de Vega, wie auch bereits von Molière. Das deutsche Schauspiel aber verfiel, wenn es nicht in Greueln schwelgte, ins Platte, so daß die feiner Gebildeten das französische vorzogen. Kurfürst Karl Ludwig von der Pfalz äußerte sich 1679 sehr enttäuscht über die deutschen Komödianten und zog es vor, eine französische Gesellschaft zu engagieren; die Herzöge von Hannover hielten sich schon 1669 eine französische Truppe von 24 Personen, die abwechselnd je vier Monate in Celle, Hannover und Osnabrück spielte.

Protestanten Das Theater galt weiterhin als hervorragendes Mittel der Erziehung. Protestanten und Katholiken pflegten das lateinische Schuldrama mit Hingebung. Bei den Protestanten ließ Lohenstein seine blutrünstigen Dramen von den Schülern des »Magdaleneums« und des »Elisabethanums« in Breslau spielen, und Christian Weise seine Trauerspiele von den Gymnasiasten in Zittau aufführen. Es mangelte dabei auch nicht an Aktualitäten, die den Zuschauern vorgesetzt wurden. Gryphius brachte »Die ermordete Majestät Carolus Stuardus« noch aktuell vor das deutsche Publikum, August Adolf von Haugwitz dramatisierte Wallensteins Ermordung, Christian Weise die Geschichte Masaniellos. Auch an Politik auf der Bühne fehlte es nicht. Graf Christoph Dohna sah 1613 in Berlin den »Ungerechten Haushalter«, der sehr deutlich auf den Kurfürsten zielte, die Kaiserin Claudia Felicitas ließ Kaiser Leopold in Wien die »Laterna di Diogene« vorspielen, in der der ganze Hof durchgehechelt und dem Kaiser die in Schwäche ausartende Güte seines Charakters vorgehalten wurde. Heinrich IV. hatte den größten Spaß zu hören, wie auf der Bühne über die Höhe der Steuern geschimpft und er selbst dabei nicht geschont wurde.

Jesuiten *Die Jesuiten verstanden es, in aufwendigen Inszenierungen ihre Anschauungen einem breiten Publikum näherzubringen. Diese Aufführungen, die – da sie noch immer in lateinischer Sprache vor sich gingen – sich mehr optischer Mittel bedienten, wurden von Kaiser, Fürsten und Adel genauso besucht wie vom Bürgertum. Die Märtyrerdramen des Jesuitentheaters sollten den rauschenden Glanz des neugesicherten Barockkatholizismus, wie Günther Müller es ausdrückte, verkörpern. Dazu dienten prachtvolle Opferszenen, Triumphaufzüge, prunkvolle Siegesmähler und ins Gigantische gehende, mit feierlichen Tänzen verbundene Huldigungsszenen. Krönungs- und Hochzeitsfeiern oder pompöse Ratssitzungen durften so wenig fehlen wie Himmelserscheinungen, Visionen, Geister- und Totenbeschwörungen oder Zauberei- und Dämoneneffekte. Man bediente sich dabei aller theatralischen, musikalischen und ballettmäßigen Errungenschaften der Zeit. »Der Endeffekt besteht aber für gewöhnlich darin, daß auf das Gebet des Märtyrers die heidnischen Götterbilder vom Blitz getroffen zusammenstürzen.«*

Das Theaterspielen wurde von allen Ständen und in allen europäischen Ländern mit großem Eifer betrieben. Sogar Nonnen ergriff das Bühnenfieber. Zur Zeit von Papst Innozenz XI. hatte sich in einem römischen Nonnenkloster über die Besetzung eines Stückes, das die frommen Frauen darstellen wollten, ein Streit erhoben, der so heftig wurde, daß die Nonnen sich tätlich angriffen und eine von ihnen bei der Gelegenheit erschlagen wurde.

»Wirtschaften«

Theaterspielen wurde für die von der Etikette in quälende Fesseln geschlagenen Höfe geradezu eine Notwendigkeit, wollten sich Herrscher und Beherrschte auch einmal als Menschen fühlen. So erfand man die Unterhaltung der sogenannten Wirtschaften, bei denen sich der Fürst und die Fürstin als Gastwirt und Gastwirtin, die ganze Hofgesellschaft als Kellner, Stubenmädchen, Hausknechte und so fort maskierte und während der Dauer des Festes an ihren Rollen festhielt. Dieses Vergnügen war ein ungemein beliebtes. In den Briefen der Herzogin Sophie von Hannover spielen die Wirtschaften eine große Rolle. Sie waren außerdem ein sehr willkommenes Mittel, um beim Empfang hoher Gäste den endlosen Schwierigkeiten vorzubeugen, welche sonst unfehlbar durch die Fragen der Etikette hervorgerufen worden wären. So wurden denn an dem zeremoniösesten Hofe Europas, dem kaiserlichen in Wien, die Wirtschaften schließlich zu einer regulären Einrichtung, zu der man immer seine Zuflucht nahm, wenn bei Gelegenheit ungewöhnlicher Besuche Schwierigkeiten des Zeremoniells auftauchten. Kaiser Leopold etwa und Peter der Große konnten sich 1698 nur auf einer Wirtschaft treffen. Beide führten ihre Rollen als Wirt und Bauer ausgezeichnet durch und wechselten die Trinksprüche.

Oper

Zu Beginn des 17. Jahrhunderts hatte Monteverdi mit seiner Oper »Orfeo« die florentinischen Anfangsversuche bei weitem in den Schatten gestellt. Es war ihm gelungen, aus dem Zusammenwirken verschiedener Instrumente einen einheitlichen harmonischen Tonkörper aufzubauen. In Venedig, das bereits 1637 über ein öffentliches Opernhaus – San Cassiano – verfügte, entwickelte sich die konzertierende Nummernoper, während in Rom mehr die Ausstattungsoper entstand. Letztere fand an allen Herrscherhäusern während des ganzen 17. und zu Beginn des 18. Jahrhunderts großen Anklang. Die Prunkoper war ein Gesamtkunstwerk aus Gesang, Musik, theatralischem Spiel, Ballett und vor allem der Ausstattung. Eines der hervorragendsten Bei-

spiele ist die Oper »Pomo d'Oro«, die 1667 in Wien anläßlich der Vermählung Kaiser Leopolds mit der Infantin Margarethe Therese von Spanien aufgeführt wurde. Die Musik stammt von Cesti, das Libretto von Sbarra, einem Angehörigen des Jesuitenordens. Der grandiose Italiener Burnacini lieferte die Ausstattung, wo vor aller Augen Himmel und Hölle, Meer und Wolken in Bewegung gesetzt wurden, die ganze mythologische Welt sowie Hirten, Schäfer, Ritter und Indianer in reichsten Kostümen auftraten, durch die Luft entführt wurden oder im Boden verschwanden. Am Schluß überreichte Paris der Schönsten – der kaiserlichen Braut natürlich – den goldenen Apfel. Es war ein Wunderwerk an Maschinen und Dekorationen.

Roßballett

In ähnlicher Pracht gingen an allen großen Höfen die sogenannten Roßballette vor sich. 1667 fand in Wien im Inneren Burghof ein solch prunkvolles Pferdeballett statt. In kunstvollen Figuren und auf das reichste geschmückt wurden die ballettreif gerittenen Pferde nach musikalisch genau festgelegten Ballettfiguren einhertänzelnd vorgeführt.

In allen theatralischen Gattungen waren reiche Dekorationen und Maschinerien unerläßlich. So bekannte Corneille 1650 in der Vorrede zur »Andromeda«, die Maschinen seien die Hauptsache, durch sie werde der Knoten geknüpft und gelöst.

Hamburg

Die Oper fand indessen nicht nur an den Höfen eifrige Pflege. In Hamburg hatte der Senator Gerhard Schott unter heftigstem Widerspruch der Geistlichkeit die Errichtung einer stehenden Oper durchgesetzt. Sie wurde am 2. Januar 1678 mit einer Oper von Christian Richter – Musik von Theil – eröffnet; das Sujet war: der erschaffene, gefallene und wieder aufgerichtete Mensch. In den ersten 18 Jahren wurden 63 verschiedene Opern aufgeführt. Unter den Komponisten, deren Werke in Hamburg zu Gehör kamen, befanden sich auch Lully, Händel und die ersten deutschen Opernkomponisten Heinrich Schütz und Reinhard Keiser (der allein nur für Hamburg 107 Opern komponiert hat). Der Ausstattung wurde auch hier große Bedeutung beigelegt, für Bostels Oper »Cara Mustapha« etwa wurden 48 Dekorationen gebraucht, denn das szenische Bild fand damals oft größeres Interesse als die Musik. So schreibt Mission über die französische Oper, die sich mehr an der venezianischen Oper orientierte: es seien weder Maschinen noch reiche Kleider vorhanden, und er fände in Venedig, wo nichts zu sehen sei, die Oper so langweilig, daß man mit Ungeduld auf das Ende warte.

DRITTES KAPITEL

Der Einfluß Spaniens, unter dem die gesamte Welt im 16. Jahrhundert stand, wurde allmählich im 17. Jahrhundert abgebaut. *Mode*

Die Weltmonarchie Karls V. war wohl noch unerschüttert, aber ihre inneren Kräfte waren gelähmt. Die langjährige Regierung Philipps II. hatte durch ihre unheilvolle Sozialpolitik den Wohlstand des Landes vernichtet, so gründlich und so nachhaltig, daß selbst die unermeßlichen Hilfsquellen der Neuen Welt versiegen mußten. Wie das Mutterland selbst wurden auch die Kolonien durch verkehrte Maßnahmen der Verwaltung ruiniert und verödeten. Zu dem inneren Verfall traten politische Niederlagen, und als Philipp II. kurz vor Anbruch des neuen Jahrhunderts starb, hätten wahrscheinlich selbst Männer von ganz anderer Art als sein Sohn und sein Enkel den Niedergang nicht mehr aufhalten können. Unaufhaltsam erfolgte denn auch der Sturz, der die spanische Monarchie binnen weniger als einem Jahrhundert vom Rang einer Weltmacht zum ohnmächtigen Spielball der Rivalen machte. Während jedoch Spanien politisch aus dem Rat der Völker ausschied, schenkte es der Menschheit in Cervantes, Calderon, Velazquez, Murillo noch einen unermeßlichen Reichtum. Als Spaniens Handel schon vernichtet und seine Armeen und Flotten so oft geschlagen waren, daß niemand sie mehr fürchtete, beherrschte es noch durch seine Mode und seine Anschauungen die gesellschaftliche Kultur. So gehörten die beiden ersten Jahrzehnte des 17. Jahrhunderts in allen Details noch ganz der spanischen Tracht. In Spanien selbst sowie in den von ihm politisch abhängigen Ländern verschwand die spanische Mode im 17. Jahrhundert überhaupt noch nicht. 1682 schilderte Veryard die Genuesen in spanischer Tracht, und 1688 schrieb Misson aus Neapel: »Jedermann geht hier in spanischer Tracht.« Außerdem behauptete sich die spanische Mode auch an anderen Orten, die in ihren Anschauungen rückständig zu sein pflegten, wie an den Höfen, in den Beamten- und Richterstuben und auf der *Spanien*

121 Abraham Bosse, Französische militärische Typen. Stich, um 1630

Kanzel. Daniel l'Hermitte aus Antwerpen sah Kaiser Rudolph II. kurz vor dem Tod und bemerkte, daß er sich ganz nach alter Weise kleide. Der Wiener Hof der Habsburger hielt für die Zeremonienkleidung an der spanischen Tracht fest, bis mit Franz I. der erste Lothringer den Thron bestieg. Das Patriziat der deutschen Reichsstädte bewahrte Elemente dieser Moden, vor allem die große Krause, noch das ganze 18. Jahrhundert hindurch.

Dreißigjähriger Krieg

Im dritten Jahrzehnt des 17. Jahrhunderts bahnte sich allgemein ein Umschwung an, wiewohl einzelne Stücke der spanischen Mode mit einer eigentümlichen, ja geradezu unverständlichen Zähigkeit jedem Wechsel der Mode standhielten und diese durch weitere Jahrhunderte beeinflußten.

Der schwerwiegendste Beweggrund zu einer Veränderung waren die überaus große Steifheit und Bewegungslosigkeit, zu der die spanische Mode ihre Träger verurteilte. Als nach und nach ganz Europa vom Kriegsfieber ergriffen wurde, und Deutschland, die Niederlande, Frankreich und England Jahrzehnte hindurch fast ununterbrochen vom Lärm der Waffen ertönten, konnten Soldaten unmöglich in Kleidern gehen, in denen sie wie die Wurst in der Pelle steckten, sich Krausen umbinden, die ihnen Genickstarre verursachten, oder die verspielte und eher unkriegerische Mode der ehemaligen Landsknechte tragen. Und so begann zuerst die männliche Kleidung, sich von den Vorschriften der spanischen Mode loszusagen, während die Frauentracht noch länger an ihr festhielt.

Herr

Im Vergleich mit dem überall Beengten und Gespannten der spanischen Tracht bekam nun die Kleidung des Mannes wieder einen Charakter des Weiten, Hängenden, wenn man will Schlumpigen. Vor allem wurde das kugelförmig ausgestopfte kurze Beinkleid, das kaum die Hälfte des Oberschenkels erreichte, fallengelassen. Es wurde sehr weit und ging bis unter das Knie, wo es zusammengebunden wurde. Die Bänder, die diesem Zweck dienten, ähnelten schmalen Schärpen und waren an ihren Enden mit Spitzen besetzt, die lang herabhingen. Der Stoff, den man früher nach der Länge aufzuschlitzen pflegte, blieb ganz, höchstens, daß man ihn an den Außennähten offenließ, um die Wäsche sehen zu lassen. In diesem Fall schloß man das Beinkleid am Knie gern mit einer Bandrosette.

Beinkleid

Abb. 124
Abb. 127

Wams und Koller

Die Bekleidung des Oberkörpers bestand aus zwei Stücken, dem Ärmelwams und dem Koller, das ärmellos oder nur mit hängenden Zierärmeln über das Wams gezogen wurde. Vielfach war das Koller aus Leder und diente den Soldaten als Schutz; es wurde aber auch von der übrigen Bevölkerung gern getragen. Die Schöße, welche Wams und Koller über die Taille hinaus verlängerten, waren ange-

122 Diego Velazquez, König Philipp IV. von Spanien, 1623. Madrid, Prado

123 Diego Velazquez, Königin Maria Anna von Österreich, 1658. Madrid, Prado

124 Jacques Callot, Claudius Deruet – Maler des Herzogs von Lothringen. Stich, 1632

nestelt, das heißt mit kleinen Schleifchen, die in Metallnadeln endeten, angebunden. Sie bestanden nicht aus einem Stück, sondern aus einzelnen Flügeln, die sich, nach unten breiter werdend, übereinanderschoben und den Unterleib schützten. Allmählich gab das Wams die Ärmel an das Koller ab, das nun mit langen, nicht mehr apart angesetzten, sondern mit dem Brustteil aus einem Stück geschnittenen Schößen die Form des Rockes erhielt. Dieser langschößige Ärmelrock wurde schon früher von den Bauern getragen. Er erschien in der Welt, die sich mit Anspruch auf Eleganz kleidete, zu Beginn der dreißiger Jahre. *Abb. 124* *Abb. 127* *Ärmelrock*

Dieses Erscheinen war aber nur vorübergehend. Wie schon sein erstes Auftreten im Kreise von Soldaten bemerkt wurde, steht auch sein späteres Wiedererscheinen im engsten Zusammenhang mit dem militärischen Leben. *Abb. 128*

Die Veränderungen des Beinkleids wurden von denen des Schuhwerks begleitet. Der niedere Schuh, der zur engen Strumpfhose der spanischen Tracht gehörte, wich dem Schaftstiefel, der anfänglich bis zum Knie heraufgezogen wurde. Später schob man ihn bis zur Hälfte der Wade hinunter und formte die Stulpe zum Trichter, der mit losen Gamaschen von Linnen oder Batist, am liebsten mit Spitzen ausgefüllt wurde. Wer damals den Schuh bevorzugte, besetzte ihn vorn mit Spitzenrosetten, die auch nicht billig waren. Die Strümpfe, die man zum niederen Schuh trug, waren von Seide und farbig. Der Earl of Rutland besaß 1612 fleischfarbige, grüne, graue, silberne und schwarze Strümpfe. *Schuh* *Abb. 123* *Abb. 124*

Diese Veränderung im Aussehen wurde erst dadurch vervollständigt, daß auch modische Details an Hals und Kopf an ihr teilnahmen. Die durch Umfang und Steifheit gleich unbequeme Kröse war doch so hinderlich, daß sie schon Änderungen unterworfen wurde, während die übrigen Bestandteile des spanischen Kostüms noch unangetastet blieben. Man behielt sie wohl noch bei, aber man begann sie nicht mehr abzusteifen, sondern ihr dickes Gefältel weich herabfallen zu lassen. Diese bequeme, aber nicht gerade kleidsame Form sieht man auf vielen Bildern jener Zeit. Auf der berühmten »Anatomie des Dr. Tulp«, die Rembrandt 1632 malte, besitzt nur noch einer der Anwesenden die steife, die anderen dagegen tragen die weiche, ungestärkte Krause. Karl I. von England hatte diese Form bereits im vierten Jahr seiner Regierung angenommen, ohne daß er, wie Evelyn berichtet, Bischöfe und Richter bewegen konnte, ihm in dieser Mode zu folgen. Andere ließen die Kröse ganz beiseite und trugen einen schmalen, über den Kragen des Wamses fallenden Leinenkragen, wie etwa Dr. Tulp auf dem Rembrandtschen Bild. Dritte begnügten sich *Kragen* *Abb. 126*

125 Abraham Bosse, Verkaufsgalerie des Palais de Justice. Stich, um 1635

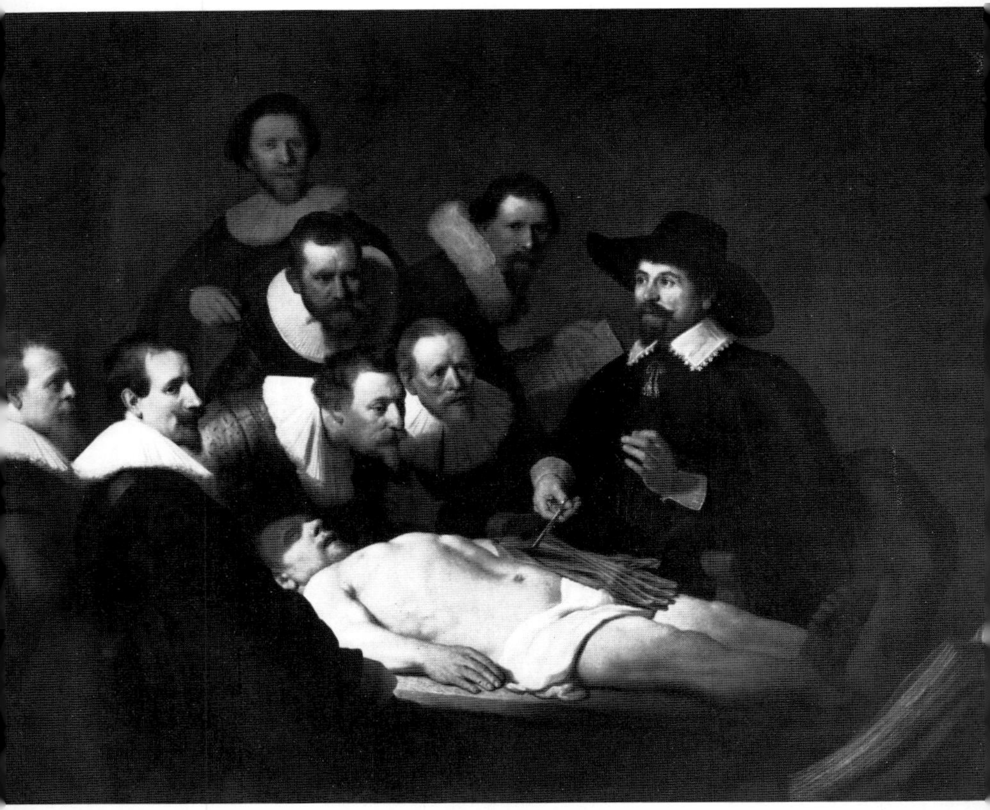

126 Rembrandt van Rijn, Die Anatomie des Professors Tulp, 1632. Den Haag, Museum

mit dem flach gesteiften, aber niedrigen Kragen, wie er ursprünglich nur als Unterlage der ähnlichen Valona getragen wurde. Diese einem Teller ähnliche Form wurde dadurch sehr bekannt, daß sie in Spanien als sogenannte Golilla nicht nur ausschließliche Mode, sondern sogar Vorschrift wurde, nachdem 1623 das Tragen von Spitzen verboten worden war. Die zahlreichen Bildnisse, die Velazquez zwischen 1623 und 1660 von seinem königlichen Herrn malte, zeigen Philipp IV. mit nur drei Ausnahmen immer in diesem Kragen. Als Karl I. nach Madrid kam, um die Hand der Infantin Maria anzuhalten, erschien er bei Hofe in der Kröse, die streng verpönt war, und empfing als erstes von der Gräfin Olivarez eine Golilla, um vorschriftsmäßig gekleidet zu sein.

Golilla

Abb. 121

127 Wenzel Hollar, Kostümfigurine. Stich, um 1640

128 Lucas Kilian, Der schwedische Obrist Johann Georg aus dem Winckel. Stich, 1634

Neben diesen Formen begann sich nach und nach der breite weiche Spitzenkragen einzubürgern, wie wir ihn schon auf dem Bild sehen,
Abb. 120 das Rubens 1610 von sich und seiner ersten Frau malte.
Abb. 124 Dieser prunkvolle Kragen wurde so beliebt, daß er alle anderen For-
Abb. 128 men verdrängte und von den dreißiger Jahren an unumschränkt Mode war.

Bis zu dieser Zeit herrschte in diesem Jahrhundert auf dem Gebiet des Halskragens geradezu eine Anarchie. Auf den Bildern, die Pluvinel von den Reitstunden Ludwigs XIII. machte, erscheinen der

129 Bildnis des Charles de Lorraine, Duc de Guise. Stich

junge König und seine Begleiter bald in der gestärkten, bald in der Fallkröse, manchmal auch in der Golilla.

Mit dem Kragen änderten sich naturgemäß Frisur und Hut. Die steife, rückwärts hochstehende Krause hatte den Herren das kurz geschorene Haar geradezu aufgezwungen, und mit ihrem Verschwinden konnte das Haar wieder frei auf die Schultern fallen. Eine Fülle von Haaren umgab auf einmal den Kopf der Männer. Bald flog es in wilden, ungekämmten Strähnen um sie, bald ringelte es sich in schön gepflegten Locken, auf der rechten Seite nur bis übers Ohr, auf der linken dagegen lang bis auf die Schulter fallend.

Frisur

Abb. 127

Abb. 128

Entweder trug man diese Partie in einer langen und offenen Locke, flocht sie zu einem Zopf, oder band das Haar nur zusammen. Man nannte diese Partie des Haares Cadenettes nach Honoré d'Albert, Seigneur de Cadenet, einem Bruder des Günstlings Ludwigs XIII. Er besaß nicht nur sehr schönes blondes Haar, sondern soll auch der

Abb. 129 erste gewesen sein, der es in dieser Weise frisierte und bunte Schleifen oder kleine Juwelen hineinflocht, die sogenannten Faveurs. Diese erhielten ihren eigentlichen Wert erst dadurch, daß man sie von einer Dame geschenkt bekam. In deutschen Volksliedern von etwa 1650, werden die jungen Herren verspottet, die sich solche Gegenstände kauften und dann damit renommierten, als hätten sie sie als Liebespfänder empfangen. Diese kokette Frisur war durchaus nicht nur das Vorrecht junger Stutzer.

Perücke Die Fülle des Haares war nicht immer natürlich, und so erschien etwa gleichzeitig mit dem Spitzenkragen die Perücke. Schon 1615 berichten Reisende aus Paris, daß die Herren auf ihren Köpfen noch einen falschen Kopf trügen, den sie Perücke nannten.

Hut Die neue Frisur verlangte nach einem anderen Hut, und so kam der große halbweiche Filzhut mit breiter Krempe und langwallender Feder auf. Man nannte ihn Respondent, denn in der verschiedenen Art,

Abb. 123 wie man die Krempe hinauf- und herabschlagen, ihn schräg oder ins

Abb. 125 Gesicht setzen konnte, entsprach er der Stimmung, die den Träger gerade erfüllte.

Dame Mit weit größerer Zähigkeit als die Männerwelt hielten die Frauen am spanischen Kostüm fest. Sie trugen noch das sehr steife Mieder,

Abb. 122 die riesige Mühlsteinkröse, den steifen, faltenlosen Rock, als die Herren sich in ihrem Anzug schon von den Vorschriften der spanischen Mode emanzipiert hatten.

Oberrock Die erste sehr beträchtliche Änderung der Damentoilette war das Fortfallen des Reifrocks, wodurch der Rock gefälliger fiel und der

Abb. 132 Umriß der Gestalt wieder etwas Menschenähnliches erhielt. Die Stilisierung der Figur, wie die spanische Mode sie herbeigeführt hatte, wich immer mehr dem natürlichen Fluß der Linien. Aber die Menschen, die seit Jahrzehnten daran gewöhnt waren, den Hüftumfang der Frau so unmäßig gesteigert zu sehen, verlangten eine Übergangslösung, und da die Mode keine Sprünge machte, sondern sich nur

Abb. 131 Schritt für Schritt bewegte, halfen sie sich einerseits noch mit Hüftpolstern, und andererseits, indem sie den Oberrock etwa um die

Abb. 130 Hälfte ringsum hochnahmen und um die Taille festhakten. Dadurch wurden Futter und Unterrock sichtbar, die dem Luxus nun einen weiten Spielraum gewährten. Wurde der Rock nicht hochgesteckt, eine Art des Tragens, die Mrs. Earle »Waschfrauenstil« nannte, so öffnete er sich vorn über dem Unterkleid und brachte dieses so zur Geltung.

130 Jean de Saint-Igny, Französisches Theater, Stich von J. Briot, 1629. Kostüme nach Titel und Stand der Personen

131 Spottbild auf die Verwendung des »Weiberspecks« und der Masken. Stich, 1610

Unterrock Man trug damals auch mehrere Unterröcke verschiedener Farbe, von den französischen Herren als der Geheime, der Bescheidene und der Schäker unterschieden. Die schöne Gabrielle d'Estrées besaß Unterröcke von Goldstoff, blau, rot und grün geblümt; Maria von Medici trug solche aus weißem Atlas, mit grünem Taft gefüttert, oder von gelbem Atlas mit rotseidenem Futter, oder von schwarzem mit Goldblumen. Die Damen, die wohl oder übel weniger herrliche Stoffe wählen mußten, besetzten ihre Jupons wenigstens mit Spitzen oder Goldtressen. Den größten Luxus mit Unterröcken trieben die spanischen Damen, die zum Erstaunen eleganter Französinnen im Sommer etwa sieben bis acht, im Winter aber zwölf und mehr trugen, sämtliche von kostbaren, schweren Stoffen und reich mit Gold- oder Silberspitzen besetzt. Nur der unterste, frz. »la secrète« genannt, war von Leinen, von diesem aber besaßen die Damen nur einen und mußten im Bett bleiben, wenn er einmal gewaschen wurde.

132 Michael K. Hirt, Margarete Brömsen, 1642. Lübeck, St. Annen-Museum

Dadurch, daß die Absteifung fortfiel und man keine Polster mehr trug, wurde der Rock länger und entwickelte sich zu einer Schleppe. Mit dem Rock änderte sich auch das Leibchen. Das hochschließende, eng geschnürte und spitz auslaufende Oberteil der spanischen Mode, das zwar erhalten blieb, verlor vielfach seine steife Form und schloß rund in der Taille ab. *Oberteil* *Abb. 132* *Abb. 133*

Der Halsausschnitt wurde sehr tief, viereckig geschnitten, schloß aber immer mehr auch die Schultern mit ein. Allerdings wurde er besonders anfangs mit Kragen von Batist oder Spitzen wieder zugedeckt. *Dekolleté* *Abb. 133*

133 Wenzel Hollar, Frühling, aus der Folge »Die großen Jahreszeiten«. Stich und Radierung, 1643

Kröse Wenn man nach Beginn der dreißiger Jahre bei Männern noch die große Krause findet, darf man annehmen, daß es sich eher um ein Abzeichen des Amtes als um eine Modeform handelt, bei Frauen begegnet man ihr bis in die sechziger Jahre des 17. Jahrhunderts. Rembrandt zum Beispiel malte nach 1632 nur noch zwei Geistliche und diese in ganz kleinen Krösen, während er noch 1661 eine Frau mit großen Mühlsteinkrause porträtierte. In diesen Jahren, wo die Krause sozusagen um ihre Existenz kämpfte, nahm sie abenteuerliche Dimensionen an. Die Tage der Kröse aber waren doch vorüber, nur die ältere Generation blieb ihr noch treu. Auch der Medicikragen, jener um den Hals rückwärts hochstehende Spitzenkragen blieb noch bis in die dreißiger Jahre. Rubens stellte zum Beispiel 1617 Jacqueline de Castre, 1620 Gräfin Arundel, 1630 Helene Fourment noch darin dar. Isabella Brant und Susanne Fourment aber trugen ihn wesentlich niedriger. Schließlich wurde er heruntergelegt, den Ausschnitt weich umgebend oder bedeckend. Damen und Herren trugen die gleichen Spitzenkragen; so war es eine feine Galanterie, daß Gustav Adolf auf dem Ball, den ihm die Stadt Augsburg 1632 zu Ehren gab, seinen Kragen abband und Fräulein Jacobine Lauber als der Schönsten verehrte.

Abb. 134

Spitzenkragen

Die Eleganz des Oberteils beruhte auch auf dem Schnitt der Ärmel, die immer weiter wurden und in der mannigfaltigsten Weise arrangiert werden konnten. In einem alten englischen Lustspiel der Zeit sagt ein Schneider zu der Dame: »O Ärmel, Ärmel, ich will die ganze Nacht darüber nachdenken, wie schön ich ihre Ärmel machen werde.« Während der Ärmel früher geschlitzt und in mehreren festen Puffen über dem Arm angeordnet wurde, bauschte man ihn jetzt nur ganz leicht und band ihn am Ellbogen oder am Handgelenk mit Schleifen ab.

Ärmel

Auch das Haar folgte dem Zug nach Freiheit und Leichtigkeit. Die spanische Mode hatte es hochtoupiert und in kleinen krausen Locken um Stirn und Schläfen gelegt; jetzt wurde es in der Mitte gescheitelt und fiel zu beiden Seiten in langen Locken herab, oder es wurde rückwärts geflochten und auf dem Wirbel zu einem Nest zusammengelegt und – gesteckt. Vielfach wurde das Haar gepudert, wozu man es vorher naß machen mußte.

Frisur

Abb. 133

Damen und Herren klebten sich auch Schönheitspflästerchen ins Gesicht. Am Berliner Hof sah Graf Christoph Dohna 1616 die Hofdamen stark geschminkt und mit Pflästerchen beklebt, die sie Lustres nannten. »Ich sah einen Haufen Weiber«, spottet Moscherosch, »die im Gesicht aussahen, als hätten sie sich schröpfen, picken oder hacken lassen, denn an allen Stellen, die sie gern wollten beschaut haben, waren sie mit kleinen schwarzen Pflästerchen und mit runden, langen, breiten, schmalen, spitzen Mücklein, Flöhen und anderen possierlichen, zum Anblick dringenden, zum Zugriff zwingenden Mannsfallen beklebt.« In England scheinen die Schönheitspflästerchen erst später bekanntgeworden zu sein. Zum erstenmal erwähnt sie Bulwer

Schönheitspflaster

134 Pieter Codde, Ehepaar, 1634. Den Haag, Gemäldegalerie

1650, er nannte dabei außer Sternen, Halbmonden und anderen Formen auch solche, die eine Kutsche mit zwei Pferden darstellten, welche die Damen auf der Stirn trugen. In England wurden sie schließlich auch erstmals von Herren getragen.

Holland

Etwa um das Jahr 1640 herum hatte sich auch in der Damenmode der Umschwung vollständig vollzogen. Die Kleidung war in all ihren Bestandteilen leicht und fließend geworden, alles Steife an Unterlagen und Polstern verschwunden. Der Schnitt der Frauenkleidung hatte in dem mäßig weit und glatt herabfallenden Kleiderrock und dem kurzen dekolletierten Oberteil ein relativ hohes Maß an Natürlichkeit und Einfachheit erreicht. In dieser Richtung bewegte sich die Mode sogar noch eine Zeitlang fort, vielleicht weil der Einfluß der holländischen Bürgersfrau sich geltend machte. Holland stand in diesen Jahren auf der Höhe seiner politischen Macht und eines ungeheuren Reichtums. Aus ihnen erklärt sich der soziale Einfluß von selbst, den das Land ausübte, und wenn es einen solchen auch in der Mode geltend machen konnte, hing das vielleicht auch damit zusammen, daß es zwischen 1630 und 1660 an einem tonangebenden Hof fehlte. Der Wiener Hof und der Madrider scheiden von selbst aus, da sie an der spanischen Mode nicht nur festhielten, sondern dieselbe in der Frauenkleidung zur vollständigen Karikatur entstellten, am französischen Hof trug die Regentin, Königin Anna von Österreich, Witwentrauer, und der Hof von St. James war zerstreut. So ist es eben kein Wunder, daß die Tracht der reichen und gebildeten holländischen Kaufmannsfrau ein weites Terrain eroberte. Der holländische Einfluß machte sich durch eine fortschreitende Vereinfachung geltend. Hals und Busen wurden mittels breiter, halb durchsichtiger Kragen von feinstem Linnen oder Batist verhüllt.

Abb. 133

Abb. 134

Farben

In den Farben dominierte mehr und mehr Schwarz. Früher gehörte die Buntheit des Kostüms zur Eleganz; in zehn bis zwölf verschiedenen Farben gekleidet zu sein, war nichts Ungewöhnliches. »Ein Maler hat nicht soviel Farben auf der Palette, wie ein Franzose an seinem Anzug«, schrieb Marini aus Paris. Nun kamen gebrochene Farben auf, »blaßblau, leichtrot, leichtgrün, halbgelb, halbgrün, Bestardfarben, weil sie halbehrliche Gemüter haben«, sagte Moscherosch grimmig, und vor allem Schwarz. Man wählte immer weniger Farben zu einem Anzug, so daß man in den Jahren Ludwigs XIV. von der Zeit »als man sich noch farbig kleidete« wie von der Vergangenheit sprach, auf die sich selbst die ältesten Leute nicht mehr besinnen könnten.

Herrenmode um 1635–1660

Während die Damenmode sich auf einem Niveau der Vernunft und Zweckmäßigkeit bewegte, entwickelte die Herrenmode in der gleichen Zeit Extravaganzen, wie sie vor dieser Zeit nur selten, nachher

135 Abraham Aubry, Figur eines französischen Gardekapitäns. Stich

aber nie wieder erreicht wurden. Die Herrenkleidung, die etwa zwischen 1635 und 1660 Mode war, wird in der läppischen Unzweckmäßigkeit kaum überboten werden können. Aus Koller und Wams war dadurch, daß Ärmel und Schöße an einem Gewand vereinigt wurden, ein neues rockartiges Kleidungsstück entstanden. Die Schöße, früher in Flügel geschnitten, blieben jetzt ganz, und wenn noch in der Taille Nesteln angebracht wurden, so geschah es als Zierat. Sobald auf diese Zierde verzichtet wurde, und die Ärmel nicht mehr aufgeschlitzt wurden, war ein Kleidungsstück fertig, das dem Sakko von heute ähnlich sieht. Mehrere der Bildnisse, die van Dyck in der zweiten Hälfte der dreißiger Jahre gemalt hat, zeigen diese Jackenform sowie die langen, engen Beinkleider. *Abb. 135*

Diese Gewandform wurde aber bald zur völligen Sinnlosigkeit entstellt. Nicht nur, daß sie vorn nicht mehr geschlossen wurde, sondern sie wurde auch verkürzt und die Ärmel etwa zur Hälfte abgeschnitten; es wurde ein richtiges »Kinderjäckchen« daraus. Gleichzeitig veränderte sich das Beinkleid, indem es (aber nur für kurze Zeit) enger wurde und unten offenblieb.

Hemd

Die Eleganz beruhte nun weniger auf der Kostbarkeit der Stoffe als auf dem Aufputz und der vielen weißen Wäsche. Der Luxus verfeinerte sich, denn das Hemd wurde nun eines seiner Hauptobjekte. Der männliche Anzug ließ außerordentlich viel davon sehen, denn da die offene Jacke kaum bis an den Nabel reichte, war das Hemd nicht nur vorn, sondern auch etwa zwei Handbreit rings um die Taille sichtbar und zeigte zudem die weiten Ärmel fast in ihrer ganzen Länge. Da dies einigen »Beaux« (Schönlingen) noch nicht genug war, kam der hübsche blonde Gaston de Nogaret, Herzog von Candale, auf den Einfall, die Hose bis auf die Hüfte herunterzuschieben; dadurch sah man vom Hemd etwa drei Hände breit Stoff, und die Herren gewannen das Aussehen, als verlören sie ihre Beinkleider. *Abb. 137*

Daß ein Toilettenstück, auf das so viel Wert gelegt wurde, auch auf das Kostbarste ausgestattet wurde, versteht sich von selbst. Die Herrenhemden waren auf das reichste mit Zwischensätzen, Kragen und Manschetten von Spitzen ausgestattet.

Bänder

Zu dem Aufputz mit Spitzen trat seit Mitte der dreißiger Jahre – wahrscheinlich veranlaßt durch die französischen Gesetze von 1633 und 1634, welche Gold- und Silberstickereien verboten – der Aufputz mit Bändern. Das weitgewordene Beinkleid wurde am Knie mit Bandschluppen abgeschlossen und mit ebensolchen um die Taille, sowie von der Taille an spitz zwischen die Schenkel hinunter besetzt. Auch das Jäckchen ging nicht leer aus, man trug Bänder, wo immer sie nur Platz fanden, so daß Michel de Marolles zu einem Herren-

136 Romeyn de Hooghe, Herr in Rhingraven, aus der Folge »Figuren à la mode«. Stich, um 1670

anzug 300 Ellen Band rechnete, wenig genug, wenn um 1656 von einem nach der Mode Gekleideten verlangt wurde, daß er 500 bis 600 Bandschluppen an sich haben müsse. »Sie haben so viel Band um sich«, schreibt Sir John Evelyn, »als hätten sie sechs Läden ausgekauft und zwanzig Maibäume geplündert«, und Moscherosch spottet im »Schergenteuffel«: »und möchte mancher meinen, er sehe einen Kramladen aufgetan, so mit mancherlei Nesteln, Bändeln, Zweifelstricken, Schlupfen sind sie an Hosen und Wams verändert, verstellt, behäncket, beschläncket, beknöpft und beladen.«

Um die Mitte des Jahrhunderts wurde ein Beinkleid Mode, das sich in seinem Schnitt durchaus nicht von einem Unterrock unterschied, die sogenannte Rheingrafenhose, Rhingrave genannt. Diese Form stammte aus Holland und wurde große Mode, seit ein Wild- und Rheingraf Salm sie in Paris getragen hatte. Es gab sie in mehreren Schnittarten, als sehr faltenreichen Rock, der unten waagrecht geschlossen war und zwei zusammenziehbare Ausschnitte für die Beine hatte; als Rockhose mit darunter einer abgesteiften und um den Saum zusammengezogenen Art Pumphose. 1658 beschrieb sie Randle Holmes als »petticoat breeches« (Unterrockhose). Sie muß sich sehr schnell verbreitet haben, denn 1662 verbot eine Kleiderordnung der Stadt Dresden sie schon den Handwerksgesellen, und 1663 hielt der Pastor Ouw in Flensburg eine donnernde Philippika von der Kanzel gegen sie. Zuerst erschien die Rhingrave als Kavalierskleidung auf den Bildern, die der Fechtmeister der Universität Leiden, Girard Thibault, 1628 herausgab, aber 1680 war sie bereits passé, denn Liselotte von der Pfalz, die spätere Herzogin von Orléans, bemerkte, der Markgraf von Ansbach habe sich in Versailles lächerlich gemacht, weil er in Rhingraven erschienen sei. 1682 sprach ihnen der »Mercure de France« das endgültige Todesurteil: »Canons und Rhingraves sind unmöglich.« Immerhin war diese Röckchenhose doch fast 30 Jahre hindurch das von der eleganten Herrenwelt bevorzugte Kleidungsstück gewesen. Auch sie wurde auf das reichste mit Bändern besetzt. Der Luxus im Aufputz wurde stark übertrieben. Die Franzosen nannten die Bandschluppen der Herrentoilette Galants und das Drum und Dran des Aufputzes Gänseklein. *Rhingrave*

Dieses merkwürdige Kostüm wurde durch Schuhe und Perücke vervollständigt. Die Mode, die unbedingt langes Haar von den Herren forderte, zwang auch den Sonnenkönig dazu, eine Perücke anzunehmen. *Perücke*

Man trug die Perücke in den ersten Jahrzehnten in langen Locken, auf dem Kopf flach. Jüngere Herren gaben dem rundfrisierten Pudelkopf den Vorzug. Die Lieblingsfarbe war blond, denn sie sollte den Männern das Aussehen von »Löwen« verleihen. Eine blonde Perücke von Menschenhaar kostete gegen 2000 bis 3000 Francs, später mußte man bei dem ungeheuren Bedarf nicht nur zu Ziegen- und Pferdehaar greifen, sondern zu allerhand unliebsamen Bezugsquellen seine Zuflucht nehmen. Die graue gepuderte Perücke gehört erst dem 18. Jahrhundert an und erschien nicht vor dem Jahr 1700. *Abb. 117* *Abb. 118*

Das lang um den Hals und auf die Schultern fallende Haar drängte dem Spitzenkragen eine neue Form auf, da es ihn ganz verdeckte. In den fünfziger Jahren trat eine Fasson auf, die um den Hals herum *Kragen* *Abb. 117*

137 Gerard Terborch, Herrenbildnis. London, National Gallery

138 Rembrandt van Rijn. Die Syndici der Tuchhändler in Amsterdam, 1661. Amsterdam, Rijksmuseum

schmäler war, dagegen auf die Brust in langen Enden herabhing; es hieß Rabat (später in noch schmälerer Form Beffchen). Auf Rembrandts berühmten Bild der Tuchhändler, das er 1661 malte, kann man das Entstehen dieser neuen Kragenform genau beobachten. Seit etwa 1670 hatte das Hemd nur noch einen einfachen Stehkragen, über den ein Halstuch, die Krawatte, geschlungen wurde. Sie hat ihren Namen von dem seit 1636 in Diensten der französischen Krone stehenden Regiment der Kroaten. *Abb. 138* *Abb. 119* *Krawatte*

Seit 1692 wurde sie in einer besonderen Form, der Steinkerke, getragen. Als die französische Armee unter dem Marschall von Luxembourg gegen die Holländer im Felde lag, da überfielen die Holländer eines Morgens die Franzosen bei dem Dorfe Steinkerke so plötzlich, *Steinkerke* daß die französischen Kavaliere keine Zeit mehr fanden, ihre Halstücher in die üblichen eleganten Schleifen zu binden, sondern sich begnügen mußten, sie umzuschlingen und die langen Zipfel schnell durch ein Knopfloch des Rockes zu stecken. Nachdem der Überfall mit einem glänzenden Sieg der Franzosen geendet hatte, trugen die Offiziere ihre Halstücher fortan nie mehr anders und machten ihre Manier sofort zur allgemeinen Mode, der sogar die Damen folgten. Die Steinkerke wurde bis Anfang des 18. Jahrhunderts getragen.

Schuh Der Reitstiefel mit seiner weiten spitzengefüllten Stulpe, der sich auch für den Salon durchgesetzt hatte, wich mit der Zeit dem Schuh.

Abb. 137 Im Jahr 1660 machte Nikolaus Lestrange – er war Schuster in Bordeaux – ein Paar Schuhe, die er Ludwig XIV. als Hochzeitsgeschenk überreichte. Sie waren vorn breit, hatten hohe rote Absätze und trugen auf dem Spann Schleifen von 40 Zentimeter Breite, die an ihren Enden mit kleineren Schleifen besetzt und in der Mitte durch Bandrosetten befestigt waren. Der König war von diesem Modell entzückt, überschüttete den erfinderischen Mann mit Gnadenbezeugungen.

Herrenmode ab 1670 *Hatte der Krieg bereits der spanischen Mode ein Ende bereitet, so kamen neuerlich aus den kriegerischen Notwendigkeiten sowie nunmehr auch aus politischer Opposition zweckmäßigere Schnitte auf.*

Die Reaktion gegen den läppischen Schnitt und den Tand der Kavalierskleidung setzte in einem Augenblick ein, als Verschwendung und Prunk der Mode am Höhepunkt waren.

England Sie ging von England aus, wo sie als Ausdruck politischer und religiöser Überzeugung diente, und Tracht und Aussehen ebenso wie die Anschauungen der »Rundköpfe« von denen der Kavaliere trennte.

Frankreich Ludwig XIV. ließ sich niemals so weit herab, neue modische Kreationen selbst auszudenken. Dazu gab es genug eitle Höflinge. Aber erst das, was der König dann für sich annahm, wurde wirklich Mode. Der König weilte oft und lange beim Heer, um den Ruhm der Siege und Eroberungen seiner Feldherren für seine Person zu ernten. Er kam stets mit großem Gefolge, unter dem die Damen nicht fehlten. Jede nahm wenigstens fünf bis sechs Roben mit, erzählt der savoyische Gesandte Marquis de St. Maurice, aber der König selbst konnte schicklicherweise doch nicht gut anders gekleidet sein als seine Soldaten. So kam der soldatische Rock zu Ehren, den Ludwig XIV. dann auch beibehielt, als er aus dem Feld wieder an den Hof zurückgekehrt war.

Justaucorps und Weste Um 1680 etwa erlangte der Rock die Bedeutung als Hauptstück für den männlichen Anzug. Er reichte bis zum Knie und verdeckte nicht nur das Beinkleid, sondern auch die Weste, die fast knielang und mit langen Ärmeln ausgestattet war. Der männliche Anzug war dadurch *Abb. 139* zwar weniger kompliziert, aber trotzdem nicht einfacher geworden.

139 Antoine Trouvain, Ludwig XIV., Stich nach 1700

Der Rock, nun Justaucorps genannt, war vorn geschlossen, aber seine Flächen boten für den Aufputz mit Stickerei genügend Raum, ebenso wie die am Ellbogen weit zurückgeschlagenen Ärmel Platz für Spitzenmanschetten ließen. Stickereien waren zwar in Frankreich verboten, aber der König behielt sich und seinen Günstlingen das Recht darauf vor, indem er 1662 die Einrichtung des Justaucorps à brevet schuf. Wer ein solches Brevet besaß, hatte die Erlaubnis, einen blauen rotgefütterten Rock zu tragen, der über und über mit Gold und Silber bestickt war. Dieser Rock verlieh das Recht, den König auch ohne spezielle Einladung überallhin zu begleiten.

Allongeperücke

Die Allongeperücke, deren Locken auf Brust und Rücken herabfielen und die Schulter frei ließen, war nunmehr unerläßlich. Sie war extrem hoch geworden, wobei ein Mittelscheitel beibehalten wurde.

Abb. 119

Es gab bald niemanden, der nicht die pomphaft majestätische Wolkenperücke angenommen hätte, trotz ihres hohen Preises und der hohen Steuern, die zum Beispiel 1698 in Preußen darauf gelegt wurden. Sogar die Geistlichkeit beider Konfessionen trug die Allongeperücke. Sie mußten sie beim Messelesen abnehmen, weil der Kopf die Weihen zu empfangen habe. Schließlich brachte man, um dieser Unbequemlichkeit abzuhelfen, in der Perücke eine kleine Klappe an, welche während der Messe gestattete, die Tonsur zu entblößen.

Dreispitz

Abb. 139

Angesichts der Perückenmode wurde der Hut kleiner und zuerst auf der einen, dann auch auf der anderen Seite aufgebogen, bis schließlich der Dreispitz entstanden war, der bis weit in das 18. Jahrhundert sich auf den Köpfen der Männer hielt, d. h. vielfach wurde er auch wegen der zu großen Allongeperücke unter dem Arm getragen. Die Krempen wurden mit Borten und Tressen verziert.

Filzhut

Im 17. Jahrhundert kam in Frankreich der Hut aus Halb-Biberfilz auf. Diese Hüte von Halbfilz, »demi-castor«, wurden verboten, ohne daß dieses Verbot eine besondere Wirkung gehabt hätte. Wie man jetzt die Damen einer gewissen Klasse als »demi-monde« bezeichnet, so nannte man sie damals, als diese Hüte aufkamen, »demicastor«.

Spitzen

Schleifen und Bänder als üppiger Zierat kamen etwa 1690 außer Mode, Spitzenkrawatten und Manschetten aber blieben. Eine Garnitur von solchen für Herren war nach dem »Mercure de France« von 1681 schon für 50 Louisdor zu haben. Spitzen waren sogar den Offizieren im Feld unentbehrlich, wovon der Marquis de Dangeau ein nettes Geschichtchen aus dem Jahre 1690 erzählt: Die Offiziere der von den Spaniern eingeschlossenen französischen Armee hatten ihre Spitzen verbraucht und baten den Kommandierenden des spanischen Heeres, Marqués de Castañaga, ob er nicht einige Spitzenhändler durch die Vorposten lassen wolle, damit sie Gelegenheit fänden, sich neu zu equipieren. Der spanische General willfahrte diesem Wunsch auf der Stelle, und die Franzosen wählten sich für etwa zehntausend Taler Spitzen aus. Als sie aber bezahlen wollten, nahmen die Verkäufer kein Geld an, Herr von Castañaga hatte alles bezahlt.

Schmuck

Am Anfang des Jahrhunderts trugen die Herren viel Schmuck. Hans Meinhard von Schönberg, der 1615 starb, hinterließ Schmuckstücke im Werte vieler tausend Taler. Im Stammbuch Katharinas von Canstein sieht man nicht nur junge Leute mit Armbändern, sondern selbst Sechzigjährige, wie den Domkämmerer von Hanxleben in Paderborn; und Sully trennte sich bis zum Tod 1641 nicht von seinen Armbän-

140 J. W. de Saint-Jean, Madame La Dauphine. Stich um 1678

dern. Auch Shakespeare dürfen wir uns mit Armbändern und Ohrringen vorstellen. Endymion Porter trug, während er der englischen Gesandtschaft in Madrid angehörte, das Diamantkollier seiner Frau als Hutband, und der Londoner Kaufmann Marmaduke Rawdon trug ein Hutband von Smaragden. Der Gouverneur von Virginia, Yardley, beauftragte 1650 seine Freundin Susan Moseley, ihm in Haag ein Hutband zu kaufen, und ermächtigte sie, 1000 Dukaten dafür auszugeben. Am Schluß dieses Mode-Zeitraums waren in der

141 Marquise de Rochebaron. Stich, um 1695

Kleidung des eleganten Herrn Ringe, Ketten, Armbänder und Hutschnüre verschwunden; die Ketten blieben den Magistraten als Amtsabzeichen, der Diamantschmuck großen Staatsaktionen vorbehalten.

Damenmode ab ca. 1650 Der Anzug der Dame, der unter holländischem Einfluß den Charakter einer gewissen Schlichtheit angenommen hatte, wurde, seit ihn das Beispiel des französischen Hofes bestimmte, reicher und prächtiger.

Rock *Der Oberrock – Robe oder Manteau genannt – wurde vorn aufgeschnitten und nach rückwärts gebauscht und endete in einer langen* *Abb. 140* *Schleppe. War die Mode von vorn sehr schmal, so wurde hinten mit*

Hilfe von künstlichen Einlagen – den Bouffanten – die Rundung betont. Der untere Rock – la jupe – war meist von anderem, aber ebenfalls kostbarem Stoff sowie von anderer Farbe als der Manteau.

Die Taille rutschte weiter hinunter und endete in einer mit Fischbeinstäben oder Eisenplatten abgesteiften Spitze. Das Oberteil öffnete sich zu einem dreieckigen Ausschnitt, der wieder durch Schnüren und Spangen zusammengezogen wurde. Dieses dreieckige Stoffstück, das hinter der Schnürung sichtbar blieb, wurde zum Stecker, das heißt, da es der Bequemlichkeit wegen als Einzelstück gefertigt wurde, brauchte es wirklich nur eingesteckt zu werden. Als solches hat es sich in der Volkstracht bis heute erhalten. Der nunmehr enge, nur bis zum Ellenbogen reichende Ärmel hörte in einem breiten, vollen Spitzengeriesel auf.

Oberteil

Abb. 141

Während die spanische Mode durch Fischbein und Schnürung den Busen völlig negiert hatte, dienten diese nun dazu, die weiblichen Formen zu betonen.

Dekolleté

Die Verhüllung des Dekolletés durch Palatine von Tüll sowie die großen Spitzenkragen wurden unmodern. 1660 hatte sich Lady Lambert noch sieben Spitzenkragen, jeden zu 50 Pfund, gekauft, einige Jahre später hätte sie dieselben schon nicht mehr gebraucht.

Der Ausschnitt, der vielfach bis zum Brustansatz reichte und die Schultern miteinbezog, wurde mit schmalen Spitzen und Stoffdraperien verziert.

Abb. 142

Wegen des immer größer werdenden Dekolletés entrüsteten sich Sittenrichter und Satiriker um die Wette und hetzten die Magistrate zu scharfem Einschreiten auf. In den Jahren 1634, 1637, 1640 verbot Leipzig »die allzu tief ausgeschnittenen Leibgen, dadurch die Hälse und Oberteil des Leibes nicht ohne Ärgernis, Überstand und Frechheit gänzlich entblößt gesehen werden«; 1662 untersagte der Rat in Braunschweig Frauen und Jungfrauen »die ärgerlich und schändlich entblößten Brüste, ob sie gleich dieselben mit einem durchsichtigen, dünnen Flor zum Schein überdeckt haben«. Von Ludwig XIII. erzählt man, er habe einst einer allzutief dekolletierten Dame einen ganzen Mundvoll Wein in den Ausschnitt gespuckt. So wenig wie dieser plumpe Streich die eleganten Französinnen davon abhielt, Hals und Brust sehen zu lassen, so wenig konnten auch die Verbote der Magistrate die Mode aufhalten. Am Ende des Jahrhunderts gab es keine hochgeschlossenen Kleider mehr.

Selbst die Spanierinnen, die sich doch ansonsten nicht von der französischen Mode beeinflussen ließen, nahmen das Dekolleté an, allerdings in echt spanischer Weise. Da ein voll entwickelter, weiblicher Busen in Spanien für häßlich und unanständig galt, beugte man der

Entfaltung desselben von früher Jugend an vor. Schon die kleinen Mädchen mußten Bleiplatten auf diesen Stellen tragen, bis sie anstatt lieblicher Rundungen Löcher aufwiesen. Da sie nun vorn nichts zu zeigen hatten, was des Anschauens wert gewesen wäre, dekolletierten die Spanierinnen dafür ihren Rücken! Man kann sich vorstellen, wie entsetzt eine so elegante Französin, wie Frau von Motteville, gewesen sein mußte, als sie 1660 bei der Zusammenkunft der beiden Höfe die spanischen Damen in diesem Aufzug sah. Auch Ludwig XIV. äußerte sich zum Marschall Turenne und zum Prince de Conti etwas betreten über die Reize seiner jugendlichen Braut, nachdem er sie in ihrem spanischen Putz gesehen hatte.

Frisur Um 1640 scheitelte man die Frisur und ließ einige lockere Haare in die Stirn fallen: damals nannte man diese Partie, die so etwa um das Jahr 1880 Simpel- oder Giselafransen hießen, Garcettes. Das zu beiden Seiten in langen Locken herabfallende Haar wurde in den fünfziger und sechziger Jahren in zwei festen Tuffs auf und über das Ohr gelegt, rückwärts ließ man gern zwei lange feste Locken auf den Hals fallen. 1671 erfand eine Pariser Coiffeuse eine neue Frisur, indem sie die fest gerollten Locken auskämmte und das Haar locker um *Abb. 140* den Kopf krauste; es war die »Kohlkopffrisur«, Hurluberlu genannt. Frau von Sévigné, die sie in ihrem Brief vom 4. April des Jahres genau und trotzdem nicht sehr verständlich beschreibt, war erst entsetzt über diese Neuerung; als sie aber die Herzogin von Sully und die Gräfin Guiche in dieser Frisur gesehen hatte, war sie begeistert und empfahl der Gräfin Grignan dringend, sich doch ja ebenso frisieren zu lassen. Man trug dazu viele Blumen im Haar, manchmal zuviel, denn Ninon de Lenclos sagte einmal von Marquise Choiseul, ihr Kopf sähe aus wie ein Blumengarten. Die Coiffure, welche so weit rückwärts saß, daß sie die Ohren sehen ließ, erhielt den Namen die Unverschämte, denn viele Jahre hindurch hatte die Damenfrisur sorgfältig die Ohren verhüllt. Als die Mode dann dem Kleid die Schleppe gab, kam die Tendenz, die Erscheinung der Frau zu strekken, auch in der Frisur zur Geltung. Man steckte die Haare auf und statt der niedrigen, mit Locken halb bedeckten Stirn wurde die hohe Stirn Mode, die man ausrasierte.

Fontange Als eigenes und fremdes Haar nicht mehr ausreichten, das Haar so hoch aufzutürmen, wie man es wünschte, bediente man sich eines Kopfaufbaus von Spitze und Band. Dieser sehr aufwendige Kopfputz *Abb. 141* – Fontange genannt – blieb bis zum Tod Ludwigs XIV. Mode. Bussy-Rabutin, das bekannte Klatschmaul, erzählt die Entstehungsgeschichte folgendermaßen: Auf einer Hofjagd in Fontainebleau war der Geliebten des Königs, der Herzogin von Fontanges, die Frisur aufgegan-

142 David Beck, Königin Christine von Schweden. Stich, 1649

gen, und da sie nicht daran denken konnte, sie gleich wieder richten zu lassen, band sie ihr Haar geschwind über der Stirn mit einer Schlaufe zusammen. Der verliebte König fand, daß ihr dieses Arrangement vorzüglich zu Gesicht stünde und bat sie, sich nie mehr anders zu frisieren. Daraus entstand dann später ein Kopfputz aus Leinwand, von etwa zwei Fuß Höhe, der sich in der Form von Orgelpfeifen auf einem Wulst aufbaute; alles wurde schließlich in das Haar hineingearbeitet. Metallstäbe gaben diesem Gerüst Halt und Fasson. Diese Coiffure putzte man auf das mannigfaltigste auf. Sie

143 Wenzel Hollar, Winter, aus der Folge »Die vier Jahreszeiten«, 1643

herrschte dann rund 30 Jahre; und selbst Ludwig XIV., der sich sehr bald an ihr satt gesehen hatte, konnte die Damen seines Hofes nicht dazu bewegen, sie wieder abzulegen. Sie begegnete, wie das Dekolleté, heftiger Feindschaft; Pfarrer Friedrich Lucae in Rothenburg i. H., der sich schon dadurch ausgezeichnet hatte, daß er beim Abendmahl einmal sein Taschentuch einer Kommunikantin über den Ausschnitt gelegt hatte, zeigte sich auch als Gegner der neuen Frisur, indem er einer Frau auf der Straße die Fontange vom Kopf riß.

Winterkleidung

Zur Wahrung des blassen Teints bediente man sich der Schirme, die ehemals Parasol genannt wurden; ebenso trug die Frau zu diesem Zweck Masken oder Schleier. Der Mantel spielte in der damaligen Frauenmode nur eine geringe Rolle. Vornehme Damen ließen sich selten lange im Freien sehen. Selbst im Winter wurde nur ein Tuch, ein halblanger Umhang oder ein großer Pelzkragen umgelegt. Zum Schutz der Arme trug man bis zum Ellenbogen reichende Handschuhe, oder man nahm einen Muff. *Abb. 143*

Stoffe

Da man vom Kleid stets zwei Röcke sah und eine Schleppe um so besser fällt, je schwerer sie ist, wurden Samt- und Seidenstoffe für den oberen Rock, für das Oberteil und den unteren Rock reiche Garnituren und Stickereien modern. Für den Stecker bevorzugte man Gold- und Silberstoffe, da nicht jede Dame in der Lage war, sich ganze Kleider aus drap d'or oder drap d'argent machen zu lassen, wie es die Reichen taten. Sehr bequem können die schweren Roben nicht gewesen sein. 1679 schrieb die Kurfürstin Sophie von Hannover, die Königin von Frankreich sei in ihren Bewegungen sehr behindert gewesen, da die Stickerei ihren Rock schwerer als eine Pferdeschabracke gemacht habe. Das Brautkleid der Prinzessin Dorothea Sophie von Brandenburg, die 1701 heiratete, wog einen Zentner, was die Braut, wie Herr von Besser meint, leicht ermüdete.

Neben den schweren Brokat- und Seidenstoffen kamen leichtere Gewebe auf: Seide mit wollenem Einschlag, Kamlott genannt, Seide mit Baumwolle, Ferrandine oder Bombassin genannt; unter Tobin verstand man einen moirierten Taft, Karteck war ein leichter Futterstoff aus Seide. Ein dünner Stoff aus Seide und Baumwolle von grauer Farbe wurde in Frankreich Grisette genannt. Da er von den Frauen der unteren Stände besonders bevorzugt wurde, mußte er seinen Namen schließlich zur Bezeichnung einer gewissen niederen Klasse von Frauen leichter Sitten hergeben.

Spitzen

Spitzen blieben die große Mode, zumal seit 1660 schwarze Spitzen in Frankreich eingeführt wurden. Man machte ganze Kleider aus ihnen. Frau von Sévigné schrieb 1676 entzückt von solchen »robes transparentes«, die über Gold- und Silberbrokat getragen wurden. Der gute Samuel Pepys begeisterte sich an Mrs. Stewart, die 1660 in schwarzen und weißen Spitzen erschien. 1672 schrieb der Hofmeister Leo, der einen jungen Herrn von Lüttich auf der großen Tour begleitete, aus Paris »Modebriefe« an Frau von Schleinitz, eine Tante seines Zöglings: »Die Leibchen oder Schnürmieder«, schreibt er, »können auf weißem, braunem oder anderem Taffet mit schwarzen, braunen oder anderen Farben und Blumen bestickt werden. Ganz Schwarz auf Weiß steht gar schön und ehrbar, wenn man einen weißen oder silberfarbenen Rock dazu trägt. Die Unterröcke werden über und über in der Länge oder Höhe mit Spitzen gebrämet.« Ein andermal erwähnt er Unterröcke von Scharlach mit weißen Spitzen über und über besetzt. Dieses Scharlach oder Ziegelrot spielte im 17. Jahrhundert neben dem Schwarz eine große Rolle. Herren wie Damen trugen selbst zu ganz schwarzen Kleidern feuerfarbene Bänder oder kleideten sich und ihre Kinder in leuchtend rote Stoffe.

Farben In der Namensgebung der Modefarben entwickelten die Pariser Händler schon im Anfang des 17. Jahrhunderts dieselbe ausschweifende Phantasie, die sie noch am Ende des 18. Jahrhunderts dokumentierten. Bereits Agrippa d'Aubigné kannte die Nuancen: »Nönnchenbauch«, »Lustige Witwe«, »Kranker Spanier«, »Vergifteter Affe«, »Kindersch...«, »Verstopfte«, »Pockenfarbe« und andere »geistreiche« Bezeichnungen für die verschiedenen Töne einer sich auf der Farbskala gelb, grün und grau bewegenden Mode.

Wäsche So kostbar, wie der Anzug beider Geschlechter in Stoff und Aufputz war, so reich war auch die Wäsche ausgestattet. Maria von Medici besaß Hemden aus roter Seide mit Goldstickereien, andere aus mit Gold durchwirktem Leinen, das Nachtzeug des Großkanzlers von Beichling war aus Brokat. Herren und Damen trieben zwar großen Luxus mit spitzenbesetzten Taschentüchern – der venezianische Agent Paolo di Sera bot dem Großherzog von Toskana eines für 200 Dukaten an, aber man schneuzte sich mit den Fingern auf die Erde. Bei geringem Wechsel der Wäsche brauchte dann auch der Vorrat nicht groß zu sein. In Wien schenkte die Braut zur Hochzeit dem Bräutigam das Weißzeug, es gehörten dazu 6 Hemden, 6 Schnupftücher, 6 Manschetten und 6 Kragen. Heinrich IV. besaß 12 Hemden und 4 Taschentücher, der größte Teil von ihnen zerrissen. In der Garderobe des Earl of Rutland fanden sich 1612 – wie früher schon einmal erwähnt – 19 spitzenbesetzte und 21 glatte Hemden, ein erstaunlicher Reichtum für jene Zeit. Von Karl II. von England erzählte Samuel Pepys, er habe nur 2 Taschentücher und 3 Hemden gehabt. Moncada und Osorio, zwei spanische Autoren des 17. Jahrhunderts, behaupteten, mindestens drei Millionen Spanier besäßen überhaupt kein Hemd. Unter diesen Umständen muß es wundernehmen, daß schon von Guarinonius zu Beginn des Jahrhunderts über die »grausame Hauswäschen« gestöhnt wurde. Die Erzherzogin von Tirol ließ ihre feine Wäsche nicht in Innsbruck, sondern in Florentiner Nonnenklöstern waschen; von Paris schickte man gern seine Wäsche nach Holland, um sie reinigen zu lassen.

Diktat der französischen Mode

Die Entwicklung der Tracht im 17. Jahrhundert zeitigte im Leben der Kulturvölker eine neue Erscheinung, die Mode – als Begriff im heutigen Sinn. Auch bis dahin hatten schon gewisse allgemeingültige Gesetze den Gesamteindruck bestimmt. Im 15. Jahrhundert hatte der burgundische, im 16. der spanische Hof entscheidenden Einfluß auf den Schnitt der Kleidung gewonnen, aber wenn auch die Formen im großen und ganzen die gleichen waren, so hielten sich doch so viele Besonderheiten, daß man bis in die ersten Jahrzehnte des 17. Jahrhunderts hinein die verschiedenen Länder, Städte und Stände doch immer voneinander unterscheiden konnte.

Etwa von 1630 an änderte sich das; es setzte für höhere Stände aller Kulturvölker jenes Streben nach Gleichförmigkeit in der Kleidung ein, welches wir als die herrschenden Modetrends bezeichnen. Von dem Augenblick an, da Ludwig XIV. großjährig wurde, war die Vorherrschaft des französischen Hofs in allen Fragen der Kleidung gesichert; die französische Tracht wurde Weltmode. Sie verwischte alle Unterschiede in der Kleidung, denn unaufhaltsam drängte sich von nun an der Schnitt, der am Hof Ludwigs XIV. getragen wurde, der ganzen Welt auf. Hottenroth verglich sehr witzig die Gewalt der Mode mit der ansteckenden Macht des Gähnens. Hört man die deutschen Satiriker der Zeit, wie Logau, Moscherosch, Ellinger, Lauremberg, Rachel, Weise, so könnte man glauben, nur Deutschland habe sich schmählich dem französischen Beispiel unterworfen. In der englischen und holländischen Literatur findet man jedoch genau die gleiche Erscheinung. Man schien gar nicht zu begreifen, woher plötzlich der neue Geist gekommen war, warum nicht nur die Art und Weise der Kleidung, sondern auch Sitten und Anschauungen sich auf einmal, gleichsam über Nacht, geändert hatten.

Begriff »Mode«

In Deutschland tauchte ebenfalls im ersten Drittel des 17. Jahrhunderts das Wort Mode im Sinn des heutigen Sprachgebrauchs zum ersten Mal auf. Die deutschen Autoren bildeten aus der französischen Wendung »à la mode« das Wort »alamodisch« und personifizierten das ganze neue Wesen im Herrn »Alamodo«, auf den zwischen 1625 und 1630 ein wahrer Hagel von Spottgedichten und Spottbildern niederprasselte. Flugblätter und Bänkelsängerlieder, wie das »Kartell stutzerischen Aufzugs«, der »Alamodische Kleiderteuffel«, die »Alamodische Hobelbank«, »Alamodische Sittenschul« und andere verhöhnten diejenigen, die sich nach der Mode richteten, weil gefürchtet wurde, daß fremde Kleider auch fremde Sitten und Sünden mit sich bringen. »Allamode Kleider, Allamode Sinnen. Wie sich's wandelt außen, wandelt sich's auch innen«, reimte Friedrich von Logau. Was die französische Mode sehr wesentlich gegenüber früher unterschied, war der häufige Wechsel. »Die Krägen ändern fast mit dem Mondschein«, klagte Harsdörffer und Moscherosch hielt sich bitter über die verschiedenen Gattungen der Hüte auf, welche die Neusüchtigen den Welschen nachtrugen. »Jetzt ein Hut wie ein Ankenhafen, dann wie ein Zuckerhut, wie ein Kardinalshut, dann wie ein Schlapphut, daran die Stulpe ellenbreit, dann von Geißenhaar, dann von Kamelhaar, von Biberhaar, von Affenhaar, von Narrenhaar, dann ein Hut wie ein Schwarzwälderkäse, dann wie ein Holländerkäse, dann wie ein Münsterkäse.«

Kleiderordnungen

Die Verbote der Kleiderordnungen, die schon in der zweiten Hälfte des 16. Jahrhunderts einander förmlich jagten, schwollen im 17. Jahrhundert zu einer wahren Flut an. Sie waren in Spanien, Frankreich und England durchaus nicht minder häufig als in Virginia, Massachusetts oder in Deutschland. Man wollte damit nicht nur der Mode entgegenarbeiten, sondern auch die Verschwendung steuern und den äußeren Unterschied der Stände aufrechterhalten. So teilte Kurfürst Maximilian von Bayern 1626 seine Untertanen ein in »Bauersleut; geringen Bürgerstandt; Kauff- und Gewerbsleut; Kanzleidiener und Gerichtsschreiber; Geschlechter; Ritterschaft und Adel; Doktoren und Lizenziaten; Grafen und Freiherren« und schrieb jeder der sieben Klassen Stoffe und Aufputz ihrer Kleidung auf das Genaueste vor. Ebenso machte es der Herzog von Gotha 1695 mit den sechs Klassen seiner Untertanen. Nicht weniger eifrig kümmerten sich Nürnberg, Stralsund, Danzig, Stettin, Leipzig und Lübeck darum, »das was einem jeden Stand zu tragen erlaubt oder verboten publicieren zu lassen«. Mit verwaltungsmäßiger Schikane wurde auf das kleinlichste vorgeschrieben, welche Stoffe, Pelzwerk, Spitzen und Schmuck jeder Stand tragen sollte. Jeder neuen Mode setzte ein »Hochedler, Fürsichtig und Hochweiser Rat« mit Verboten nach. 1662 verbot Dresden die Perücken, Braunschweig die Bändertrachten, 1680 Leipzig die Schleppen. Und der Erfolg? »Die leidige Erfahrung bezeugt«, so drückt sich die Nürnberger Kleiderordnung von 1657 über diesen Punkt aus, »daß fast von allen Ständen, sowohl Manns- als Weibspersonen gantz verächtlich und freventlich der übermäßige Pracht in Kleidern und Neuen Trachten dergestalt unverantwortlich aufs Höchste getrieben worden, daß fast kein Stand von dem andern unterschieden werden möge«.

Keines der zahllosen Verbote konnte sich durchsetzen, aber wie bitter ernst sie gemeint waren, zeigen die vielen Strafen.

Der Neid der Frauen überwachte wohl sorgfältig den Putz der anderen und schärfte den Magistraten, die letztlich darüber hinweggesehen hätten, das Gewissen.

Nationaltracht

So wenig die Verbote etwas gegen die Mode auszurichten vermochten, so wenig waren auch Erwägungen des guten Geschmacks, der Sparsamkeit oder des Patriotismus imstande, der französischen Mode Einhalt zu bieten. »Mercke wohl«, schreibt Liselotte 1695, »daß man verpichter als nie in Teutschland auf der Moden ist.« Karl II. von England nahm 1668 einen Anlauf, sich und seinen Hof von der französischen Mode zu emanzipieren. Von Sir John Evelyn und Samuel Pepys erfahren wir den Hergang: Am 8. Oktober erklärte der König im Rat, er werde eine neue Tracht einführen und nie wieder ablegen, am 14. erschien er in derselben zum ersten Mal. Er trug einen langen persischen Rock und Bänder um die Beine wie Taubenfüße »sehr schön und gefällig«. Am 30. Oktober hieß es dann schon »zu gut um wahr zu werden«, und in der Folge war nie wieder von der neuen Tracht die Rede.

Streit um die Perücke

Von allen Stücken der neuen Mode ist um keines so heftig gekämpft worden wie um die Frisur. Schon die Mode, das eigene Haar lang zu tragen, hatte Verbote hervorgerufen, und die Aufregung vergrößerte sich natürlich um so mehr, als der andere Haarschnitt auch eine Änderung der Bartmode nach sich zog. Moscherosch nannte »diese langen herunterhängenden Haare rechte Diebshaare« und sagte, sie seien »von den Welschen, welchen, um irgendeiner Missetat willen, ein Ohr abgeschnitten worden, erdacht, auf daß man es nicht merken sollte.« Die Stutzer aber waren doch sehr eitel darauf, ja 1624 erstach ein Edelmann den Bauernknecht Thomas Schlegel in Zittau nur, weil er sich erfrecht hatte, lange Haare zu tragen wie ein Herr. Als dann die Perücke aus einem notwendigen Übel zur selbstverständlichen Mode wurde, erhob sich ein wahrer Sturm des Unwillens. Der Pfarrer Gottfried Uden schrieb 1642 eine heftige Streitschrift gegen den Mißbrauch der falschen Haare und erinnerte die Bibelgläubigen an Absalon. In den Streit, den seine Abhandlung hervorrief, griffen die Gutachten verschiedener Fakultäten verschärfend ein, und erst als Claude Saumaise mit gesundem Menschenverstand den Herren auseinandersetzte, es sei ganz gleichgültig, ob man falsches oder eigenes Haar trage, beruhigten sich die erhitzten Gemüter. Immerhin lehnten die geistlichen Herren es doch ab, selbst Perücken zu tragen, und es bedurfte zum Beispiel in Sachsen erst der Erlaubnis des Landtags 1692, ehe sie sich dazu entschließen konnten. Dann aber konnten sich die Geistlichen auch kaum wieder von ihnen trennen und hielten als die berufenen Vertreter von Aberglauben und Vorurteilen an der Perücke noch fest, als diese schon seit Jahrzehnten aus der Mode gekommen war.

VIERTES KAPITEL

Wohnkomfort Bürgerliche Wohnhäuser mit Einrichtungen eines gewissen Komforts müssen in Deutschland, wenn sie überhaupt vorhanden waren, unendlich selten gewesen sein. Das Licht muß ungenügend gewesen sein, da Scheiben von klarem Glas eine große Seltenheit waren. Der weit gereiste Philipp Hainhofer sah 1611 in der Willibaldsburg bei Eichstätt zu seinem größten Erstaunen »schöne helle Fenster von großen kristallenen Gläsern, daß man mit dem Kopf will dadurch ausfahren«. Sie blieben noch lange ein großer Luxus, und selbst Butzenscheiben konnten ärmere Leute nicht immer erschwingen und mußten sich wohl oder übel damit begnügen, ihre Fenster mit Papier – besonders im Süden gebräuchlich – auszufüllen. Reisende wie Misson beklagten sich bitter darüber, daß die Rahmen von Papier oder Leinwand – die Impannate – die Zimmerbewohner nicht gegen Kälte schützten.

Städte Diese langsame Entwicklung des Komforts drückte auch dem allgemeinen Charakter der Städte seinen Stempel auf. Die deutschen Orte erholten sich nur sehr allmählich von den Verwüstungen des großen Krieges. Adam Samuel Hartmann, der 1657 bis 1659 Deutschland bereiste, fand zum Beispiel Angermünde »ein verwüstetes elendes Städtlein, darin wohl kein Haus ganz«, und Lucae sah zehn Jahre später auf seiner Reise durch die Mark »halbwüste Städtlein und das armselige Volk gar seltsam und häßlich«, sechs solche Städte würden anderswo kaum ein Dorf ausmachen, meinte er. Nur die Residenzen und die reichen Seestädte hatten vor den anderen einen Vorsprung. Italien blieb in der hohen künstlerischen Kultur seiner Städte noch lange unerreicht, die Kurfürstin Sophie von Hannover war denn auch 1664 sehr befriedigt von dem, was sie in Verona, Vicenza, Bologna und an anderen Orten sah; in Rom aber glaubte sie ins Paradies versetzt zu sein. Misson, der mehr als 20 Jahre später unterwegs war als die deutsche Fürstin, ging in seinen Ansprüchen schon viel weiter.

Während ihr die Paläste von Vicenza, besonders die Rotonda sehr imponierten, rümpfte er die Nase über viele Palazzi und bemerkte, die Italiener hätten sich daran gewöhnt, jedes massive Haus mit dem Titel Palazzo zu beehren, während man in England mit dieser Bezeichnung viel weniger freigiebig sei.

Auch die größeren Städte bevorzugten noch den Fachwerkbau. Sie waren mit Schindeln und Stroh bedeckt und so außerordentlich der Feuersgefahr ausgesetzt. Das 17. Jahrhundert war denn auch reich an großen Bränden. Passau brannte allein dreimal ab, in London verwüstete der große Brand von 1666 89 Kirchen und 13 000 Häuser. Deutschland war das erste Land, das zur Einführung von Feuerspritzen griff. Bremen kannte diese seit 1656, Nürnberg zwei Jahre später, Paris erst seit 1669, London gar erst 1688.

Möbel

So schlecht die Innenkonstruktion der Häuser war, so wenig verwöhnt war man auch in bezug auf das Mobiliar. Der Bestand an Möbelstücken war außerordentlich gering; Sofa, Kleiderschrank, Kommode und Schreibtisch gehörten noch nicht dazu. Kleider und Wäsche bewahrte man in Truhen auf. Bei der Verhaftung der Marschallin d'Ancre wurden 20 Kisten mit ihrer Toilette mit Beschlag belegt. Das Sofa entwickelte sich erst gegen Ende des Jahrhunderts, und zwar merkwürdigerweise nicht aus der Sitzbank, sondern aus dem Bett. Das ganze Jahrhundert hindurch empfingen Damen ihre Besucher im Bett oder auf dem Bett sitzend; es war eine Ehre, wenn man aufgefordert wurde, sich dazuzusetzen. Der Conde Duque de Olivárez, Minister Philipps IV., erteilte auch den Gesandten im Bett Audienz. Unter den Entwürfen, die Daniel Marot, Le Pautre und andere Künstler für Möbel und Innendekorationen anfertigten, spielte denn auch das Bett eine Hauptrolle, und man kann heute anhand dieser Blätter genau verfolgen, wie allmählich aus dem Bett ein Ruhelager, etwa wie eine Ottomane entstand, bis schließlich ein ingeniöser Kopf das Sofa erfunden hatte. Ebenso entstand die Kommode erst um die Wende des 17. zum 18. Jahrhundert, auch der Schreibtisch gehörte erst dem letzteren an. So wenig verschiedene Möbelarten es auch gab, so gering war noch immer der Vorrat, den der Vornehme davon besaß. Wenn der französische Hof die ausländischen Gesandten nach Fontainebleau einlud, wurden sie aufgefordert, Betten, Vorhänge und Geschirr mitzubringen. Als Maria von Medici den Besuch ihrer Schwester, der Herzogin Eleonore von Mantua, bekam, bat sie ihren Hofbankier de Gondi, der das schönste und eleganteste Palais in Paris besaß, die Fürstin bei sich aufzunehmen. Er war auch bereit dazu, aber er verlangte die notwendigen Möbel für sie, und da die Königin selbst diese nicht besaß, schrieb sie an alle ihre Bekannten, um sich welche auszuleihen. Freilich, was in großen Häusern existierte, zeichnete sich durch besondere Kostbarkeit aus. So waren in der ersten Hälfte des Jahrhunderts noch sogenannte Kunstschränke sehr beliebt. Man nannte sie wohl Schreibtische, aber sie waren das durchaus nicht im Sinn wie heute. Das bekannteste Exemplar ist wohl der Pommersche Kunstschrank. Er enthält nicht nur Schreibzeug, sondern Geräte aller Art, Trinkgefäße, Toilettenartikel bis zu Kamm und Bürste, Teller, Gläser, Instrumente, Spiele, sogar eine Münzpräge; alles auf das raffinierteste als Geheimfächer arrangiert, nicht zum Gebrauch, sondern zum Zeitvertreib. Ein Schreibtisch der sächsischen Kunstkammer enthielt 120 Schubladen. Die Verzierung brachte durch die humanistisch-literarischen Bezüglichkeiten und ihre tiefsinnigen Allegorien das Ganze in den Zusammenhang mit der Zeitbildung, der dem Besitzer zu raten aufgeben sollte. Solche Wunderwerke technischer Kunstfertigkeit kosteten dann auch ein kleines Vermögen; für den Pommerschen Schrank bezahlte der Herzog von Stettin 1617 über 20 000 Gulden. Philipp Hainhofer ließ mehrere solcher Prunkstücke in Augsburg nach seinen Angaben herstellen.

Gobelins Wenn fürstliche Personen auf Reisen gingen, nahmen sie – wie bereits erwähnt – ihre Gobelins mit. Als der französische und der spanische Hof 1660 auf der Fasaneninsel in der Bidassoa zusammenkamen, entstand aus Bretterwänden ein Gebäude, das die von beiden Monarchen mitgeführten Verhänge zum Palast verwandelten. Velazquez war es, der für die Ausstattung der spanischen Hälfte die Verantwortung trug. Den Besitz des Münchener Hofes an Tapisserien schätzte Misson 1687 auf 8 Millionen Taler. Im Bürgerhaus, das solche Kostbarkeiten nicht erschwingen konnte, blieb man weiterhin bei der Holztäfelung oder griff zu Leinenstoffen. Die Papiertapete kam erst später auf. 1634 erhielt in England ein gewisser Jérome Lanyer ein Privileg für die Anfertigung von Papiertapeten, 1688 erteilte Ludwig XIV. dem Holzschneider Papillon ein ebensolches. Sie fanden anfangs in besseren Häusern nur geringen Beifall, begannen doch die Wohlhabenden, an den Gemälden Gefallen zu finden.

Reinlichkeit War es schon im 16. Jahrhundert schlecht um die Reinlichkeit bestellt, so galt nunmehr vollends das Waschen mit Wasser als ungesund. Französische Lebensregeln vom Jahre 1640 etwa schreiben vor: man solle sich manchmal baden, täglich die Hände und fast ebenso oft auch das Gesicht waschen; das war bereits außerordentlich viel. Antoine de Courtin riet 1670 sogar, die Füße zu waschen. Aus diesem Grund war auch der Verbrauch stark riechender Parfüms außerordentlich groß. Frau von Motteville erzählt, Marion de L'Orme habe in einem Jahre 5000 Francs (vom Geld ihres Liebhabers) dafür

144 Antoine Dieu, Dame beim Baden. Stich

ausgegeben. Die Marquise de Verneuil, die Geliebte Heinrichs IV., sagte von ihrem hohen Herrn: »Er stinkt wie ein Aas«; und Frau von Motteville erzählte, daß man die berühmt schönen Hände der Königin Christine von Schweden nicht habe sehen können, weil sie so schmutzig gewesen seien. A. Leo schreibt 1672 an Frau von Schleinitz: »Die französischen Damen halten auf schöne Kleider äußerlich, da doch die Hembder und der Leib öfters sehr unsauber seind.« Als er seiner Korrespondentin ein Paket Seife aus Italien schickte, hielt er es für nötig, ihr dazu eine genaue Gebrauchsanweisung zu geben. Nach Scarron scheint es Gebrauch gewesen zu sein, das Hemd höchstens einmal im Monat zu wechseln. Unter diesen Umständen verliert die oft erzählte Hemdengeschichte der Infantin Isabella viel von ihrer Ungewöhnlichkeit. Als ihr Gemahl im Jahre 1601 die Belagerung von Ostende begann, schwor sie, ihr Hemd nicht eher wechseln zu wollen, als bis er die Stadt erobert habe. Durch das Gelübde gebunden, mußte sie ihr Hemd vom 12. Juni 1601 bis 22. September 1604 tragen und legte schließlich das weiß angezogene als »isabellfarbig« ab.

Manieren Umgangsformen und Manieren entsprachen in einem Jahrhundert chronischen Kriegsfiebers soldatischer Derbheit und waren auch in den hohen und höchsten Kreisen von verblüffender Roheit. Der Herzog von Epernon und der Marschall de Vitry verprügelten zusammen den Erzbischof Sourdis von Bordeaux, der Herzog von Orléans gab dem Kardinal Richelieu in dessen eigenem Palais ein paar Ohrfeigen; fürstliche Ehegatten, wie der Kurfürst Karl Ludwig von der Pfalz, Kurprinz Georg Ludwig von Hannover pflegten Meinungsverschiedenheiten mit ihren Gemahlinnen dadurch beizulegen, daß sie den hohen Damen bei Tafel Ohrfeigen versetzten. Die Hofordnungen dieser Zeit gewähren erfreuliche Einblicke in die Gewohnheiten der höheren Stände. Die Tischordnung eines österreichischen Erzherzogs vom Jahr 1624 ermahnt die Kavaliere, sie möchten doch sauber angezogen und nicht betrunken zur Tafel kommen, sie sollten sich nicht die Finger ablecken, sich nicht ins Tischtuch schnauben und nicht auf den Teller spucken. Die Herzoge von Pommern und Mecklenburg verboten zur gleichen Zeit lautes Schreien bei der Tafel, auch sollten sich die Herren nicht mit abgenagten Knochen oder Trinkgeschirren bewerfen und die Servietten nicht »in Gedanken« in die Tasche stekken. Wenn sich die Edelknaben allzu mutwillig benahmen, führte sie der Kammerherr in die Küche und zog ihnen die Hosen stramm.

Nicht weniger anmutig scheinen die Kinderspiele der Jugend gewesen zu sein. Pfarrer Hartmann sah in Holland, wie die Kinder sich damit unterhielten, Hunde zu jagen, zu fangen und mit Stöcken totzuschlagen, woran auch die Erwachsenen, die zusahen, großen Spaß hatten. Die Tierquälerei war ein erlaubtes Vergnügen der Kinder. Von der Roheit und Sittenlosigkeit, wie sie in Deutschland während und nach dem großen Krieg herrschten, entwerfen Moscherosch in seinen Geschichten, Grimmelshausen im »Simplizissimus« und der »Landstörtzerin Courage« entsetzliche Bilder.

Etikette Um aus diesen Zuständen der Verwilderung und der Zügellosigkeit herauszukommen, bedurfte die Menschheit eines Sittengesetzes, das imstande war, die Maßlosigkeit zu hemmen und das eigenmächtige Richten über andere zu dämmen. In der Etikette sollten scharfe Regeln die wechselseitigen Ansprüche gegeneinander abgrenzen. Dieser Versuch hatte so viel Zank und Streit zur Folge, daß die Fragen der Etikette im Interesse der Beteiligten allmählich alles andere in den Hintergrund drängten und die früher so leidenschaftlich umstrittenen theologischen Angelegenheiten völlig vergessen ließen. Es erscheint uns heute lächerlich, daß die Etikette den Menschen des 17. Jahrhunderts und noch des 18. Jahrhunderts so viel Sorge und Kopfzerbrechen machte, aber die Gesellschaft brauchte dieses peinliche Stadium notwendig als Durchgangszustand zur Freiheit und Leichtigkeit. Der Westfälische Friede wäre beinahe nicht zustande gekommen, weil die Kronen Schweden und Frankreich sich nicht über den Vortritt einigen konnten. Gottfried Stieve, ein Autor jener Zeit, schreibt, ein höchst besorglicher und am allerschwersten abzutuender Punkt sei dann die Unterschreibung und Signatur der Traktaten gewesen; »denn man konnte sich nicht determinieren, was für einen Titel man Römisch Kaiserlicher Majestät und anderen Königen geben und wer sich oben oder unten ansetzen sollte.« So wurden die langjährigen Friedensverhandlungen fast durchaus mit Kompetenz- und Präzedenzstreitigkeiten ausgefüllt, und ebensolche Fragen beschäftigten den noch immer währenden Reichstag in Regensburg. Die Briefe und Denkwürdigkeiten der Kurfürstin Sophie von Hannover sind zum großen Teil von den Nachrichten erfüllt, welche Ehre ihr erwiesen und welche Titel ihrem Mann gegeben wurden.

Bei einer denkwürdig gewordenen Gründonnerstag-Prozession in Wien 1655 stießen die Gesandten von Mantua und Genua in ähnlicher Weise zusammen und schlugen sich die Wachsfackeln um die Ohren. Selbst in Rom konnten lange Zeit keine Prozessionen abgehalten werden, weil die Bruderschaften einander den Vortritt mißgönnten und jedesmal Schlägereien anfingen. Es war etwas ganz Gewöhnliches, erzählte der Marquis de St. Maurice, daß die französischen Kavaliere bei großen Hoffesten, Theateraufführungen und so weiter einander mit dem Stock traktierten und erst durch die Soldaten getrennt werden mußten. Um Streitigkeiten darüber auszuschließen, wurde in Kursachsen 1680 eine Rangordnung ausgearbeitet, welche die Hoffähigen in 52 Klassen teilte, allerdings begnügte man sich schließlich mit 32 Klassen.

Titel und Anrede

Titel und Anreden waren von nicht geringerer Wichtigkeit und durch Vorschriften geregelt, die zu kennen ein eigenes Studium nötig war. Der Titel wurde jetzt weitschweifiger. Bis 1687 hatte man die Nürnberger ratsfähigen Geschlechter »edle und feste, wohledelgeborene« tituliert, jetzt verlangten sie »hochedelgeborene« genannt zu werden. Die nicht ratsfähigen hatten sich mit »erbar und feste« begnügt, jetzt forderten sie die Anrede »wohledelgestrenge«. »Ehren- und tugendreich« hieß man bis in das 17. Jahrhundert die vornehmen Frauen, jetzt wollten sie »hoch- und wohlgeboren« sein; bis 1600 hatte man die Unvermählten »Jungfrau« genannt, jetzt erhielten sie die Anrede

»Fräulein«, die sehr bald so allgemein wurde, daß es nicht nur fürstliche, sondern auch adelige »Fräulein« gab.

Gruß Nun kam zum Beispiel auch das Hutabnehmen beim Grüßen auf. Bis in die Mitte des 17. Jahrhunderts hatte der Herr immer seinen Hut auf dem Kopf behalten, auch im Zimmer und in Damengesellschaft. Beim Gruß hatte man die Kopfbedeckung nur zurückgestoßen, ohne das Haupt zu entblößen. Seinen Hut vor dem König aufbehalten zu dürfen, war ein eifersüchtig behütetes Recht der Gesandten. Graf Christoph Dohna beanspruchte 1615 als Gesandter der Union vor Maria von Medici mit bedecktem Kopfe zu erscheinen; als ihm das nicht bewilligt wurde, reiste er ab, ohne eine Audienz erhalten zu haben; lieber erfüllte er seinen Auftrag nicht, als daß er sich etwas vergeben hätte. Es wurde nun Sitte, bei einer Begegnung eines gleichwertigen Bekannten den Hut abzunehmen und dabei zu schwenken, wozu der Besatz mit Feder herausfordern mochte.

Je bequemer die Tracht wurde, desto leichter und oft auch komischer wurden die Bewegungen. »Ei, was hast du denn für einen närrischen welschen Gang, für Sitten und Gebärden an dir«, ruft Moscherosch aus, »Wie gehst du daher, als wolltest du tanzen oder springen und fuchtelst mit den Händen wie ein Gaukler? Was ist das für ein wunderliches Bücken und Ritschen mit dem Kopf, mit Händen und Füßen, mit dem ganzen Leib? Du schnappst mit dem Kopf zu den Füßen wie ein Taschenmesser!« Die neuartige Höflichkeit erregte vielfachen Anstoß. So wunderten sich Spanier und Franzosen in Paris darüber, wie außerordentlich höflich Ludwig XIII. sei. Erst in der zweiten Hälfte des 17. Jahrhunderts wurde die Höflichkeit zu einem Lob, da Ludwig XIV. das Beispiel gab. Der Herzog von St. Simon und Liselotte preisen ihn um die Wette, vor allem wegen der ausgesuchten Artigkeit, mit der er das weibliche Geschlecht ohne Unterschied des Standes zu behandeln wußte.

Stellung der Frau Die gefälligeren Formen des Umgangs, die anmutigere Art im Verkehr der Geschlechter verdankte die Gesellschaft dem Einfluß, den im Lauf des 17. Jahrhunderts die Frau gewann. Zuerst waren es Französinnen, die von den Männern, die ihnen gefallen sollten, Geist und Witz verlangten. Im Salon erhob die Frau zum ersten Mal den Anspruch der Gleichberechtigung mit dem stärkeren Geschlecht, indem sie seiner rohen Kraft mit den feineren Waffen des Geistes begegnete. Schon 1616 bewunderte der deutsche Reisende Jodokus Zinzerling die Lebhaftigkeit und Grazie der Französin, welche mit der größten Leichtigkeit über die schwierigsten Themata zu plaudern wisse.

Salons In der Mitte des Jahrhunderts wurde das Hôtel de Rambouillet der

Mittelpunkt einer Geselligkeit, die auf einer raffinierten Kultur des Geistes beruhte. Cathérine de Vivonne, Marquise de Rambouillet und ihre Tochter Julie d'Angennes, Herzogin von Montausier versammelten alle schönen Geister der französischen Gesellschaft in ihrem Salon, wo die Unterhaltung zur Kunst ausgebildet wurde. Von hier aus verbreitete sich eine ästhetisch verfeinerte Geselligkeit. Andere Damen der hohen Aristokratie folgten mit Takt und Feinheit auf dem gleichen Weg nach. Die Romane von Calprenède, Gomberville, Honoré d'Urfé, Frau von La Fayette schildern diese Kreise. Vor allem aber versetzten die Romane von Mlle. de Scudéry in dieses schöngeistige Milieu. Ihre Romane »Cyrus« und »Clelia« sind vollständige Gemälde dieser Gesellschaft, denn sie berücksichtigen auch schon die Entartung, der dieses Treiben verfiel, als die Kreise der reichen Bürgerschaft es nachzuahmen begannen. Da wurde das gezierte Wesen, die blumige Sprache zu völliger Affektation. Die kleinbürgerliche Pedanterie dieser Leute verspotteten Chapelle und Bachaumont, Saumaise, St. Evremond und andere; vor allem gab sie Molière in den »Précieuses ridicules« für ewige Zeiten der Lächerlichkeit preis. In England hielten die Gräfin Derby, die Gräfin Bedford und andere einen Salon. In Holland war das Haus der gelehrten Anna Maria von Schurmann ein Mittelpunkt geistig-belebter Gesellschaft. In Rom versuchten Maria Mancini-Colonna und ihre Schwester Hortense Mancini-Mazarin wenigstens kurze Zeit etwas Ähnliches einzuführen. Deutschland hatte in dieser Hinsicht am wenigsten zu bieten. In etwas schulmeisterlicher Weise unternahm der Nürnberger Philipp Georg Harsdörffer 1644, »Frauenzimmer Gesprächspiele« vorzuführen, »so bey Ehr- und Tugendliebenden Gesellschaften mit nützlicher Ergetzlichkeit beliebet und geübet werden mögen«. Dazu ließ Harsdörffer Pfänderspiele veranstalten und stellte denjenigen, der ein Pfand auszulösen hatte, vor Aufgaben, die Witz und Geistesgegenwärtigkeit verlangen. Dieser mußte sich zum Beispiel den ganzen Abend närrisch stellen und Geschichten erzählen, in denen ein gewisser Buchstabe nicht vorkommen durfte, Gedichte nach gegebenen Endreimen anfertigen und dergleichen mehr. Es steckt ein gutes Stück Pedanterie in den acht dicken Bänden, die er aus französischen und italienischen Anweisungen zusammenstellte. Ebenso versuchte Harsdörffer feinere Manieren im Essen und Trinken herbeizuführen. Professor Wagenseil schreibt 1686 über das Trinken: »Wir Deutschen alle, keinen ausgenommen, sind dem schändlichen Laster der Trunkenheit unterworfen«, womit er um so mehr ins Schwarze traf, als das Betrinken für hygienisch galt und mindestens zweimal im Monat stattfinden sollte. Die hohen Herren gingen mit gutem Beispiel voran.

Trinkgewohnheiten

Als Kurfürst Christian II. von Sachsen 1610 Prag verließ, bedankte er sich bei dem Kaiser, »der ihn so wohlgehalten, daß er in Prag keine Stunde nüchtern gewesen«.

Essensgewohnheiten

Es wäre indessen äußerst ungerecht zu glauben, die Deutschen allein hätten dem Becher übermäßig zugesprochen. Es war in Frankreich und England durchaus nicht anders in dieser Zeit. Man trank nicht nur viel, man aß auch dementsprechend, und zwar so viel, daß man die Menschen jener Zeit um ihren Magen beneiden darf. Philipp Hainhofer war 1617 beim Kantor in Stettin eingeladen. Man setzte sich morgens um 10 Uhr zur Tafel und stand abends erst um 6 Uhr vom Tisch auf. Guarinonius berichtete 1610, daß man in deutschen Bürgerhäusern bei Gastmählern sechs Gänge, jeden von neun verschiedenen Speisen servierte, und daß Adelige ihren Gästen zwar nur drei Gänge, aber jeden von hundert Speisen vorsetzten. Zu den starken Essern gehörten auch die französischen Könige. Liselotte sah einmal zu, wie Ludwig XIV. bei einer Mahlzeit 4 Teller Suppe, 1 ganzen Fasan, 1 Rebhuhn, 1 großen Teller Salat, 1 Teller Irish Stew, 2 gute Stück Schinken, 1 Teller Paionne, Obst und Konfitüren zu sich nahm.
Das starke Würzen der Speise war nach wie vor gang und gäbe.
»Das Essen muß jetzt nicht aus der Küche, sondern aus der Apotheke geholt werden«, bemerkte Moscherosch einmal vorwurfsvoll. Auch

Schaugerichte

trug man noch die sogenannten Schaugerichte auf, »die dem Bancket einen Ruhm und den Anwesenden kluges Nachsinnen verursachen sollen«. Da gab es zum Beispiel in München 1613 eine Fortuna, die sich bewegte und einen Pegasus, der den Musenquell aus dem Felsen klopfte, alles Kunstwerke des Zuckerbäckers Michael Lochmaier aus Donauwörth. Bei einem Fest, das Graf Königsmarck in Hannover veranstaltete, stand ein eierlegendes Huhn in einem großen Strohkorb auf der Tafel. Aus den Eiern kamen gebratene Ortolane zum Vorschein, aus dem Korb aber Kinder, die einen Tanz ausführten. Dann erschien eine Pastete, aus der lebendige Vögel davonflogen und anderes mehr.
Die Eßgewohnheiten waren noch immer von der größten Einfachheit. Flüssige Speisen aßen alle mit dem Löffel aus der gemeinsamen Schüssel, ansonsten aß jeder meist mit den Fingern, so gut oder schlecht er konnte. Montaigne beklagte sich einmal über sich selbst, er äße so schnell, daß er sich immer in die Finger bisse; Anna von Österreich, Ludwig XIV. aßen immer mit den Fingern. 1560 beobachtete der Reisende Georges Calviac, daß in Deutschland und Italien jeder Gast ein Messer habe, daß in Frankreich dagegen nur zwei bis drei für alle Anwesenden vorhanden seien. Gabeln existierten weiterhin nur zum Vorlegen. Der englische Reisende Thomas Coryat sah

1608 in Italien mit größtem Erstaunen, »was in keinem Lande üblich sei«, daß die Leute beim Essen das Fleisch auf dem Teller mit der Gabel hielten und mit dem Messer schnitten und daß man sich äußerst mißliebig machte, wenn man mit den Fingern in die Schüssel langte oder äße! Als er diese merkwürdige Sitte in England einbürgern wollte, wurde er ausgelacht und als »furcifer« verhöhnt. Erst um die Mitte des Jahrhunderts wurde der Gebrauch der Gabel beim Essen allgemeiner. Moscherosch aber nennt noch »die Torheit den Salat mit der Gabel zu essen«, nach welscher Unart schmeckende Possen!« Im Hôtel de Rambouillet begann man, bei jedem Gang den Teller zu wechseln. Dem Herzog vom Montausier schreibt man die Einführung der Vorlegelöffel zu; bis dahin nahm sich jeder mit seinem eigenen Löffel. Der einzige Anspruch auf Sauberkeit war, sich vor und nach dem Essen die Hände zu waschen; und hochstehenden Personen die Serviette zum Abtrocknen zu reichen, war ein Vorrecht, über dessen Ausübung sorgfältig gewacht wurde.

Getränke

Zu den Tafelgenüssen kamen im 17. Jahrhundert das Fruchteis, das in Italien erfunden wurde, und die Kunst, Limonaden und Liköre in gefrorenem Zustande zu servieren, welche Procope Couteaux 1660 in Paris erfand, beziehungsweise einführte. Ferner kam der moussierende Schaumwein dazu, dessen Zusammensetzung Dom Perignon, Kellermeister der Benediktiner-Abtei Hautvillers, verdankt wird. Im 17. Jahrhundert verbreiten sich ferner die drei Getränke, ohne welche jetzt auch der bescheidenste Haushalt nicht mehr zu denken wäre: Schokolade, Tee und Kaffee. Die Schokolade kam zwar schon 1520 aus Mexiko nach Spanien, aber erst 1657 nach England und 1661 nach Frankreich. Den chinesischen Tee führten die Jesuiten in Europa ein; seit 1638 kam er über Rußland, später über Holland in den Handel. Er war zuerst so kostbar, daß die englisch-ostindische Handelsgesellschaft etwas Besonderes tat, als sie der Königin von England 1664 zwei Pfund Tee schenkte. Der Kaffee wurde aus der Türkei importiert. 1650 wurde er zum ersten Mal in Marseille gehandelt und gewann seit 1655 in Frankreich langsam an Boden. In Deutschland kam der Genuß des Kaffees seit der berühmten Türkenbelagerung Wiens auf.

Der Pole Kolschitzky soll von den Türken einige Säcke Kaffee erbeutet haben.

1683 wurde das erste Kaffeehaus in Wien gegründet, 1686 folgten Nürnberg und Regensburg, 1687 Hamburg. Die Londoner Kaffeehäuser wurden Mittelpunkt der männlichen Gesellschaft und das um so mehr, als dort auch »geraucht« wurde.

Tabak

England und Holland teilen sich den Ruhm, den Tabak als Genußmittel nach Europa verpflanzt zu haben. In Holland war er seit etwa 1580, in England schon zehn Jahre früher bekannt. Der deutsche Reisende Paul Hentzner, der 1596 bis 1600 einen Herrn von Rehdiger aus Breslau auf der großen Tour begleitete, spricht vom »Tabaktrinken«, und Hainhofer kommt mit Freunden 1629 »der deutschen tabaken saufer zu red« und wundert sich über »deren getrankh all'Inglese«. Der Tabak wurde zuerst heftig angefeindet. Der pedantische König Jakob I. von England schrieb ein eigenes Buch gegen den Tabak als »das leibhafte Bild und Muster der Hölle«. Der Gebrauch wurde mit Strafen belegt, in Berlin noch 1675 mit Gefängnis und Pranger. 1616 galt die Bezeichnung Tabaktrinker in Frankreich noch als Beschimpfung, seit man aber 1644 begonnen hatte, den Tabak anzubauen und er 1674 zum Monopol geworden war, änderte sich das Urteil, denn die Steuer stieg in 20 Jahren von 150 000 Livres auf 4 Millionen. Rauchen galt nicht für fein, aber Schnupfen wurde mit Leidenschaft betrieben, auch bei Hofe, obwohl Ludwig XIV. es verabscheute. »Es ärgert mich recht«, schreibt Liselotte einmal, »wenn ich hier alle Weibsleut mit den schmutzigen Nasen sehe.« In Amerika war der Tabak nicht nur Genußmittel, sondern auch Zahlungsmittel; der Schneider Noah Rogers in Lancaster erhielt 1643 für einen Herrenanzug 80 Pfund, 1690 für ein Damenkleid 60 Pfund Tabak.

Vergnügungen Die Summe der Vergnügungen, die den Menschen des 17. Jahrhunderts zu Gebot stand, war nicht eben groß. Im bürgerlichen Mittelalter beschränkten sich dieselben auf die großen Familienfeste, Hochzeit, Taufe und Begräbnis, die auch deswegen mit einem so außerordentlichen Aufwand an Zeit und Mitteln gefeiert wurden. Die größte Zerstreuung für die Allgemeinheit gewährten wohl die Jahrmärkte; selbst Heinrich IV. und Maria von Medici freuten sich das ganze Jahr hindurch auf den Jahrmarkt in St. Germain. Da gab es allerhand zu kaufen und zu sehen, so zum Beispiel etliche Kuriosa, mit denen die Schaubudenbesitzer die Menge anzulocken verstanden: 1606 etwa die Jungfrau Apollonia Schreier, die seit fünf Jahren lebte, ohne zu essen oder zu trinken; 1614 die Jungfrau Eva Vliege, die sich seit 17 Jahren nur von Blumenduft nährte, und von 1617 an ließen sich ein Menschenalter hindurch die zusammengewachsenen Brüder Colloredo für Geld sehen.

Wie in den Bürgerhäusern bei festlichen Gelegenheiten der Spruchsprecher anwesend war, um die Familienmitglieder zu besingen und für Unterhaltung zu sorgen, so war an den Höfen noch der Hofnarr unentbehrlich. Wohin Hainhofer auch kam, überall »machen buffonen intermedia bei Tisch«. Die Zwerge, Kretins und Krüppel, die am Hof

145 Madame im Jagdkostüm. Stich

von Madrid als Hofnarren fungierten, verewigte Velazquez in zahlreichen Bildnissen.

Trotz der zahlreichen Zerstreuungen bei Hoffesten – in Hannover zum Beispiel folgten am 2. Februar 1693 dem Diner, Maskenball, französische Komödie, Souper und Ball –, scheinen die Feste nicht immer gerade sehr unterhaltend gewesen zu sein, denn 1679 schreibt die Kurfürstin Sophie aus Versailles: »das außerordentliche Gedränge und die furchtbare Hitze machen die Vergnügungen des französischen Hofs doch recht unbequem«; und 1698 beklagt sich Liselotte: »die Langeweile regiert so stark hier, als in keinem Ort von der Welt.«

Jagd Soweit die Jagd zu den Unterhaltungen gehörte, beschränkte sie sich nunmehr meist auf einen »Massenmord« der in Schloßhöfen oder Wildgehegen zusammengetriebenen Tiere. Sie war ein feiges und rohes Vergnügen, ebenso wie die an allen Orten üblichen Tierhetzen. Graf Dohna sah 1614 in Berlin Bärenhetzen, Hainhofer 1628 in Innsbruck »eine Löwin und ein schönes Tigertier zu Stieren herausgelassen«, Zinzerling und Hentzner erlebten in London Kämpfe zwischen Hunden, Stieren und Bären.

Gesellschaftstanz Die Bälle des 17. Jahrhunderts waren von denen unserer Tage grundverschieden. Man forderte nicht zum Tanzen auf, sondern ein Zeremonienmeister bestimmte das Paar, welches tanzen sollte; es tanzte jeweils immer nur ein Paar. Auch die Tänze waren andere und von wesentlich anderem Rhythmus, die Sarabande majestätisch stolzierend, die Chaconne feierlich bewegt, die Musette schäferlich zierlich, die Gigue fröhlich hüpfend, die Sicilienne schwebend und so fort. Auf dem tanzenden Paar lagen aller Augen, so konnte von Sichgehenlassen gar keine Rede sein. Man mußte sich zusammennehmen und sein Bestes tun. Ludwig XIV. nahm 20 Jahre hindurch täglich Tanzstunde. Als nach 1663 das Menuett Mode wurde, dessen erste Komposition von Lully stammt, galt dieser Tanz als der vollendetste von allen; zur Einübung erforderte er drei Monate. Übrigens gab A. Bohse-Talander einmal Bürgerlichen den Rat, sie sollten nicht zu gut tanzen, damit sie sich nicht bei Edelleuten Haß und Eifersucht auf den Hals zögen. Zu den leidenschaftlichsten Tänzern gehörten unter anderen der Herzog von Sully, der auch im Alter noch jeden Abend zu seinem Vergnügen Solotänze mit allerhand Luftsprüngen nach eigener Phantasie ausgeführt haben soll, und Richelieu, der noch als Kardinal in grünen Samthöschen mit Glöckchen und Kastagnetten eine Sarabande vor Anna von Österreich tanzte. Der erste regelmäßige Gesellschaftstanz war die Courante, die Ludwig XIV. sehr liebte, und an der 24 Paare teilnahmen.

Gesellschaftsspiel Indessen konnten die schönsten Kompositionen von Beauchamps, Lully und anderen nicht verhindern, daß die Gesellschaft sich von diesen harmlosen Vergnügen fort und einem aufregenderen Zeitvertreib zuwandte: dem Gesellschaftsspiel. 1695 schreibt Liselotte aus Paris: »das dantzen ist nun gantz ausser moden, sobald assemblèen sein, tut man nichts als landsknecht spielen. Das spiellen ist greulich hoch, die leutte werden wie dolle Menschen, wenn sie spielen, eins heult, das annder schlägt mit der Faust auf die Tafel, das die gantze kammer darüber zittert, der dritte lästert Gott, daß einem die Haar zu Berg stehen, suma alle sein wie verzweiffelte.« Die gute Pfälzerin, die ein so anschauliches Bild vom Spiel entwarf, liebte es selbst gar nicht und mußte sich deswegen einmal sagen lassen: »Sie sind auch zu gar nichts zu gebrauchen, da Sie nicht spielen mögen.« Man spielte gern, hoch und falsch, denn die eigenen Vermögensverhältnisse durch Falschspiel aufzubessern, war Damen und Herren erlaubt. Als Frau von Motteville den sterbenden Kardinal Mazarin zum letzten Mal sah, fand sie ihn damit beschäftigt, Goldstücke abzuwiegen, um die nicht vollwertigen im Spiel zu setzen. Auch am Wiener Kaiserhof und in der Gesellschaft wurde mit Leidenschaft gespielt.

Kavalierstour

Als Bildungmittel für Söhne höherer Stände galt die sogenannte Kavalierstour. Der junge Mann, oft noch in sehr jugendlichem Alter, besuchte mit einem Hofmeister fremde Höfe und Universitäten. In den ersten Jahrzehnten des Jahrhunderts galt noch ein Besuch Italiens als unerläßlich für die Bildung. In S. Domenico in Siena, S. Antonio in Padua und anderenorts findet der Besucher heute noch zahlreiche Grabdenkmäler junger Deutscher, die Fieber oder Duelle hinweggrafften, während sie unterwegs waren. »In Rom muß man einen guten Antiquarium nehmen«, schreibt Misson, »damit man auch alles Merkwürdige zu sehen bekäme.« Später schied Italien von der großen Tour aus, wie Gottfried Stieve bemerkt »Weil man keinen für vollkommen achtet, welcher nicht eine Zeit seine Exerzitien und Sprachen in Frankreich getrieben und erlernet, hätte er auch gleich sonsten außer Frankreich die ganze Welt durchwandert, so ist es fast ein Malum necessarium (ein notwendiges Übel) worden, in benanntes Königreich auf eine Zeit zu gehen.«

Reisen

Und all das, wo Reisen durchaus kein Vergnügen war, die Unsicherheit, der Zustand der Straßen und der Betriebsmittel ließen es nicht als solches empfinden. Die Herren ritten meist selbst, denn der Zustand der Wege hätte selbst bessere Wagen, als man besaß, nicht fortkommen lassen. Die Straßen, auf denen sich die schwerfälligen Karossen fortbewegen mußten, waren entsetzlich. Die Post, die in Deutschland ein Privileg der Familie Taxis war, beförderte bis zur Mitte des 17. Jahrhunderts nur Briefe und kleine Pakete; erst dann richtete die Verwaltung Fahrposten ein, die fahrplanmäßig, von Frankfurt am Main ausgehend, Reisende in sechs Tagen nach Paris, in 15 Tagen nach Madrid beförderten.

Gasthaus

Die Gasthäuser werden als recht mäßig geschildert. Wie es mit der Unterkunft bestellt war, verrät gelegentlich Pfarrer Hartmann, der sich sehr wundert, in Wismar ein Gasthaus zu finden mit »soviel kämmerchen, daß fast jede Person ihr absonderliches kämmerlein haben kann«. Daß mehrere Reisende ein Zimmer, oft auch ein Bett miteinander teilen mußten, war meist selbstverständlich.

Die Trinkgelderfrage spielte eine große Rolle. Hartmann notierte in Greifswald in sein Journal: »Mußten dem alten Ungeheuer 8 Schillinge geben«, und Lucae bemerkte, in den Niederlanden »fressen die Trinkgelder mehr Geld hinweg, als selbst die Zehrung, zumal die Niederländer darin sehr unverschämt sein und mit harter Importunität die fremden Passagiere deswegen anlaufen.«

Zeitung Deutschland war England und Frankreich in der Entwicklung des Zeitungswesens voraus; während das erste englische Wochenblatt 1622, das erste französische 1631 erschien, wurde die erste deutsche Wochenzeitung schon 1605 in Straßburg herausgegeben. Das erste Blatt, das weitere Verbreitung fand, war die »Frankfurter Wochenzeitung«, die Egenolf Emmel seit 1615 verlegte. Sie fand schon im folgenden Jahre ein Konkurrenzblatt in den »Politischen Avisen«, die der Verwalter der Reichspost in Frankfurt am Main herausgab. Im Lauf der Zeit folgten andere; das ganze Jahrhundert hindurch blieb aber noch die Einrichtung der handschriftlichen Zeitungen bestehen. In Wien, Nürnberg, Hamburg, Frankfurt am Main und in anderen Verkehrszentren hielten sich Zeitungsschreiber auf, die alles, was sie von Kaufleuten, Reisenden, Diplomaten an Neuigkeiten erfuhren, sofort durch Briefe an ihre Abonnenten weitergaben.

Da die gedruckten Wochenzeitungen – erst seit 1696 gab es in England Tageszeitungen – sich auf die Berichterstattung von Haupt- und Staatsaktionen beschränkten, schufen die Gelehrten sich besondere literarische Zeitungen. Seit 1665 erschien das »Journal des Savans« in Paris, 1668 folgte ihm das in Rom publizierte »Giornale de Letteratir«, 1683 begannen in Deutschland die »Acta Eruditorum«. Die öffentliche Meinung kam in den Zeitungen nicht zum Ausdruck, sie suchte sich ein anderes Ventil und sprach in Hunderttausenden von Flugschriften und Broschüren zur Allgemeinheit. In Deutschland verschärfte nach der Schlacht am Weißen Berg ein heftiger publizistischer Krieg die Gegensätze der hadernden Parteien. In England rechnet man die Flugschriften-Literatur, die in der Zeit vom Ausbruch des Bürgerkriegs bis zur Restauration Karls II. erschien, auf 36 000 bis 50 000 Stück. In Frankreich blühte diese Gattung von Literatur besonders zur Zeit der Fronde. In einem Jahr erschienen in Paris allein 900 Pamphlete gegen Mazarin. Sie fanden bei der großen Unbeliebtheit dieses Staatsmannes reißenden Absatz. Der Kardinal war heftig erzürnt, ließ alles konfiszieren, was er erreichen konnte, anscheinend, um die Lästerschriften zu verbrennen, und – verkaufte sie dann unter der Hand zu hohen Preisen! Unter Ludwig XIV. überschwemmte Holland den europäischen Markt mit Spottschriften und Pasquillen; in Paris selbst machte man kurzen Prozeß, Pasquillanten und ihren Verlegern winkte der Galgen.

Sachregister und Verzeichnis der wichtigsten Namen

Gerade Ziffern = Seitenzahlen
Kursive Ziffern = Bildnummern
T. = Farbtafel